HELMUT THIELICKE

DAS BILDERBUCH GOTTES

REDEN ÜBER DIE GLEICHNISSE JESU

QUELL VERLAG STUTTGART

1. Auflage dieser Taschenbuch-Ausgabe 1980
1.-6. Tausend
2. Auflage dieser Taschenbuch-Ausgabe 1982
7.-10. Tausend

ISBN 3-7918-2003-6

© Quell Verlag Stuttgart 1957
Printed in Germany. Alle Rechte vorbehalten
Einbandgestaltung: JAC
Druck und Verarbeitung: Ebner Ulm

INHALT

An den Leser	5
Das Gleichnis vom verlorenen Sohn. 1. Teil	10
Das Gleichnis vom verlorenen Sohn. 2. Teil	29
Das Gleichnis vom reichen Mann und armen Lazarus	45
Das Gleichnis vom vierfacher Acker	61
Das Gleichnis vom Senfkorn	74
Das Gleichnis vom Unkraut unter dem Weizen	89
Das Gleichnis von der still wachsenden Saat	106
Das Gleichnis vom ungerechten Haushalter	120
Das Gleichnis von den bösen Weingärtnern	136
Das Gleichnis von den Arbeitern im Weinberg	152
Das Gleichnis vom Pharisäer und Zöllner	168
Das Gleichnis von den anvertrauten Pfunden	184
Das Gleichnis von den Kosten für den Turmbau	198
Das Gleichnis vom Schalksknecht	213
Das Gleichnis vom barmherzigen Samariter	227
Das Gleichnis vom Schatz im Acker und von der köstlichen Perle	245
Das Gleichnis von der bedrängten Witwe	258
Das Gleichnis von den klugen und den törichten Jungfrauen	272
Das Gleichnis von der königlichen Hochzeit	289

»Ach, es gibt nur ein Problem, ein einziges in der
Welt: Wie kann man den Menschen eine geistige
Bedeutung, eine geistige Unruhe wiedergeben;
etwas auf sie herniedertauen lassen, was einem
Gregorianischen Gesang gleicht!... Sehn Sie, man
kann nicht mehr leben von Eisschränken, von Politik, von Bilanzen und Kreuzworträtseln. Man kann
es nicht mehr.«

ANTOINE DE SAINT-EXUPÉRY
Aus »Brief an einen General«

AN DEN LESER

Die Gleichnisse Jesu als ein Bilderbuch Gottes zu bezeichnen, könnte provozierend wirken. Sind denn Saat und Ernte, Heimat und Fremde, Vogel und Blume, sind alle diese Gestalten und Räume unserer Welt wirklich Abbilder der göttlichen Geheimnisse? Ist alles Vergängliche tatsächlich nur ein Gleichnis? Wäre es so, dann müßte das Ewige an dieser Bilderschrift unseres Diesseits einfach abzulesen sein, und vielleicht bedürfte es dann nicht einmal des erklärenden Wortes.
Doch der Erzähler dieser Gleichnisse deutet an, daß die Lilien auf dem Felde und die Vögel unter dem Himmel nicht einfach Runen sind, aus denen sich die Ewigkeit und damit auch das hintergründige Rätsel

unseres Daseins erschließen und sozusagen herausbuchstabieren läßt. Die Gleichnisse sind vielmehr von einem dunklen Geheimnis umgeben. Sie können dazu führen, und es kann sogar ihre Bestimmung sein, daß die Hörer zwar »hören«, aber dennoch nicht »verstehen«, ja geradezu in Taubheit und Verstockung getrieben werden. Sie können beauftragt sein, zu verdunkeln, anstatt zu erhellen, einen Vorhang zuzuziehen, anstatt Fenster zur Ewigkeit aufzustoßen.

Irgend jemand hat einmal gesagt: Entweder gibt es einen Punkt, von dem aus sich alle Widersprüche und scheinbaren Sinnlosigkeiten eines Buches auflösen, oder aber dieses Buch hat keinen Sinn gehabt. So ist es auch mit den Gleichnissen. Wer die Welt nicht von dem Punkte aus sieht, von dem her Jesus Christus und also der Gleichnis-*Geber* sie sieht, dem verwirrt sich die Fülle ihrer Bilder zum ausweglosen Labyrinth, dem werden die Türen zugeschlagen statt aufgetan. Sind die Vögel unter dem Himmel und die Lilien auf dem Felde wirklich nur Hinweise auf den Herrn der Schöpfung, der sorgend und ernährend aller seiner Kreaturen gedenkt? Oder sind sie nicht auch Gestalten einer schweigenden, einer *mich* anschweigenden Natur, die unverstehend über meine Kümmernisse und Einsamkeiten hinweggeht? Sind die Sterne wirklich nur die Symbole einer ewigen Ordnung und nicht auch ein Zeichen für das Gleichmaß von Abläufen, die keinen Anteil an meinem Geschick haben? Können sie mich nicht auch die Kälte des Weltraums statt den Pulsschlag eines väterlichen Herzens spüren lassen? Und dann noch eins: Kann die Bilderschrift des Diesseits nicht auch zum Götzen statt zu Gott führen? Stammen nicht alle Pseudo-Absolutheiten und alle -ismen und stammt nicht der hybride Versuch der Weltanschauung, einem einzigen Weltphänomen – sei es dem Geist, sei es der Materie oder sei es einer Idee – die Privilegien der letzten Wirklichkeit zu geben, – stammt dieses alles nicht aus dem gleichen Versuch, die Bilderschrift des Diesseits zu deuten und ihr Lieblingssymbole zu entnehmen? Wohin führt uns also das Vergängliche, das wir von uns aus zum Gleichnis erheben? Könnte es nicht ein Dichter-Erschleichnis (Nietzsche) sein?

In den Gleichnissen Jesu wird der entgegengesetzte Weg beschritten: Er zeigt uns zuerst seinen Vater und deutet auf das »Herz aller Dinge«. Von dorther gewinnen dann die Dinge selbst ihren Sinn. Wir lernen, die Welt von Gott her neu zu entdecken; wer aber Gott von der Welt aus entdecken möchte, sieht nur die verzerrten Spiegelbilder der Kreatur und einen Reflex von »der Herren eigenem Geist«.

Daher rührt es, daß das Bilderbuch der Kreaturen uns selber gar nichts nützt, ja daß es uns in die Introvertiertheit des Geschöpfes verschließt. Das Geheimnis unseres zeitlichen und ewigen Schicksals erschließt sich uns nur von dem großen Textbuch Gottes aus – von dem Wort her, in dem er uns anspricht und in dem er sagt, wer er ist und was er mit uns vorhat. Aber es gehört zu den Gnaden seiner Herablassung, daß er sich dabei der Bilder unserer Welt bedient. Sie sind hilfreich und tröstend und können uns ungemein nahekommen. Sie können uns sogar anheimeln und uns die Gewißheit schenken, daß Gott nicht in einem unzugänglichen Jenseits ist, sondern daß er alles, was uns umgibt, einen Bezug zu seinem Herzen gewinnen läßt: nicht nur Korn und Frucht, sondern auch Fremde und Vaterhaus, Sommer und Winter, Lampe und Nacht, Geld und Kleider, Hochzeit und Tod.

Wir sind ja von lauter Kulissen einer sehr nahen Welt, eben *unserer* Welt, umgeben, wenn wir die Gleichnisse lesen. Nur kommt alles darauf an, den richtigen Einsatz zu gewinnen, von dem aus ihr Sinn zu erschließen ist. Wir müssen bedenken, daß nicht die Bilder uns zum Textbuch führen, sondern daß das Textbuch uns die Bilder deuten will. Das *Herz* aller Dinge erschließt uns die Dinge; aber von den Dingen aus findet man kein Herz. Es geht eben nicht um »irgendein« Bilderbuch, sondern es geht um das Bilderbuch *Gottes*.

Die vorliegenden Reden wurden zuerst in der Stuttgarter Markuskirche gehalten, später – nach einer neuen Bearbeitung – in der Hamburger Jakobikirche wieder begonnen und bald aus Raummangel in der Großen Michaeliskirche zu Hamburg fortgesetzt. Überall war die Hörerschar bunt gemischt: Jugend in großer Zahl und auch Alter,

Männer und Frauen aller Stände und Bildungsstufen, Christen und Nichtchristen.

Zunächst dieser Hörerschar wegen und auf ihren Wunsch hin werden diese Auslegungen der Gleichnisse veröffentlicht. Für den Verfasser kommt freilich noch ein persönlicher Wunsch hinzu: In Zeitungen und Zeitschriften, ja sogar in illustrierten Blättern, sind allerhand Reportagen und Bildberichte über diese Predigtreihe erschienen. Einige waren erfreulich und sachlich, andere gingen auf Sensation aus. Die dadurch angeregte Fama hat das Ihre getan, um das, was wirklich geschah und gesprochen wurde, nicht eben zu verdeutlichen. Tatsächlich hat der Verfasser genau die Linie weiter verfolgt, die aus seinen früheren Predigtbüchern* bekannt ist. Auch am Stil seiner Aussage hat sich nichts geändert. Es mag sein, daß sich ihm eine noch größere Tiefe erschlossen hat als früher – wie das so beim Älterwerden zu sein pflegt. Ganz gewiß aber hat er die Texte noch gründlicher zu erforschen versucht und wahrscheinlich auch die Feile noch sehr viel mehr angesetzt, um die rechte Sprachgestalt zu gewinnen. Den Hobel dagegen hat er nicht selten beiseite gelassen. Der Leser darf wissen, daß das bewußt geschehen ist. Daß der Verfasser dieses Gerät jedoch nicht verachtet, hat der eine oder andere unter seinen geneigten Lesern vielleicht bemerkt, wenn ihm Arbeiten unter die Augen gekommen sind, die mehr in das Kraftfeld des Katheders als der Kanzel gehören. Die Sprachgestalt der Verkündigung, die aller Absicherungen entraten muß und im wesentlichen thetisch ist, hat freilich dem Verfasser noch unvergleichlich mehr Mühe und Gestaltungsnot bereitet als die akademische und »gehobelte« Form der Aussage. Im einen Falle geht es um eine intellektuelle und einigermaßen homogene Hörer- und Leserschaft; im anderen Falle geht es um eine bunte Schar mit vielen Erwartungen und noch mannigfaltigeren Voraussetzungen. Und inmitten dieser Mannigfaltigkeit muß das Eine bezeugt werden, »das not ist«. Aber dieses Eine ist wiederum auf mannigfaltige Weise

---

* Das Gebet, das die Welt umspannt. Reden über das Vaterunser. 8. Auflage 1959. – Das Leben kann noch einmal beginnen. Ein Gang durch die Bergpredigt. 5. Auflage 1959. – Beide Werke sind erschienen im Quell-Verlag, Stuttgart.

zu sagen. Vielleicht versteht deshalb der Leser, wenn der Verfasser zu bekennen wünscht, wie weit er hinter dem zurückgeblieben ist, was als Aufgabe vor ihm stand; aber auch, daß er es an Mühe, dem großen Gegenstande zu dienen, nicht hat fehlen lassen.

DAS GLEICHNIS
VOM VERLORENEN SOHN

ERSTER TEIL

UND ER SPRACH: EIN MENSCH HATTE ZWEI SÖHNE. UND DER JÜNGSTE unter ihnen sprach zu dem Vater: Gib mir, Vater, das Teil der Güter, das mir gehört. Und er teilte ihnen das Gut. Und nicht lange danach sammelte der jüngste Sohn alles zusammen und zog ferne über Land; und daselbst brachte er sein Gut um mit Prassen.
Da er nun all das Seine verzehrt hatte, ward eine große Teuerung durch dasselbe ganze Land, und er fing an zu darben. Und ging hin und hängte sich an einen Bürger des Landes; der schickte ihn auf seinen Acker, die Säue zu hüten. Und er begehrte seinen Bauch zu füllen mit Trebern, die die Säue aßen; und niemand gab sie ihm.

Da schlug er in sich und sprach: Wieviel Tagelöhner hat mein Vater, die Brot die Fülle haben, und ich verderbe im Hunger! Ich will mich aufmachen und zu meinem Vater gehen und zu ihm sagen: Vater, ich habe gesündigt gegen den Himmel und vor dir und bin hinfort nicht mehr wert, daß ich dein Sohn heiße; mache mich zu einem deiner Tagelöhner!
Und er machte sich auf und kam zu seinem Vater. Da er aber noch ferne von dannen war, sah ihn sein Vater, und es jammerte ihn, lief und fiel ihm um seinen Hals und küßte ihn. Der Sohn aber sprach zu ihm: Vater, ich habe gesündigt gegen den Himmel und vor dir; ich bin hinfort nicht mehr wert, daß ich dein Sohn heiße. Aber der Vater sprach zu seinen Knechten: Bringet das beste Kleid hervor und tut es ihm an, und gebet ihm einen Fingerreif an seine Hand und Schuhe an seine Füße, und bringet ein gemästet Kalb her und schlachtet's; lasset uns essen und fröhlich sein! Denn dieser mein Sohn war tot und ist wieder lebendig geworden; er war verloren und ist gefunden worden. Und sie fingen an, fröhlich zu sein.

LUKAS 15, 11-24

Vor einigen Jahren stellte ich meinen kleinen Jungen einmal vor einen großen Spiegel. Zunächst erkannte er sich nicht darin, weil er noch zu klein und zu dumm dazu war. Er freute sich nur sichtlich über das liebenswürdige Gegenüber, das ihn aus der gläsernen Wand anlächelte. Bis sich auf einmal der Ausdruck seines kleinen Gesichtes veränderte und er an der Parallelität der Bewegungen zu merken schien: Das bin ich selbst.
So mag es uns auch mit dieser Geschichte gehen. Wir hören sie zunächst wie eine interessante Novelle, mit der wir selber nichts zu tun haben. Ein etwas merkwürdiges, aber fesselndes Gegenüber, dieser verlorene Sohn! Zweifellos lebenswahr, zweifellos ein bestimmter Typ von Mensch, dem wir alle schon einmal begegnet sind. Und sicherlich haben wir inneren Abstand genug, um ein wenig Mitleid mit ihm zu empfinden.

Bis auf einmal auch *unser* Gesicht sich verstellen mag und wir erkennen müssen: Dieser da bin ich selber, tatsächlich: ich und kein anderer. Auf einmal haben wir den Helden dieser Novelle identifiziert; und nun können wir diese ganze Geschichte in der ersten Person lesen. Wahrhaftig, eine nicht geringe Sensation!

So lange also müssen wir hin und her rücken, bis wir uns mit einem der vielen Menschen um Jesus identifiziert haben. Denn so lange, wie wir uns *selbst* nicht in diesen Menschen erkennen, erkennen wir auch den *Herrn* nicht. Ein Landschaftsmaler rückt ja auch lange hin und her, bis er die richtige Perspektive für sein Bild gefunden hat. Es hat keinen Wert, wenn er durch das Oberland geradelt kommt und zwischen zwei Baumwipfeln die Andeutung eines Schneegipfels sieht und dann sagt: »Das ist der Säntis«, um sogleich abzusteigen und seine Staffelei aufzustellen. Nein: Von hier aus sind die Umrisse des Säntis so unbestimmt, daß es auch ein anderer Berg sein könnte. Der Mann muß vielmehr lange suchen, bis er den Platz gefunden hat, von dem aus er alle charakteristischen Merkmale dieses Berges sieht. Nur dann wird man ihn wiedererkennen, und nur dann besteht keine Gefahr, daß die Leute sagen: »Das ist eine Phantasielandschaft!«, oder daß sie den gemalten Säntis mit einem anderen Berge verwechseln.

So müssen auch wir erst den richtigen Ort suchen, von dem aus wir den Herrn richtig und unverzerrt sehen und nicht so, daß man ihn mit allen möglichen anderen Leuten, mit Heroen oder Moralpredigern oder Religionsstiftern, verwechseln kann. – Am besten ist es nun immer, daß man genau an die Stelle tritt, wo eine von den Gestalten steht, die ihm begegnen oder die in seinen Gleichnissen vorkommen: daß man dort steht, wo zum Beispiel Johannes im Gefängnis ist und in verzweifelten Fragen nach ihm ruft, oder wo das kananäische Weib steht, das nichts von ihm wollte als nur die Krümlein, die von der Herren Tische fallen, oder wo der reiche Jüngling steht, der vom Gotte Mammon nicht lassen wollte und der so ungesegnet von dannen gehen mußte.

Wir machen dann eine merkwürdige Entdeckung: In allen diesen Gestalten schaut uns plötzlich unser eigenes Porträt an. In allen diesen

Geschichten finden wir den Lageplan unseres Lebens aufgezeichnet: Der verlorene Sohn, das bin ich, und das bist du. Und der Vater, das ist unser Vater im Himmel, der auf uns wartet. Nun aber müssen wir vor dem Spiegel stehenbleiben und müssen uns von ganzem Herzen klarmachen: Das bin ich.

Von dem Manne hier wird uns zunächst gesagt, daß er »Kind im Hause« ist, Kind im Hause seines Vaters. Das ist dem Sohne zunächst viel zu selbstverständlich, als daß er es selber bemerken könnte. Es ist ihm allzu selbstverständlich, daß er als Herrensohn in den Knabenspielen den Anführer macht. Diese Rolle wächst ihm gleichsam automatisch zu. Eines Tages aber hört er, wie einer seiner Kameraden sagt: »Ach, wäre ich doch auch einmal ein solcher Herrensohn, ein solches Königskind – nur für *eine* Stunde. Ich bin nur ein armer Junge und habe meinen Vater nie gekannt.«

Als er das hört, da ist es dem Sohn auf einmal nicht mehr selbstverständlich, daß er Kind im Hause ist. Und plötzlich sieht er das Haus und die Kameraden und sogar den Vater mit neuen Augen an. Das *brauchte* ja alles nicht so zu sein. Es ist durchaus unverdient, sagt er sich, daß ich das Kind in diesem Hause bin und nicht ein Knecht. Genauso ist es ganz und gar nicht selbstverständlich, daß wir als Christen Kinder unseres Vaters im Himmel sein und daß wir Frieden haben dürfen. Es könnte durchaus sein, ja, es ist nach unserem natürlichen Daseinsgesetz so, daß wir uns wie die germanischen Väter von der unheimlichen Midgardschlange umzingelt oder von den Erinnyen verfolgt oder dem Nichts überantwortet sehen. Es ist ganz unselbstverständlich, daß dies alles anders sein soll und daß wir eine Heimat, eine ewige Geborgenheit haben dürfen.

Aber das bleibt für den jungen Mann unseres Gleichnisses nur eine kurze Stimmung. Manchmal geht ihm der Alte auf die Nerven. Man ist so wenig sein eigener Herr. Dies will er nicht und jenes auch nicht. Immer kommt er mit seinem ewigen »Du sollst nicht...«, mit seinem immer neuen Zurückpfeifen. Auch die »Kinder« Adam und Eva mögen sich manches Mal darüber empört haben, als sie noch im Paradies, im »Vaterhaus«, waren. Da stand ja auch eine Verbotstafel »Du sollst nicht...«, und zwar ausgerechnet am Baume des Lebens mit den dunklen Lockungen seiner Geheimnisse. Da war zum ersten Male die störende Grenze. »Das nennt sich Freiheit, wenn man dauernd über Grenzen und Verbotstafeln stolpern muß; da soll man sich entfalten und sein Leben ausleben können, wenn der Alte mit seinen Hausdogmen immer dazwischenfährt« – so haben Adam und Eva samt ihren Kindern und Kindeskindern oftmals geseufzt.

Der *Vater* freilich denkt anders darüber. Er verbietet und gebietet nicht, um sich als Herr aufzuspielen (wie hätte er das auch nötig!) oder um die armen Kinder zu schikanieren oder gar »Minderwertigkeitsgefühle« in ihnen zu erwecken. Nein, er weiß: Die Kinder haben es nötig, daß sie so geführt werden und daß sie Grenzen respektieren. Wir alle kennen doch das eine oder andere »in Freiheit dressierte« Erziehungsprodukt irdischer Eltern und wissen, was das für unausstehliche Bengel zu sein pflegen – nicht nur anderen unausstehlich, sondern vor allem sich selbst eine Last, leidend an und zerfallen mit sich selber, höchst unglücklich in ihrer Scheinfreiheit, die nichts von Furcht und Ehrfurcht und Grenzen weiß.

Sicher haben Vater und Sohn des Gleichnisses manches Mal darüber gesprochen. – Der Sohn hat gesagt: »Vater, ich möchte ein selbständiger Mensch werden. Du mußt mir mehr Freiheit geben. Ich kann es nicht mehr hören, dieses ewige: Du sollst... Du darfst nicht...« Darauf der Vater: »Lieber Junge, meinst du wirklich, du hättest keine Freiheit? Du bist doch Kind im Hause, du hast jederzeit Zutritt zu mir und darfst mit allem kommen, was dich bedrückt. Wie mancher wäre froh, wenn er solche Kindesrechte hätte! Ist das denn keine Freiheit? Sieh doch: Mein ganzes Reich gehört dir; ich habe dich lieb und gebe dir dein tägliches Brot, vergebe dir deine Schuld mit Freuden, wenn du deine Herzenslast zu mir bringst. Du bist ganz frei und niemandem untertan; du bist keinem anderen Rechenschaft schuldig als nur mir. Und dennoch klagst du darüber, daß du nicht frei seist?!«

Da fährt der Sohn auf: »Nein, Vater, wenn ich ehrlich bin, pfeife ich darauf! Ich kann das ewige Erzogenwerden nicht ertragen. Unter Freiheit verstehe ich, daß ich tun darf, was ich will!« »Und ich verstehe unter Freiheit, daß du werden darfst, was du sollst«, antwortet der Vater ruhig. »Du sollst zum Beispiel kein Knecht deiner Triebe werden, kein Sklave deines Ehrgeizes, deines Geltungsbedürfnisses, deiner Mammonliebe, deiner geistigen Blasiertheit sein – oh, ich könnte den Katalog noch fortsetzen. (Denn auf dem Gebiet seiner Triebe, seiner körperlichen *und* geistigen Triebe, verfügt der Mensch über ein großes Inventar.) *Darum* verbiete ich dir so manches. Nicht um deine Freiheit einzuschränken, sondern im Gegenteil: damit du gerade frei von dem allem bleibst, damit du deines Ursprunges würdig und frei für die Kindschaft wirst, denn du bist ein Königssohn. Verstehst du nicht, daß es *Liebe* ist, die hinter meinem Befehlen und Verbieten steht?«

Aber der Sohn schmettert die Tür zu und verläßt grollend das Zimmer. Natürlich weiß er, daß der Vater recht hat. Aber er kann dieses Rechthaben jetzt nicht gebrauchen. Er hat anders disponiert, und es paßt ihm jetzt nicht in seinen Kram, oder – etwas respektvoller ausgedrückt: es paßt nicht in die Art, wie *er* sein Leben zu gestalten und wie *er* eben zu leben wünscht. Es ist ihm so entsetzlich eng. Draußen aber locken die Geheimnisse des Lebens. Sein Blut rauscht, die Leidenschaften kochen. Die Urkraft einer gesunden Lebendigkeit möchte über die Ufer treten. Soll das alles denn nie herausdürfen?

Der Sohn hat eine entsetzliche Angst, er könnte das Leben nicht bis zur Neige kosten, er könnte etwas versäumen. Sollte das schlecht sein?, so fragt er sich (denn innerlich ist er keineswegs ein Lump!). Er spürt einen ungeheuren Leistungsdrang in sich, den er kämpferisch und sich durchsetzend bewähren möchte. »Und wenn man auch über Leichen dabei gehen müßte – sei es denn! Ich will zeigen, was ich kann und was in mir ist an Gutem und meinetwegen auch an Bösem, an Gestaltungskraft und an Leidenschaften und an der königlichen Lust, die Ellenbogen zu gebrauchen.«

Und indem er das alles denkt, erscheint ihm wieder das Antlitz seines Vaters. Und obwohl er meint, er bejahe nur das Leben, wenn er das alles wolle, so spürt er doch dunkel, daß das Antlitz des Vaters ihn verklagen wird.

Aber so schnell ergibt er sich nicht: »Nur *einmal* will ich das alles. Dann will ich zurückkommen. Nur *einmal* will ich meinen Körper austoben, nur *einmal* einen Rausch haben. Das muß man doch *auch* können, sonst ist man kein ›rechter Mann‹ und bringt seine ›Entelechie‹, bringt seine geprägte Form in allen ihren Möglichkeiten nicht zur Entfaltung. Danach will ich ja zurückkommen! Denn ich weiß doch, daß man irgendwo zu Hause sein muß und daß man sich nicht von seinem Ursprung trennen darf. Aber jetzt – jetzt brauche ich einmal eine Frist, wo ich jenseits von Gut und Böse bin, wo mir Gott und Teufel, Vater und Mutter egal sind; sonst versäume ich den Anschluß ans Leben. Wenn ich dann alt bin und ausgelebt, dann werde ich zurückkommen, dann werde ich fromm werden. Aber vorläufig – Gott sei es gedankt! – bin ich noch weit entfernt vom Schlaganfall und derart frommen Anwandlungen.«

So sagt er und möchte dabei kein Lump, sondern nur ein lebendiger Bursche sein. Und nun frage ich zum ersten Male: Haben wir ähnliches nicht alle schon einmal erlebt? Klingt nicht auch unsere Stimme im Hader dieser Seele mit?

Wieder steht der Sohn vor dem Kontor seines Vaters. Als er eingetreten ist, sagt er entschlossen: »Morgen gehe ich weg, um mein eigener Herr zu sein. Zahl' mir mein Erbteil aus!«

Vielleicht hat sich bei der nächsten Mahlzeit eine Familienunterhaltung an diesen »Schlag ins Kontor« angeschlossen. Und vielleicht war gerade der Onkel da – irgend so ein Menschen- und Familienonkel, der das Leben kennt. Der nimmt den jungen Mann in Schutz: »Es ist doch ganz gesund, sich einmal die Hörner abzustoßen. In der Fremde wird man reifer. Gewiß, der Junge wird in manchen Sumpf hineingeraten. Das muß man als ›menschlich-allzumenschlicher‹ Abenteurer eben in Kauf nehmen. Aber die Hauptsache ist doch, daß er wieder herauskrabbelt. Und nachher kennt er das Leben und ist ein Mann geworden. Man muß Knaben wagen, um Männer zu gewinnen. Besser in Schuld und Sumpf hinein – und hindurch, denn als intaktes Muttersöhnchen brav zu Hause zu bleiben.«

»Was!« fällt ihm da der ältere Bruder ins Wort, derselbe, der später das Gleichnis beschließt, »was!? Es soll gesund sein, sich vom Vater zu lösen und in der Welt mit ihren Sümpfen und Abgründen herumzuvagabundieren? Ist das nicht die schlimmste Verirrung, wenn er sich so von seinen Wurzeln löst, wenn er sich gewaltsam von dem trennt, woran er doch mit allen Fasern gebunden ist, und wenn er sich von seinem *Vater* lossagt? Bewahre ihn Gott, wenn er wirklich geht! Aber er will ja gar nicht bewahrt sein.«

Das sind so die Stimmen der Familie, das sind so die Stimmen der Menschenkinder, die sich zu dieser Urfrage der Menschheit äußern und nicht einig werden können.

Und nun sehen sie alle den Vater an. Wie mag er die Streitfrage lösen?

Der Vater sagt gar nichts. Er geht wortlos zum Kassenschrank und zahlt ebenso wortlos das Erbteil aus. Er zwingt den Sohn nicht, zu Hause zu bleiben. Er soll seine Freiheit haben. Gott zwingt niemanden. Auch Adam und Eva hat er nicht gezwungen, den frevlerischen Griff nach der verbotenen Frucht zu unterlassen.

Dann sieht der Vater wortlos dem scheidenden Sohne nach.

Ich denke mir, daß, während er so schweigt, eine tiefe Bekümmernis sein Antlitz überschattet und auf ihre Art laut spricht. Sicher aber denkt der Vater nicht: Möge er reifer werden in der Fremde! Sondern er stellt die bange Frage: Wie wird er zurückkommen?

Der Vater wird den Sohn in seinen Gedanken behalten; er wird auf ihn warten und immerfort nach ihm ausschauen. Jeder Schritt, den er macht, tut ihm weh. Denn der Vater weiß mehr als der Sohn, der jetzt glücklich und unbeschwert in das erwählte Leben hinauszieht. Aber die Herzstimme des Vaters wird ihn auf seinen Wegen begleiten.

Nun kann der Sohn also tun, was er will.

Er lebt auf großem Fuß, hat Freunde und Freundinnen. Die Leute auf der Straße drehen sich um, wenn er in seiner neuen, strahlenden Garderobe daherkommt. Die Wohnung, die er mietet, hat Geschmack und Niveau. Eines Tages zieht er nun das Fazit seiner neuen Lebensrichtung: Er hat Anhänger, hat Geschmack und Kultur entwickelt, er gilt etwas – auch wenn ihm alles rätselhaft durch die Hände rinnt.

Eines freilich dürfte er bei seiner Lage nicht übersehen (aber das tut er!): Alles, was er besitzt, stammt von seinem Vater. Aber er benützt dies alles *ohne* ihn: Seinen Leib, den er schmückt und auslebt und in den so viele verliebt sind, hat er von ihm. Sein Eigentum – Geld, Kleider, Schuhe, Essen und Trinken – das alles stammt genauso vom Vater und ist erworben von dem Kapital, das er ihm gab. Es sind an sich gute Dinge, sonst hätte sie der Vater ihm nicht gegeben. Aber unter der Hand werden ihm diese guten Dinge zum Verderben, denn er gebraucht sie für sich, er gebraucht sie ohne den Vater.

So wird das alles geheimnisvoll verändert: Sein Leib wird zum Träger unkontrollierter Leidenschaften, er wird etwas völlig anderes, als was er früher von seiner strahlenden Lebendigkeit erwartete. Und das ererbte Eigentum, die Mitgift seines Vaters? Sie dient seiner Verweichlichung, macht ihn größenwahnsinnig, zerstreut ihn und macht ihn abhängig von den Menschen, die er sich damit »kaufen« möchte. (Denn er spürt ja genau: Die Liebe seiner Freunde und die Achtung seiner Mitmenschen, auf die er so großen Wert legt, würden bald abkühlen, wenn er seinen Lebensstandard herunterschrauben müßte und nicht mehr über Kaufkraft und Potenz verfügte.)

Alles ist unter der Hand rätselhaft und alpdrückend verändert. Manchmal hat er keine Freude mehr an all den Wonnen, die er sich vom Kapital des Vaters beschaffen konnte.

Man kann ja nicht immerfort seinem Eisschrank, diesem Traumgerät der Zivilisation, gekühlte Drinks entnehmen. Einmal ist man satt. Aber dann ist alles so furchtbar schal. Wohin treibt es mich eigentlich in dieser ziellosen Langeweile? Man kann auch nicht immer auf den Fernsehschirm starren. O diese schreckliche Viertelstunde danach, diese entsetzliche Leere, die ich mit optischen Mitteln eine kleine Weile zu überspielen suchte!

Wieder greift dieser Text nach uns, und wir meinen ein Stück unserer eigenen Biographie zu vernehmen. Aber er greift auch nach unserer ganzen Generation:

Ist Europa, ist das christliche Abendland nicht genauso auf diesem Weg der Lösung von seinem Ursprung und von der Quelle seiner

Gnaden? Wer kennt noch den Frieden des Vaterhauses, von dem der Wandsbeker Bote in seinem Abendlied singt, wenn ihm die ganze Welt in der Hand des Herrn ruht und als jene »stille Kammer« erscheint, »wo ihr des Tages Jammer verschlafen und vergessen sollt«? Drohen wir nicht auf unseren Eisschränken und unseren Fernsehgeräten sitzen zu bleiben – nicht weil sie etwas Schlechtes wären, aber weil wir sie zum trügerischen Füllsel für unser entleertes und friedlos gewordenes Leben gemacht haben? Und derweile imponiert uns noch diese ganze aufgeblasene Nichtigkeit, und manche frönen sogar der Illusion, wir könnten am »Tage X« den zu uns stoßenden Kommunisten mit all diesem Firlefanz imponieren. Ich fürchte, die Kommunisten werden sich vor dem stinkend gewordenen Reichtum dessen, der das Kapital des Vaters verwirtschaftet hat und auf einer Walstatt mit verwesten christlichen Ideen herumstreunt, die Nase zuhalten. Europa, das christliche Abendland »a. D.«, droht unglaubwürdig zu werden.

Gewiß, alles, was wir haben, stammt noch von unserem Vater: unsere Fähigkeit, unser Fleiß, unser technisches Ingenium. Aber wenn wir es ohne ihn gebrauchen, wenn wir es als ausgezahltes Kapital behandeln, über das wir frei verfügen, verdirbt es in unseren Händen.

Da ist etwa unsere *Vernunft*. Sie ist ja die vornehmste Mitgift des Vaters, die uns recht eigentlich über das Tierreich erhebt. Sie ist von Haus aus das Organ des »Vernehmens«, das auf sein ewiges Wort eingespielt ist. Aber seit wann ist eigentlich das Merkwürdige geschehen, daß Vernunft uns dazu dient, »noch tierischer als jedes Tier zu sein«? Sind nicht alle Argumente – philosophische und andere –, die gegen Gott reden, aus diesem Kapitalbesitz einer in die *Fremde* verschleppten Vernunft finanziert worden? Sind nicht die Foltermethoden der GPU und Gestapo Exzesse eben dieser überaus scharfsinnigen, dieser vom Vater ausgezahlten und dann mißbrauchten Vernunft?

Und wenn die großen Physiker und Techniker unserer Zeit immer wieder erschreckt die Vision des Goetheschen Zauberlehrlings beschwören, meinen sie dann nicht *auch* etwas Ähnliches wie der verlorene Sohn, als ihm das Kapital zerronnen war? Meinen sie nicht:

Wir sind mit unserer Vernunft am Ende, und das, was uns der Vater einmal schenkte und mitgab – »Machet euch die Erde untertan!« –, das kehrt sich nun gegen uns!? Gott wandelte seine schöpferische Energie in Substanz, und wir wandeln diese Substanz zurück in blinde Energie!

Und wie ist es mit unserer *Kunst*? Kann nicht auch sie zu einem verwirtschafteten Erbteil werden, wenn der Entwurf der Schöpfung sich nicht mehr im Kunstwerk abbildet und gleichsam in ihm verdichtet wird? Denn wie sollte der Künstler das Geheimnis des Seins in die Gestalt bannen, wenn er die Gedanken des Schöpfers nicht mehr kennt und wenn ihm gleichsam sein Thema entglitten ist? Ist das, was man mit dem (freilich allzu einseitigen) Schlagwort »Verlust der Mitte« in der Kunst bezeichnet hat, nicht ein Hinweis auf diese *verspielte* Thematik? Wird so die Kunst nicht zur Expression dumpfer Träume, zu den Träumen eines Menschen, der fast hörbar zu sagen scheint: »Ich muß eine Aussage machen. Aber wovon wollte ich doch noch reden?«

Sind das nicht die Träume des vom Vater gelösten, des unbehausten Menschen, der auf der endlosen Straße treckt, weil die Fenster des Vaterhauses nicht mehr über ihm leuchten? Eines Menschen, der, seit er das Heil verlor, auch keine heile Welt mehr hat?

Ich möchte hier aber nicht als negativer Kritiker verstanden werden. Denn auch an diesem Künstler, der ja – indem er über jene Straße irrt – immerhin ein großer und sehr ehrlicher Künstler sein kann, würde sich gewiß die Begegnung Jesu mit dem reichen Jüngling wiederholen können. Von dieser Begegnung heißt es: »Jesus sah ihn an und liebte ihn.« Aber gerade, wenn er sich so anblicken ließe, würde er plötzlich wissen, in welcher Fremde er träumt und welche Heimat auf ihn wartet.

Der Künstler darf ja die heile Welt nicht erlügen, und er darf nicht heuchlerisch so tun, als besitze er sie, als sei er noch im Dasein Joseph Haydns oder Adalbert Stifters zu Hause. Auch der verlorene Sohn darf ja nicht so tun, als ob er noch zu Hause wäre. Es verdient vielmehr allen Respekt, wenn er ehrlich verzweifelt ist und wenn er die Fremde beim Namen nennt, so wie das der Existenzialismus tut, und wenn er die Fremde im Kunstwerk gestaltet. Aber es wäre schon viel, wenn er sich sagen ließe, daß der Vater auf ihn wartet. Auch die Vernunft, auch die Kunst darf nach Hause kommen und wird unter den ewigen Augen Erfüllung finden.

Genauso, wie jede Zeit ihre Spezial-Fremde kennt, so weiß auch unsere Zeit um die ihre. Freilich haben alle diese Entfremdungen gewisse gemeinsame Züge: daß wir zwar mit dem Eigentum des Vaters arbeiten, mit unserer Tatkraft, unserer hochentwickelten Vernunft, unserer technischen Begabung, unserer Begeisterungsfähigkeit für große Dinge und Ideen – denn das alles sind ja doch Dinge, die uns der Vater mitgegeben hat! –; daß wir dies alles aber gebrauchen *ohne* ihn, auch wenn wir den Namen der Vorsehung und des Allmächtigen in Stunden der Begeisterung vielleicht noch auf den Lippen haben. Darum kommen wir nicht weiter, darum schwindet unser inneres Kapital dauernd. Darum explodiert dieser Besitz in unserer Hand. Darum verstümmelt er uns. Darum hat der Mensch der Neuzeit bange Träume, sobald er allein ist und ein bißchen zur Besinnung kommt. Darum *muß* er das Radio anstellen und ins Kino rennen, um sich abzulenken. Wahrhaftig: Es ist unser aller Porträt, das uns hier entgegentritt, es ist das Porträt eines ganzen Zeitalters.

Und nun ist es doch so: Je unglücklicher und verlorener der Sohn sich fühlt, um so mehr tobt und feiert er, um so mehr stürzt er sich in die Gesellschaft seiner »Freunde«, um so mehr lenkt er sich ab. »Er lenkt sich ab« – verstehen wir, was das heißt? Das heißt doch vor allem, daß er nicht mehr allein sein kann, daß er Betrieb um sich haben muß. Wie sagten wir doch? Er »kann« nicht mehr allein sein – er »muß« Ablenkung haben. Dies Nicht-»Können« und dies »Müssen« wird dem verlorenen Sohn *auch* eines Tages aufgefallen sein. (Es fällt uns allen irgendwann einmal auf, wenn Gott so gnädig ist, uns die Blende von den Augen zu nehmen.) Wenn er aber nicht mehr »kann« und dafür anderes »muß«, dann ist er doch nicht *frei!* Nein, weiß Gott: Er ist nicht frei. Das ist die große Neuigkeit, die ihm auf einmal aufgeht, ihm, der doch ausgezogen ist, um frei zu werden – vor allem frei zu werden von seinem Vater.

Er ist *gebunden* an sein Heimweh, darum *muß* er sich amüsieren.
Er ist *gebunden* an seine Triebe, darum *muß* er sie befriedigen.
Er ist *gebunden* an einen großen Lebensstil, darum *kann* er ihn nicht mehr lassen. Er wäre bereit, zu lügen und zu betrügen, bereit, alle frommen Vorsätze in Acht und Bann zu tun, so sehr ist er inzwischen in den Bann des großen Fußes geraten, auf dem er lebt.
So also sieht die Freiheit außerhalb des Vaterhauses aus: »Gebunden« sein, dies und das »müssen«, unter einem »Bann« stehen, seinen Weg nach dem Gesetz vollenden »müssen«, wonach er angetreten ist. Die Freunde und die lieben Mitmenschen denken, wenn sie ihn so sehen: ein imponierender, freier Mann, unabhängig von seinem sonst so einflußreichen alten Herrn! Er fragt nicht nach Grundsätzen und nicht nach Erziehung, er ist der Typ des souveränen Herrenmenschen, das Urbild der Autonomie.
Aber er, der verlorene Sohn, der seinen Zustand von innen sieht, weiß es anders. Die Außenwelt sieht nur die Fassade und das, was in den Schaufenstern dieses verpfuschten Lebens ausgelegt ist. *Er* aber hört das Klirren der unsichtbaren Ketten, in denen er geht, unter denen er zu stöhnen beginnt. Aber keiner hilft ihm, und keiner weiß um ihn. Nur der ferne Vater weiß es, der ihm beim Abschiednehmen so nachgeblickt hat.
Und so geht es denn immer weiter und tiefer. Er verliert seine Habe, wird arm und muß sich bei einem Bauern verdingen – er, der bisher noch nie von einem Menschen abhing, sondern nur seinem Vater untertan war. Er gerät unter die Menschen. Irgendwo draußen muß er seine Arbeit tun. Er lebt schlechter als das liebe Vieh, dessen Fressen er gerne teilen würde, wenn's ihm nur jemand gäbe. Natürlich hat er sich beschwert; aber man hat ihn nicht vorgelassen. Jetzt ist er unter einem Herrn – unter einem »Menschen« –, der sich nicht für ihn interessiert, für den er Luft ist. Nun erst beginnt er zu ermessen, was es heißt, nicht mehr beim Vater, nicht mehr Kind zu sein. Das also wäre das Ende seiner Freiheit, seiner Autonomie – und wie die anderen vergoldenden Ausdrücke alle heißen.
Unter *einem* Herrn stehen wir eben immer: entweder unter Gott;

dann sind wir im Vaterhaus und haben die Freiheit der Kinder Gottes, sind wir Söhne und keine Knechte, haben wir ständigen Zutritt beim Vater. Oder aber wir stehen unter unseren Trieben und damit unter uns selbst: unter unserer Abhängigkeit von Menschen, unter unserer Angst – von der unser Herz immer einen ganzen Vorrat hat –, unter unseren Sorgen, unter unserem Mammon.

Neutralität zwischen diesen beiden Herren gibt es nicht. Und wir ahnen es, was Luther damit sagen wollte, wenn er unser Menschenleben als ein Schlachtfeld zwischen diesen beiden Herren ansah. Wir sind keine Herren, wie der verlorene Sohn einer sein wollte, sondern wir sind nur »Schlachtfelder« zwischen den wirklichen Herren. Anders ausgedrückt: Wir sind gefragt, ob wir das Kind des einen oder der Knecht des anderen sein wollen.

»*Ich* wollte frei werden«, so spricht der verlorene Sohn nun zu sich selber – vielleicht *schreit* er es auch heraus –, »*ich* wollte ich selbst werden; und das alles meinte ich zu gewinnen, indem ich mich vom Vater und von meinem Ursprung löste, ich Narr! Nur Ketten habe ich gefunden.« Und ein bitteres Lachen steigt auf vom Schweinetrog.

Daß er sich so vom Vater lösen wollte, kommt ihm jetzt genauso lächerlich vor, wie wenn ein Mensch sich darüber ärgert, daß er von der Luft abhängig ist und sich im Namen seiner Freiheit dann die Nase zuhält. Man kann sich nicht ohne Strafe und eigentlich nicht ohne Verrücktheit von seinem Lebenselement lösen, man kann Gott nicht ausziehen, wie man ein Hemd auszieht. Die Lösung vom Vater ist im Grunde gar nicht nur »Unglaube«, sondern die ungeheuerlichste Narretei. Nimmt sich die Menschheit nicht manchmal aus wie ein Fastnachtszug, torkelt sie nicht wie jemand, der das Gleichgewicht und die Orientierung verloren hat?

Und jetzt ist es soweit mit dem verlorenen Sohn. Jetzt kommt die große Krise in sein Leben. Jetzt beginnt er nach der Heimkehr zu fiebern. Jetzt will er umkehren und in sich gehen.

Ob man sich diese Wende vorstellen kann? Sicher hat er zunächst einen großen Ekel vor sich selber bekommen. Der Ekel wird um so größer, je leuchtender vor seinem inneren Blick die Zinnen seines

Vaterhauses erstehen, das er verloren hat und auf das er nun keinen Anspruch mehr besitzt. Der Kindesrechte ist er ledig. Aber indem nun das Antlitz seines Vaters vor ihm auftaucht, wie er ihm nachgeblickt hat, weiß er plötzlich allen berechtigten Skrupeln zum Trotz: Er wartet auf mich. Und indem er auf seine leeren Hände blickt, indem ihm sein eigenes Auge zu geschändet erscheint, als daß er's zum Vater erheben könnte, weiß er nun trotzdem: Er wartet auf mich.

In Wilhelm Raabes »Abu Telfan« sagt die weise Frau Claudine einmal: »Mein Sohn, es ist eine Glocke, die klingt über allen Schellen«, über allem Gebimmel und Geklingel der Fremde. Diese Glocke hatte nie ganz aufgehört, in seinem Leben zu klingen. Und dieser Glocke geht er jetzt nach.

Die Buße des verlorenen Sohnes ist also nichts Negatives. Sie ist letzten Endes eben doch nicht nur Ekel, sondern sie ist vor allem Heimweh, nicht Abkehr von..., sondern Heimkehr zu... Überall, wo im Neuen Testament von der Buße gesprochen wird, da steht die große Freude im Hintergrund. Es heißt nicht: »Tut Buße, sonst verschlingt euch die Hölle«, sondern es heißt: »Tut Buße, denn das *Himmelreich* ist nahe herbeigekommen.« Als der Sohn meint, er wäre am Ende, da fängt Gott mit seinen Wegen erst an. Dieses Ende vom Menschen aus gesehen, und dieser Anfang von Gott aus gesehen – das ist Buße. Der Ekel an sich selber hätte ihm nicht helfen können. Er hätte ihn vielleicht zum Nihilisten gemacht, aber auf keinen Fall hätte er ihm den Heimweg gezeigt. Nein, es ist umgekehrt: Weil ihm Vater und Vaterhaus vor die Seele traten, darum ekelte ihm vor sich selbst, und darum konnte es ein heilsamer und heimbringender Ekel sein. Er war eine Fernwirkung seines Vaters, war ein Nebenprodukt des plötzlich aufkommenden Wissens, wohin er gehörte. Nicht also, weil ihn vor der Fremde ekelte, kehrte er heim; sondern weil ihm die Heimat bewußt wurde, ekelte ihn die Fremde, darum wußte er überhaupt, was Fremde und Verlorenheit ist. So war es eine göttliche Traurigkeit, die ihn da überkam, und nicht jene Traurigkeit der Welt, die den Tod wirkt (2. Kor. 7, 10).

Nun steht der verlorene Sohn also auf und geht heim. Mit all seinen Lumpen wagt er, auf sein Vaterhaus zuzugehen. Wie wird ihn der Vater empfangen? Vor allem aber: Was wird er selber sagen, wenn er nun plötzlich vor dem Vater steht? Wird er sagen: »Vater, ich bin reifer geworden in der Fremde; Vater, ich habe gelitten und gebüßt für alle Schuld, ich habe Anspruch darauf, daß du mich annimmst! Ich habe das Risiko des Lebens auf mich genommen und bin im Guten und Bösen ein Mensch gewesen. Nun mußt du mich aufnehmen, nun bin ich am Ende!« Wird der verlorene Sohn so sprechen, wenn er vor seinen Vater tritt?

André Gide, der französische Dichter (aber auch viele unserer deutschen Denker), stellt sich auf diesen Standpunkt, wenn er das Gleichnis vom verlorenen Sohn so weiterdichtet, daß der Heimgekehrte nun seinerseits den Bruder hinaus in die Fremde schickt, damit er ebenfalls reifer werde an ihr. Damit will Gide doch sagen: Es war gut, daß der verlorene Sohn eine Zeitlang verloren war. Es war gut, daß er schuldig wurde. Man muß eben durch dies Schicksal hindurch. Man muß auch den Mut zur Absage an Gott haben, damit man nachher von ihm aufgenommen werden kann. Der Sohn hat nur die fruchtbare Polarität des Lebens durchmessen.

Wir aber hören im Gleichnis Jesu nichts von alledem. Der heimgekehrte Sohn sagt nur: »Vater, ich habe gesündigt gegen den Himmel und vor dir.« Er sagt also: »Vater, ich habe keinen Anspruch mehr an dich.«

Daß der verlorene Sohn wieder angenommen wird, beruht eben nicht auf seinem Reiferwerden, sondern auf dem Wunder der Liebe Gottes. Da gibt es nichts zu beanspruchen. Da kann man sich nur überraschen und von Gott überfallen lassen. Es ist das gnadenvolle Rätsel der Liebe Gottes, daß er das Verlorene sucht und daß der Himmel in festliche Stimmung gerät, wenn der »eine« umkehrt.

Aber nun stehen wir noch vor einer letzten Frage: Wo taucht in dieser Geschichte Jesus Christus auf, oder wo ist er, wenn unmittelbare Spuren fehlen sollten, überhaupt unterzubringen? Ist der Vater nicht von sich aus und ganz allein schon so wohlgesonnen und entgegenkommend, daß er vergebungsbereit ist? Wozu braucht man dann das Kreuz, wozu braucht man Vermittlung und Versöhnung und die ganze Christologie? Ist diese Geschichte, so wie sie nun einmal dasteht, nicht von göttlicher Einfalt und Schlichtheit? Und ist sie nicht eben eine Geschichte *ohne* Christus? –

Wir sind nicht die ersten, die so fragen.

Eines haben wir jedenfalls gesehen: Der verlorene Sohn konnte überhaupt nur heim und kam wieder zurecht, weil für ihn der Himmel und der Vater bereitstanden. Sonst hätte er sich im besten Falle (das heißt, wenn er nicht vollends verstockt oder Nihilist geworden wäre) nur aufrappeln und ein bißchen Haltung annehmen können. Aber die inneren Qualen wären geblieben. Das Gewissen hätte ihn unter der Decke seiner Haltung weiter verklagt.

Jesus aber will uns zeigen, daß es eben anders ist und daß uns eine *ganze* Befreiung geschenkt werden soll. »Ihr habt recht«, sagt er, »ihr seid verloren, wenn ihr auf *euch* blickt. Wer hat denn *nicht* gelogen, gemordet, die Ehe gebrochen? In wem liegt das *nicht* als lauernde Möglichkeit im Herzen? – Ihr habt recht, wenn ihr euch verloren gebt. Aber seht: Nun ist etwas geschehen, was nichts mit diesem eurem Herzen zu tun hat, was euch einfach bereitet ist. Nun ist das Reich Gottes mitten unter euch, nun ist das Vaterhaus weit geöffnet. Und ich – ich bin die Tür, ich bin der Weg, ich bin das Leben, ich bin die Hand des Vaters. Wer mich sieht, der sieht den Vater. Und was seht ihr denn, wenn ihr mich seht? Ihr seht jemanden, der zu euch in die Tiefe gekommen ist, wo ihr nicht in die Höhe konntet. Ihr seht, daß Gott ›also‹ die Welt geliebt hat, daß er mich, seinen Sohn, in diese Tiefe hineingab, daß er sich's etwas kosten ließ, euch zu helfen, daß es durch Schmerzen Gottes ging, daß Gott etwas gegen sich selbst unternehmen mußte, um mit eurer Schuld fertig zu werden, um den Abgrund zwischen euch und sich ernst zu nehmen und ihn doch zu überbrücken. Das alles seht ihr, wenn ihr mich anschaut!«

So also weist Jesus Christus, der dies Gleichnis erzählt, zwischen allen Zeilen und hinter allen Worten auf sich selbst hin. Wäre es irgend jemand, der uns diese Geschichte von dem gütigen Vater erzählte, könnten wir nur lachen. Wir könnten nur sagen: »Woher weißt du das denn, daß ein Gott da ist, der mich sucht, den meine Verlorenheit interessiert, ja, der an mir leidet? Warum erzählst du solche Ammenmärchen? *Wenn* es einen Gott gibt, dann hat er genug damit zu tun, daß die Planetensysteme in Schuß bleiben. Und vielleicht, wenn er nichts Besseres zu tun hat, freut er sich einmal über einen anständigen Menschen oder eine große heroische Tat. Aber den Verlorenen nachlaufen wie die Heilsarmee? Ein feiner Gott!«

Oder ein anderer sagt: »*Was* behauptest du? Gott soll mit Vergebung und neuen Anfängen intervenieren? Nein, Gott vollzieht nur die ewigen Gesetze von Schuld und Sühne, ›Gott‹ ist nur ein anderer Ausdruck für die ausgleichende Weltordnung oder die Weltgeschichte, die das Weltgericht ist... ›denn alle Schuld rächt sich auf Erden‹! *Dafür* sorgt Gott, mein Freund, nicht für Vergebung!« Und in der Tat: So müßten wir alle reden, wenn uns irgend jemand von solchem Vater erzählte.

Aber nun redet hier eben nicht »irgend jemand«, sondern Jesus Christus selber. Und er *erzählt* uns nicht von diesem Vater, sondern in ihm *ist* der Vater. Er macht uns keine Lichtbilder vor von einem angeblichen Himmel, der den Sündern offensteht, sondern in ihm *ist* das Reich Gottes mitten unter uns. Sitzt er nicht mit den Sündern an einem Tisch? Geht er nicht den Verlorenen nach? Ist er nicht bei uns, wenn wir sterben müssen und die anderen alle zurückbleiben? Ist er nicht das Licht, das in der Finsternis scheint? Ist er nicht die Herzstimme des Vaters, die uns mitten in der Fremde überfällt, überfällt mit jener fröhlichen Nachricht: Du darfst heimkommen?

Das letzte Thema dieser Geschichte heißt also nicht: Vom verlorenen Sohn, sondern: Vom Vater, der uns findet. Das letzte Thema heißt nicht: Von der Untreue der Menschen, sondern es heißt: Von der Treue Gottes.

Daher klingt die Geschichte auch in ein rauschendes Freudenfest aus: Wo Vergebung gepredigt wird, da ist Freude, und da sind Feierkleider. Man muß diese evangelische Geschichte wirklich so lesen und hören, wie sie gemeint ist: als eine frohe Nachricht, an die wir gar nicht gedacht haben, ja, die uns verblüffen müßte, wenn wir sie zum ersten Male hören könnten, als eine Nachricht, daß mit Gott alles so ganz und gar anders ist, als wir es dachten oder auch fürchteten; daß er seinen Sohn zu uns geschickt hat und uns zu unbeschreiblicher Freude lädt.

Das letzte Geheimnis dieser Geschichte heißt: Es gibt für uns alle eine Heimkehr, weil es eine Heimat gibt.

DAS GLEICHNIS
VOM VERLORENEN SOHN

ZWEITER TEIL

Aber der älteste Sohn war auf dem Felde. Und als er nahe zum Hause kam, hörte er das Gesänge und den Reigen; und rief zu sich der Knechte einen und fragte, was das wäre. Der aber sagte ihm: Dein Bruder ist gekommen, und dein Vater hat ein gemästet Kalb geschlachtet, daß er ihn gesund wieder hat.
Da ward er zornig und wollte nicht hineingehen. Da ging sein Vater heraus und bat ihn. Er aber antwortete und sprach zum Vater: Siehe, so viel Jahre diene ich dir und habe dein Gebot noch nie übertreten; und du hast mir nie einen Bock gegeben, daß ich mit meinen Freunden fröhlich wäre. Nun aber dieser dein Sohn gekommen ist, der sein

Gut mit Huren verschlungen hat, hast du ihm ein gemästet Kalb geschlachtet.
Er aber sprach zu ihm: Mein Sohn, du bist allezeit bei mir, und alles, was mein ist, das ist dein. Du solltest aber fröhlich und guten Mutes sein; denn dieser dein Bruder war tot und ist wieder lebendig geworden; er war verloren und ist wieder gefunden.

LUKAS 15, 25-32

Wer nur ein bißchen Sinn für die Kunst des Erzählens hat, der spürt bei diesem zweiten Teil unseres Gleichnisses einen totalen Wechsel der Atmosphäre. In der ersten Hälfte ist alles dramatisch bewegt: Da geht es um ein Ringen zwischen Vater und Sohn, bis dieser Sohn seinen eigenen Kopf durchsetzt und in die Fremde geht. Nachdem der junge Mann einen Augenblick seine Freiheit gebraucht hat, kommt alles weitere, so wie es kommen muß. Es geht mit schicksalhafter Zwangsläufigkeit immer tiefer hinab bis an das Elend des Schweinetroges. In dem allem erkenne ich mich selbst wieder, erkenne ich sozusagen den Lageplan meines eigenen Lebens.
Einen Augenblick sind wir frei und Herren unserer Entschlüsse. Aber dann schlägt eine Tür hinter uns zu, und nun müssen wir notwendig dem Gang eines endlosen Korridors folgen; oder wir werden, wie der verlorene Sohn, in ein Gefälle von Schuld und neuer Schuld hineingerissen, gegen das nicht mehr anzukommen ist.
Aber mitten in diesem Gesetz von Schuld und Sühne passiert nun ein großes Wunder: Der verlorene Sohn darf heimkommen. Er wird wieder frei, er wird wieder Kind. Und während seine Ketten zerrissen am Boden klirren, ist das Haus des Vaters von rauschender Freude erfüllt über den einen, der da zurückgekommen ist.
Überblickt man diesen Gang der Handlung, dann sieht man: Hier geht es um wilde, dramatische Spannungen, hier geht es um den jähen, katastrophalen Absturz eines Menschen und um ein gnädiges Aufgefangenwerden im letzten Augenblick. Hier geht es um die Irrfahrt unseres Lebens, um viele falsche Weichenstellungen, und hier

geht es zugleich um die ewigen Arme, die uns bei alledem halten. Hier werden in unerhörter Verdichtung nahezu alle entscheidenden Probleme des menschlichen Lebens durchmessen.

Der zweite Teil des Gleichnisses dagegen, in dessen Mittelpunkt der ältere Bruder steht, wirkt demgegenüber fast ein bißchen langweilig und hausbacken. Die Geschichte hat eigentlich gar keinen rechten Schluß. Sie scheint sich – beim ersten Lesen wenigstens – etwas trübselig ins Endlose fortzuspinnen.

Der Mann, der hier im Mittelpunkt steht, lebt nicht »gefährlich«. Der bekommt auch nicht, was Sartre die »schmutzigen Hände« nennt. Wenn man fromm ist und dem Vater treu bleibt, hat man eben auf »Numero sicher« gesetzt.

Es sind heute viele alte und junge Menschen da, die zweifellos anders leben als der ältere Bruder und die sich darum lieber im Bilde des jüngeren wiedererkennen. Sie haben vielleicht keine Zeit, oder meinen jedenfalls keine Zeit zu haben, sich den letzten Dingen unseres Lebens zu widmen. Sie haben jeden Tag zu disponieren und zu kalkulieren und sitzen auf dem Karussell ihres geschäftlichen Umtriebs. Da weiß man abends nicht, wo einem der Kopf steht. Und darum weiß man auch nicht, wo der liebe Gott steht. Denn um das zu wissen, müßte man seine Gedanken frei für ihn haben.

Aber da sind auch noch andere unter uns, vielleicht gerade junge Menschen. Die nehmen es bitter ernst mit der Frage nach dem Sinn ihres Lebens. Sie studieren Nietzsche oder den Marxismus oder die Anthroposophie. Sie kommen in große Spannungen dabei und fürchten oft, ins Leere zu stürzen. Sie möchten manchmal Christen sein und sehnen sich nach Frieden und nach einem festen Halt (denn wer täte das nicht?!). Aber sie verbieten sich eine allzu schnelle Heimkehr, weil sie sich nicht aus Schwäche am warmen Ofen irgendeiner Religion verkriechen wollen und weil ihnen die Gottesfrage zu ernst ist, als daß sie Gott zu einem Ruhekissen machen wollten.

Diese beiden Menschenarten sind gewiß sehr verschieden. Aber in einem sind sie sich ganz bestimmt einig: daß sie diesen älteren Bruder nicht leiden mögen, weil er seinen Frieden beim Vater etwas zu billig hat, weil er keine Risiken kennt und *weil* er eben auf »Numero sicher« gesetzt hat.

Wer ist dieser ältere Bruder überhaupt? Worin liegt sein menschliches Geheimnis?

Nun, dieser ältere Bruder – das scheint bezeichnend für ihn zu sein – kann es nicht begreifen, daß das ganze Haus auf den Kopf gestellt wird, daß gefestet, gesungen, gegeigt wird und daß alle Fenster illuminiert werden, nur weil es diesem leichtfertigen Tunichtgut von Bruder gefallen hat, arm wie eine Kirchenmaus und schwer kompromittiert wieder nach Hause zu kommen – nachdem ihm offenbar nichts anderes mehr übrig blieb. Denn sein Beutel ist leer, und er scheint auch körperlich ziemlich ausgepumpt zu sein. In diesem desolaten Zustand macht auch die Sünde keinen Spaß mehr. Da setzt man sich besser wieder hinter den heimischen Ofen und wird brav, nachdem man sich vorher die schon zitierten Hörner ordentlich abgestoßen hat.

So banal also sieht die ganze Bekehrungsgeschichte »von außen« aus.

> Wenn nach wild durchbrauster Jugend
> mählich fängt das Altern an,
> ändert sich der Mensch zur Tugend,
> weil er nicht mehr anders kann.

Wir alle kennen diesen Spottvers. Von außen sieht die Bekehrung eines Menschen sehr oft in dieser Weise trivial aus. Wer nämlich nicht am eigenen Leibe erlebt hat, wie das ist, wenn plötzlich unsere ganze belastete Vergangenheit durchgestrichen und wenn der Schuldschein zerrissen wird; wer nicht erfahren hat, wie das ist, wenn man einfach angenommen wird und neu beginnen kann; ja, welches Fest es ist, zu erleben, wie der Vater uns keinen Augenblick vergessen hat, und wie er die Arme öffnet, um uns an sein Herz zu drücken; wer das nicht selbst erfahren hat, der kann ja gar nicht anders, als in der Bekehrung eines anderen Menschen nur die klägliche Kapitulation eines impotent gewordenen Sünders oder die Panikhandlung eines Verzweifelten zu sehen, so wie das hier der ältere Bruder tut.

Man kann eine Bekehrung, man kann *überhaupt* die göttlichen Wunder nie »von außen« begreifen. Es gibt eben gewisse Wahrheiten, die man nicht einsehen kann, sondern die man durchmachen muß. Darum ist es ganz natürlich, daß der Ältere es einfach nicht in den Kopf bringt, *warum* der Vater sich so schrecklich freut und *warum* der ganze Himmel zu jubeln beginnt. Er findet das ungerecht. Dieser Taugenichts hat es fertiggebracht, daß alles in seiner Umgebung wie aus dem Häuschen ist. Aber über ihn, der es gar nicht nötig hatte, heimzukehren, weil er immer daheim *geblieben* war, über ihn hat sich noch niemand aufgeregt, ihn hat man nicht einmal mit einem Böckchen gefeiert. Er, der treue Kirchenchrist, der Ureinwohner des christlichen Abendlandes, der Hüter und Repräsentant der Tradition, kommt sich vor wie jemand, der auf der Schattenseite des Lebens angesiedelt ist.

Ist er das wirklich? Schließlich gibt ihm der Vater doch *auch* seine Liebe zu verstehen und sagt ihm: »Mein Sohn (!), du bist allezeit bei mir, und alles, was mein ist, das ist dein.« Das ist doch ein beachtliches Bekenntnis, und die Anerkennung, die darin liegt, ist unüberhörbar. Der Vater sagt nicht: Du bist ein Neidhammel, du bist ein Spießbürger, du hast gar nicht den Mut zur Sünde, du bist aus lauter Temperamentlosigkeit brav geblieben. Nein: Der Vater *ehrt* den Sohn, der ihm treu gedient hat. Und indem Jesus das so erzählt, gibt er zu verstehen, daß er mit dem älteren Bruder den Typus des Pharisäers meint, der es mit seinen ethischen und religiösen Pflichten bitter ernst nimmt. Er zeigt diesem Pharisäer (wie er tausendfach auch in der heutigen Gemeinde zu finden ist) zwar seine heimliche Wunde, aber er macht ihn keineswegs verächtlich, so wie wir das gern und nicht ohne Schadenfreude tun, wenn wir den Begriff »Pharisäer« in den Katalog unserer besonders zugkräftigen Verbalinjurien aufgenommen haben. Es ist immerhin etwas, wenn ein Mensch sein ganzes Leben hindurch, in allen Alltagen, treulich die Bibel liest, wenn er täglich betet und sich getreulich nach den Geboten Gottes richtet.

Jemand, der auch *das* wieder von außen sieht, würde vielleicht sagen: Das ist eine religiöse Bürgermoral, das ist die gleichmäßige Temperiertheit von Leuten, die es eben niemals »juckt« und die folglich auch niemals aus der Rolle fallen. Das sind langweilige Primus-Naturen.

Aber so denkt der Vater nicht. Er sieht auch das Leben des älteren Bruders von *innen*, von seinem Herzpunkt aus, und sagt ihm: »Ja, du bist mein lieber Sohn, du bist immer bei mir, und darum teilen wir auch alles miteinander.«

Das ist die unendliche Güte des Vaters: Wenn den Menschen die Bekehrung des Verlorenen nur wie eine billige Kapitulation erscheint, dann sieht *er* darin die selige Heimkehr einer unglücklichen Seele. Und wenn den Menschen die Treue des älteren Bruders nur als spießige Bravheit erscheint, dann sieht *er* darin die Verläßlichkeit eines ihm kindlich ergebenen Herzens. Wie weit ist diese Liebe des Vaters, daß sie die ganze Skala der menschlichen Möglichkeiten umspannt, und daß auch du und ich in all unserer Absonderlichkeit in diesem Herzen Platz finden und darin geborgen sind!

Aber irgendwie muß ja *doch* etwas daran sein, wenn der ältere Sohn sich benachteiligt vorkommt, wenn er das Gefühl hat: Meinem Leben ist eigentlich eine wirkliche Erfüllung versagt; es hat nie einen strahlenden Aufschwung, es hat nie eine prickelnde, mitreißende Freude, es hat nie eine wilde und verzehrende Leidenschaft gekannt. Es gibt keine Feste in diesem Leben, sondern immer nur einen langweiligen, wenn auch höchst seriösen Alltag.

Eigentlich ist das ja sehr merkwürdig: Man sollte doch meinen, wenn man so in der Nähe des Vaters sein darf, dann *ist* das doch Erfüllung. Dann vegetiert man eben nicht, sondern dann *lebt* man doch wirklich. Dann hat das Leben einen Sinn und eine Richtung. Aber irgend etwas muß trotzdem faul sein. Es gibt offenbar eine Art der Frömmigkeit, eine Art des Gehorsams, über der ein Mehltau, eine lähmende Unfrische, liegt und deren man nicht recht froh wird. Es gibt viele »fromme Menschen«, die nie recht froh und nie recht warm bei ihrer Frömmigkeit werden. Und in manchen schwachen Stunden haben sie sogar eine gewisse verstohlene Sehnsucht nach der Fremde, in der man wenigstens mal etwas »erleben« darf. Sie sind rechtschaffene, ernste

und gutwillige Leute. Aber es darf nicht verschwiegen werden, daß Gott ihnen manchmal langweilig ist. Diese Leute müßten sich einmal im Spiegel dieses älteren Bruders betrachten. Woher kommt denn seine Langeweile und sein Mißmut?
Man stelle sich einmal folgendes vor: Der ältere Bruder lebt von seiner Jugend an, und er lebt jeden Tag neu von morgens bis abends in der Atmosphäre und in der Behütung des Vaterhauses. Natürlich *liebt* er den Vater und seinen Umgang. Aber *daß* er ihn liebt und daß er auch von ihm wiedergeliebt wird, ist so selbstverständlich, daß man es kaum noch bemerkt, daß man auch gar nicht darüber spricht. Es wäre ihm direkt komisch vorgekommen, wenn er etwa zu dem Vater gesagt hätte: »Vater, heute habe ich dich besonders lieb!« Über das, was einem so selbstverständlich und so nahe ist wie die Luft zum Atmen, denkt man nicht nach. Dafür *dankt* man auch nicht. Es ist so ähnlich bei manchen alten Ehepaaren: Man ist einander gewöhnt, man faßt es kaum noch in Worte, was man aneinander hat, und man merkt erst, was der andere für einen bedeutet, wenn er einmal verreist ist oder wenn man verwaist am offenen Grabe zurückbleibt. So ungefähr steht auch der ältere Bruder zu seinem Vater.
Gleicht nicht auch der Christenstand vieler Menschen diesem Verhältnis? Sie haben von früh an gehört, daß es einen »lieben Gott« gibt, und sie haben sozusagen von der Vergebung und vom Versöhnungstode des Herrn eher etwas vernommen, als sie die Sünde erlebt haben, die ihnen vergeben werden soll. Wenn einem aber die Vergebung durch die Gewohnheit gleichsam selbstverständlich geworden ist, dann wird sie unter der Hand verfälscht. Dann versteht man unter dem »lieben Gott« jemanden, der einem nicht ernstlich böse sein kann, jemanden, der doch nichts krumm nimmt und der fünfe gerade sein läßt. Der Himmel wird zu einer Gummiwand, die immer nachgibt. Ernstlich den Schädel daran einzurennen, ist gar nicht möglich. Das Wunder der Vergebung ist zu einer Banalität geworden.
Es gehört kein großer Scharfblick dazu, um zu erkennen, daß so ein »Glaube« keine Freude und keine Befreiung mehr ist. Was es heißt, mit einem wunden, gequälten Gewissen herumzulaufen, vom Nichts

der Sinnlosigkeit gepeinigt, von Zufall und Schicksal umlauert, an heimliche Bindungen gefesselt zu sein und dann seinen Blick wieder frei erheben zu dürfen und ein väterliches Herz und einen lebendigen Heiland zu haben – das alles kann man *dann* nicht mehr erleben. Es kann geradezu der Tod unseres Glaubens sein, wenn wir vergessen, daß es buchstäblich ein Wunder, daß es ein Geschenk, daß es das schlechthin Unselbstverständliche ist, wenn wir sagen dürfen: »Abba, lieber Vater«, und: »Mein Herr und mein Gott«.

Man muß freilich nicht in die Fremde gehen und muß keineswegs erst tüchtig drauflosgelebt und gesündigt haben, um dies Wunder einer Heimkehr zu erleben. Es genügt völlig, wenn ich jeden Tag bei meinem Morgengebet zunächst einmal dafür danke, daß ich mit Gott überhaupt reden *darf*, daß er mir versprochen hat, mich anzuhören, und daß ich alle Lasten meines Herzens vor ihm niederlegen darf.

Wenn ich recht danken lernen will, muß ich darüber »nachdenken«, welches Wunder mir damit widerfährt. Denn Danken und Denken gehören zusammen. Beides ist ein Dienst und kann nicht voneinander gelöst werden. Beides ist gleichsam ein Exerzitium, das wir jeden Tag zu vollziehen haben.

Und wenn wir ein übriges tun wollen, sollten wir über unsere Mitmenschen nachdenken, die nichts von Jesus wissen. Wir sollten uns einmal klarmachen, was viele von ihnen aufwenden müssen, um sich die Sinnlosigkeit und den Leerlauf ihres Lebens aus den Augen zu wischen, und wie sie sich mit dem vielen Tingeltangel zu trösten versuchen, den die Welt dafür parat hält. Wir sollten den heimlichen, kaum jemals eingestandenen Ruf heraushören: »Laßt uns essen und trinken, denn morgen sind wir tot!«

Wir täten gut daran, wenn wir nicht mit dem Gefühl pharisäischer Überlegenheit auf das Treiben der sogenannten »bösen Weltkinder« blickten, sondern wenn wir das mit jenem von Mitleid zusammengekrampften Herzen täten, mit dem der Vater seinem verlorenen Sohn nachblickt, und wenn wir uns dankbar dessen bewußt würden, was es heißt, daß wir aus unverdienter Barmherzigkeit diesem Leerlauf, dieser Lebensangst und den Qualen unvergebener Schuld entrissen sind und daß Gott seine großen Wunder über unserem armen Leben hat aufgehen lassen.

Halten wir das doch ja fest: Das Schlimmste, was unserem Christenstande passieren kann, ist, wenn er uns zu einer selbstverständlichen Sache wird, die wir täglich verschleißen, so wie der ältere Bruder seine Existenz im Vaterhause trug und auftrug wie ein altes, verschlissenes Hemd.

Das Unerhörte von Gottes Gnadentat über unserem Leben geht uns nur dann auf, wenn wir ihm täglich den Dienst unseres Dankes abstatten. Nur wer dankt, behält das Wunder der Vaterliebe Gottes auch in seinen Gedanken. Wer dieses Wunder aber in seinen Gedanken hat, dem bleibt die Quellfrische seines Christenstandes und dem bleibt die lebendige Freude an seinem Herrn und Heilande täglich und nächtlich erhalten. Der merkt, daß das alles keine Gedanken und Gewohnheiten sind, sondern Leben und Fülle und Glück.

Wie kann man es anders verstehen, wenn Paulus immer wieder zur Freude auffordert – sogar mitten in der peinlichen und schmerzvollen Lage der Gefangenschaft –, und wenn durch alle seine Briefe eine so stürmische und bebende Lebendigkeit geht? Das liegt daran, daß ihm das Christentum nicht eine allgemeine »Weltanschauung« war, sondern daß er sein Leben im Namen eines Wunders, eines extrem Unselbstverständlichen lebte, und daß er dieses Wunder auch später niemals zu einer selbstverständlichen »zweiten Natur« werden ließ. Er hatte diesen Christus verfolgt und gehaßt, er hatte sich mit heißer Leidenschaft und jagenden Pulsen wider ihn empört. Aber dann war er jäh aus diesem Teufelszirkel des Hasses herausgerissen worden, als der verfolgte Christus ihn nicht wiederschlug, sondern ihm als Heimholender, als barmherzig Berufender in den Weg trat.

Vor einiger Zeit erzählte mir ein junger Student, daß er ohne die geringste Nachricht von Jesus Christus aufgewachsen sei. Er lebte als Kind auf einem Dorfe, das seinem Dorfnarren den Spitznamen »Jesus« gegeben hatte. Mit dem lauten Geschrei »Jesus« rannten die Kinder hinter dem armen Schwachsinnigen her. Man ahnt vielleicht, was es für diesen jungen Menschen bedeutete, als ihm später die Botschaft von Christus bekannt wurde, und welche Umstellungen er zu vollziehen hatte, um die ersten Eindrücke der Jesus-Karikatur aus seinem jungen Leben zu überwinden. Aber wird man nun nicht erwarten dürfen (diese Erwartung hat sich auch wirklich erfüllt), daß eben dieser junge Student, als er dahintergekommen war, wer Jesus Christus war, sehr viel fröhlicher, sehr viel originaler und mit ganz anderen Zungen seinen neuen Herrn zu preisen vermochte als mancher traditionelle Kirchenchrist, dem das zur Selbstverständlichkeit geworden ist, was jenem jungen Studenten als das unerhörteste aller Wunder aufging?

Nichts anderes meint übrigens auch die Offenbarung Johannes, wenn sie von der »ersten Liebe« spricht. Die erste Liebe hat darin ihren Zauber, daß sie noch nicht das Gewohnte, das zur zweiten Natur Gewordene ist, sondern daß sie als die große Überraschung in unser Leben kommt. Daß es jemanden wie Jesus überhaupt gibt, und daß er uns das Herz des Vaters gewinnt, daß er uns der Zerstörung unseres persönlichen Lebens und dem schrecklichen Vegetieren am Rande der Leere entreißt, das ist in der Tat die große Überraschung. Aber man muß aus der Tiefe geschrien haben, man muß am Ende gewesen sein, man muß das Zerbrechen aller menschlichen Tröstungen gespürt haben, um zu ermessen, was das ist, wenn er auf einmal dasteht.

Wie manchem Soldaten war es im Gefangenenlager in der Schwäche des Hungers und unter der Knute der Folterknechte, wie manchem war es im Bombenkeller in der letzten schauerlichen Angst, wie manchem war es auf der endlosen grauen Straße eines Flüchtlingstrecks *das* große Erlebnis, daß er plötzlich wußte: Ich bin eben allem Augenschein zum Trotz *nicht* in der Hand der Menschen, sondern eine höhere Hand waltet in allem Irrsinn der Menschen und durchkreuzt alle Logik meiner Berechnungen und alle Angstbilder meiner kranken Phantasie. Ich werde zu Ufern und in Häfen und in Vaterhäuser geleitet, von denen ich mir nichts träumen ließ. Und immer, wenn es ganz dunkel zu sein scheint, ist plötzlich die hohe helfende Hand da. Wenn ich mit *etwas* bombensicher rechnen darf, dann ist es dies, daß

Gott mit seinen Überraschungen pünktlich und mit frappanter Präzision zur Stelle ist.

Ein weiterer Zug, den wir an dem älteren Sohne beobachten, ist, daß er seinen Bruder *richtet*. Sicher ging dieses Richten nicht so weit, daß er seinem Bruder grundsätzlich verwehrt hätte, überhaupt wieder zurückzukommen. Das gehört sozusagen zum christlichen Routinebetrieb, daß die Gemeinde auch Leichtfüße, Windhunde, Weltkinder und ehemalige Nazis oder Kommunisten wieder bei sich aufnimmt, wenn sie das begehren.

Aber ich frage mich doch, wie es kommt, daß viele »Weltkinder«, auch sehr respektable und bestimmt seriöse, so schwer in eine Kirche zu bringen sind. Manche haben mir schon gesagt: »Ja, wenn Sie in der Universität oder im Konzerthaus reden, bin ich gern dabei. Aber vor der Kirche habe ich einen Horror wie der Teufel vor dem Weihwasserkessel.«

Auch wenn das sicher ein Komplex ist, so hat er doch sehr ernsthafte Gründe, die uns interessieren sollten. Und einer dieser Gründe ist gewiß der, daß man sich sagt: Ich bin ein Sucher; ich mache es mir nicht leicht. Aber in der Kirche sitzen die Fertigen; und die sollen sich nicht über mich erheben.

Oder ein anderer sagt mir: »In der Kirche, da sitzen die Braven (er meint also die Gefährten des älteren Bruders). Ich aber habe ein gefährliches Leben geführt, denn ich bin vital und das Gegenteil einer Betschwester. Ich habe tolle Nächte hinter mir, und auch am Tage in meinem Beruf mußte ich oft fünfe gerade sein lassen. Und jetzt sollen die braven Schäflein, die nie in solchen Versuchungen standen, sich doch nicht einbilden, sie seien besser als ich. Und sie sollen erst recht nicht denken: ›Spät kommt er, doch er kommt – der Isolan! Wie schön, daß er nun endlich dahintergekommen ist. Wir haben es ja schon lange gewußt.‹«

Das mag ungerecht und einseitig sein. Aber ein Quentlein Wahrheit ist doch dabei. Und nun mache ich folgenden Vorschlag: Heute sind ja beide Arten hier, die Kirchenchristen und auch die Hereingeschneiten, die Hungernden und Dürstenden. Jetzt wollen wir sogenannten

Frommen uns nicht als Vorbilder gebärden, sondern unseren Brüdern und Schwestern einiges von der Bußbank aus zurufen.

Also: Die Frommen sind tatsächlich vom Rost des Pharisäismus angefressen. Wir wissen natürlich, daß Gott uns nur aus Gnade angenommen hat. Aber wir müssen doch schon etwas Ordentliches und Nettes vorstellen, daß Gott ausgerechnet ein Auge auf mich und auf dich geworfen und uns in seine Gesellschaft gezogen hat. Und ganz entsprechend verachten wir nun die Nihilisten, die nichts glauben; wir verachten die Leute, die keinen Halt haben und bei so »dubiosen Figuren« wie Nietzsche oder Rilke oder Gottfried Benn Unterschlupf suchen. Wir verachten die Typen der Oberflächlichkeit, die selbst in der Natur nicht ohne Kofferradio und ähnlichen Firlefanz leben können. Wir bilden uns etwas ein auf die ewigen Fundamente, auf die *unser* Leben gegründet ist und für die wir doch gar nichts können. Oh, wir sind feine Kerle! Gott kann sich gratulieren, daß er auf uns getippt hat. Er wußte schon, was er an uns hatte. Ja, wir sind das Salz der Erde, wir sind die Garde des Reiches Gottes. Was würde aus der Welt, wenn der solide christliche Mittelstand nicht wäre!

Und seht, liebe Genossen von der frommen Kante: Diese unsere Seelenwallungen spüren unsere nihilistischen Brüder, und darum zukken sie zurück. Wir sind auf einmal die Gefährten des älteren Bruders in unserem Gleichnis.

Denn nun müssen wir die Feinheiten unseres Textes beachten. Der ältere Bruder *distanziert* sich nämlich von dem armen Heimkehrer. Er sagt nicht: »Mein lieber Bruder ist wieder da.« Sondern er sagt mit einer deutlichen Abwehrbewegung: »Dieser ›dein‹ Sohn ist zurückgekommen.« Er und wir sagen nicht: »*Meine* Brüder von der Landstraße...«, sondern: »Diese Landstreicher sind letzten Endes auch Gottes Kreaturen.« Und der ältere Bruder sagt weiter: »*Ich* war immer bei dir.«

Merkt der ältere Bruder nicht, wie er gerade damit eben *nicht* mehr beim Vater ist? Der Vater ist überglücklich, daß er seinen so furchtbar gefährdeten Jungen wieder hat. Sein Herze geht in Sprüngen. Merkt der ältere Bruder nicht, wie er in seiner Bravheit und Treue sich gerade seinem Vater entfremdet, wenn *sein* Herz jetzt in einem anderen Takte schlägt als das des Vaters, wenn es nämlich hadert? Wer sich nicht mehr von ganzem Herzen mit Gott freuen kann, wenn die Eiskruste um ein erstarrtes und leer gewordenes Menschenherz auftaut, wer nicht selber von der glühenden Liebe Jesu zu den Streunenden und Verlorenen mit entflammt wird und einfach Menschenseelen zu *retten* sucht, – der entfernt sich von ihm auf eine sehr verborgene, aber schreckliche Weise, auch wenn er noch so bewußt und entschlossen beim Vater wohnen bleibt, wenn er betet und die Bibel liest und in die Kirche rennt. Merken wir jetzt, wo die blutende Wunde bei diesem älteren Sohne, wo sie vielleicht bei dir und bei mir sitzt? Und weiter: Den älteren Bruder empört es, was der andere alles verpraßt hat. Ihn, den Pflichttreuen, Korrekten, regt es einfach auf, wenn er an die vielen versäumten Stunden denkt, die dieser Abenteurer und Leichtfuß nicht ausgenutzt hat. Ihn jammert das vertane Geld, das man so viel produktiver, so viel christlicher hätte anwenden können. Er findet es unökonomisch, daß dieser junge Kämpfer und Sucher in seinem Sturm und Drang einen so riesigen Umweg über die Fremde gemacht hat, um nach Hause zu kommen. Er hätte das viel billiger haben können, wenn er von Anfang an zu Hause geblieben wäre. Warum liest er auch Nietzsche und Marx, warum begibt er sich in das Abenteuer solcher Odysseen?

Der Anblick dieses Menschenwracks stimmt ihn also nicht zum Mitleid, sondern macht ihn wild und peitscht eine Welle von Vorwürfen in ihm auf. Und wiederum merkt er nicht, wie er sich mit alledem von seinem Vater entfernt. Denn wie anders begegnet der *Vater* diesem seinem armen, so tausendfach verirrten Jungen! Er denkt gar nicht an die verpraßten Güter und an alles, was der Sohn verloren hat, sondern er ist überglücklich, daß er ihn *selbst* wieder hat. Ihm geht es ja gar nicht um die verlorenen Sachen, sondern ihm geht es um den wiedergewonnenen Menschen. Er kennt trotz den Lumpen, trotz den Runen böser und verzehrender Leidenschaften seinen *Sohn* wieder. Das ist das Herzstück des Evangeliums.

Wir mögen in unserem Leben verwirtschaftet haben, was wir wollen:

vielleicht haben wir unsere Ehe verwirtschaftet, vielleicht unseren guten Ruf, vielleicht haben wir unseren Körper ruiniert oder unsere Phantasie, vielleicht sind unsere Gedanken zerfressen von Neid und von der Hitze unguter Leidenschaften, vielleicht haben wir unseren Kinderglauben in die Gosse gezogen und sind zu Nihilisten und Menschenverächtern geworden. So mag das alles denn sein. Aber gerade nun gibt es die große Überraschung: Gott gibt mich deshalb nicht auf. Er erkennt mich immer noch als sein Kind. Er sagt mir, daß er mich nicht vergessen kann. Wenn einer so viel für mich getan hat, wie das bei meinem Vater im Himmel doch ist, wenn er sein Liebstes für mich geopfert hat, dann *kann* er mich einfach nicht vergessen. Und darum darf ich kommen. Gott achtet nicht auf das, was ich *verloren* habe, sondern allein auf das, was ich *bin*: sein unglückliches Kind, das nun wieder vor seiner Türe steht.

Und wenn nun nicht ich selbst, sondern wenn ein anderer, vielleicht mein Kollege, dieses unglückliche Kind ist? Wie werde ich mich dann verhalten? Etwa so wie der ältere Bruder, der einfach sagt: »Zuerst komme ich mal dran. Denn schließlich bin ich dein alter Kämpfer, Gott!« Aber wäre das nicht schrecklich? Merken wir nicht, wie wir uns damit vom Vater entfernen würden – gerade wir alten und vielleicht erprobten Christen? *Wo der Vater sein Kind wiedererkennt, sollten wir wahrhaftig unseren Bruder erkennen.* Will ich mich von der Freude des Vaters ausschließen? Dann würde das Wort des Vaters: »Alles, was mein ist, das ist dein«, doch gerade außer Geltung gesetzt, dann würde ich es selbst widerrufen. Der Friede mit Gott ist uns sofort genommen, wenn wir uns nicht mehr freuen können, wo Gott sich freut, und wenn wir nicht mehr trauern, wo Gott trauert, wenn unser Herz also in einem anderen Takte schlägt als das des Vaters.

Dann geschieht sogar noch mehr: Dann beginnen wir sehr bald auch am Vater zu zweifeln, genauso, wie das der ältere Sohn hier tut, der sich allen Ernstes gefragt haben mag: »*Ist* das überhaupt mein Vater, wenn er so merkwürdig handelt?« Ja, der ältere Sohn *zweifelt*.

Haben wir einmal darüber nachgedacht, wie eigentlich die vielen Zweifel in unser Herz kommen?

An wie vielem zweifeln und mit wie vielem hadern wir Menschen doch! Wir zweifeln daran, daß es einen väterlichen Gott gibt, wenn wir an die Schreckensbilder denken, die wir im Kriege gesehen haben, oder wenn wir an die Qualen denken, die wir im Gefangenenlager oder im Krankenzimmer ausgestanden haben oder andere ausstehen sahen. Wir zweifeln an der Allmacht und an der Fähigkeit Gottes, überhaupt noch in dieser Verwirrung zwischen Ost und West, in diesem Aufstand des Ungeistes das Steuer der Geschichte in die Hand zu bekommen. Wir zweifeln daran, daß Gott wirklich das Gesetz von Schuld und Sühne zerbricht. Wir zweifeln an allem – nur nicht an unseren Sorgen, Ängsten und Hoffnungslosigkeiten. An die glauben wir felsenfest. Um Gott ist es entsetzlich still, und wir spüren nichts von ihm. Aber unser Herz klopft laut.

Haben wir uns einmal klargemacht, daß die Zweifel gar nicht im Intellektuellen, sozusagen in verstandesmäßigen Hemmungen, begründet sind, sondern daß sie ganz woanders wurzeln: daß nämlich diese Zweifel (siehe den Fall des älteren Bruders!) wie ein giftiger Nebel aus einem Herzen emporsteigen, das eben in einem anderen Takte schlägt als das Herz Gottes, aus einem Herzen, das nicht mehr allezeit beim Vater ist, obwohl es täglich in der Atmosphäre der Christlichkeit lebt? Aus einem Herzen, das darum auch den *Bruder* und die *Schwester* verliert, vielleicht zum Menschenverächter wird und nur noch die Lumpen sieht, aber nicht mehr die verlorenen Kinder Gottes, die *in* diesen Lumpen stecken und für die doch Christus gestorben ist?

Hier liegt die Quelle unseres Zweifels und Unfriedens, hier und nur hier. Der ältere Bruder zeigt uns, wie es zustande kommt, wenn wir am Vater zweifeln, wenn wir hadern und wenn wir (inmitten unseres sonntäglichen Kirchganges und täglichen Bibellesens) doch am Schweinetrog sitzen.

So wollen wir diese Stunde der Abrechnung mit uns selber nicht beschließen, ohne uns zu prüfen, ob wir als Christenmenschen auch wirklich befreite und fröhliche Leute sind oder ob wir christliche Sklaven sind.

Nur wenn wir uns von der Liebe des väterlichen Herzens anstecken lassen und wenn wir uns heute noch umschauen, wem wir diese Liebe zuwenden können: dem Kollegen, der so merkwürdig unpersönlich ist und heimlich vielleicht aus einer Wunde blutet; dem Nachbarn, der einen guten Rat braucht; unseren halbwüchsigen Kindern, die uns vielleicht so fremd geworden sind und die sich mit manchem herumschlagen, das sie quält und das wir nicht recht durchschauen, nur wenn wir uns in diesen lebendigen Stromkreis der göttlichen Liebe einschalten und uns davon wärmen und durchströmen lassen, dann wird uns plötzlich klar, was es heißt und welches Glück es ist, um ein väterliches Herz im Himmel und um das brüderlich behütende Herz unseres Herrn und Heilandes zu wissen. Dann wird unser tägliches Gebet, das wir vielleicht sklavisch und als lästige Pflicht herunterschnurren, zu einem beglückenden Reden mit dem Vater. Dann wird unser Bibellesen, das wir vielleicht in treuer, aber knechtischer Pflicht betreiben, zu einem Atemholen aus der Ewigkeit.

Wie jämmerlich ist es, sich einen Christen zu nennen und doch inmitten des Vaterhauses ein Fremdling und ein mürrischer Pflichtmensch zu sein; und wie herrlich ist es, täglich neu des Wunders innezuwerden, daß jemand da ist, der uns hört, der auf uns wartet, der alles wunderbar für uns ordnet und aufgehen läßt, wo *wir* uns in Sorgen zergrübeln, und der uns auch dereinst in unserem letzten Stündlein, wenn wir aus der Fremde und dem wilden Abenteuer unseres Lebens heimkehren, auf den Stufen des ewigen Vaterhauses erwartet und uns dahin geleitet, wo wir ewig-ewiglich mit Jesus sprechen dürfen und wo jener Friede uns umfängt, den wir hier schon zu schmecken begonnen haben.

DAS GLEICHNIS
VOM REICHEN MANN UND ARMEN LAZARUS

Es war aber ein reicher Mann, der kleidete sich mit Purpur und köstlicher Leinwand und lebte alle Tage herrlich und in Freuden. Es war aber ein Armer mit Namen Lazarus, der lag vor seiner Tür voller Schwären und begehrte sich zu sättigen von den Brosamen, die von des Reichen Tische fielen; doch kamen die Hunde und leckten ihm seine Schwären.
Es begab sich aber, daß der Arme starb und ward getragen von den Engeln in Abrahams Schoß. Der Reiche aber starb auch und ward begraben. Als er nun in der Hölle und in der Qual war, hob er seine Augen auf und sah Abraham von ferne und Lazarus in seinem Schoß.

Und er rief und sprach: Vater Abraham, erbarme dich mein und sende Lazarus, daß er das Äußerste seines Fingers ins Wasser tauche und kühle meine Zunge; denn ich leide Pein in dieser Flamme. Abraham aber sprach: Gedenke, Sohn, daß du dein Gutes empfangen hast in deinem Leben, und Lazarus dagegen hat Böses empfangen; nun aber wird er getröstet, und du wirst gepeinigt. Und über das alles ist zwischen uns und euch eine große Kluft befestigt, daß, die da wollten von hinnen hinabfahren zu euch, könnten nicht, und auch nicht von dannen zu uns herüberfahren.

Da sprach er: So bitte ich dich, Vater, daß du ihn sendest in meines Vaters Haus; denn ich habe noch fünf Brüder, daß er ihnen bezeuge, auf daß sie nicht auch kommen an diesen Ort der Qual. Abraham sprach zu ihm: Sie haben Mose und die Propheten; laß sie dieselben hören. Er aber sprach: Nein, Vater Abraham; sondern, wenn einer von den Toten zu ihnen ginge, so würden sie Buße tun. Er sprach zu ihm: Hören sie Mose und die Propheten nicht, so werden sie auch nicht glauben, wenn jemand von den Toten aufstünde.

LUKAS 16, 19–31

Diese Geschichte hören die kleinen Kinder und auch die ausgewachsenen Leute besonders gern. Da scheint für einen Augenblick der Vorhang vor der geheimnisvollen Landschaft des Jenseits hinweggezogen zu sein, und Himmel und Hölle werden sichtbar. Es tut der kindlichen Phantasie, und es tut dem alten Adam in uns Erwachsenen besonders gut, zu sehen, wie der reiche Mann, der es in diesem Leben so gut gehabt hat, drüben in der Hölle gründlich gezwickt wird, und wie der arme Mann endlich einen Ausgleich für alle erduldeten Schmerzen erhält. Das scheint eine Geschichte von dem großen Wettmachen im Jenseits zu sein. Dabei mag uns so etwas wie wohlige Märchenstimmung aus geschichtenfrohen Kindertagen umhüllen. Das ist dann wohl die gleiche Stimmung wie bei den Erzählungen vom »lieben Gott«, an die wir uns aus frühen Tagen erinnern.

Aber dann werden wir älter, und ganz allmählich blickt uns dieser Heiland, blickt uns diese Geschichte mit fragenden und fremden Augen an: Ist Jesus von Nazareth wirklich jener Heiland aus Kindertagen, der einst so sanft und behütend in unser Leben trat? Wir lesen als erwachsene Leute so ganz andere Dinge von ihm. Wir lesen, daß er gekommen sei, das Schwert und nicht den Frieden zu bringen. Und in der Tat, wir sehen, wie die Geschichte erfüllt ist vom Waffenlärm feindlicher Heerhaufen, die sich um seinetwillen entzweien. Wir sehen, wie überall da, wo er in Erscheinung tritt und ernsthaft verkündigt wird, zugleich der Antichrist auf dem Plan ist. Wir brauchen weder in die zeitliche noch in die räumliche Ferne zu schweifen, um den Kampf und die Zerrissenheit der Geister wahrzunehmen, die an Jesus von Nazareth zu entstehen pflegen. Wahrlich, diese Gestalt sieht für uns anders aus als in harmlosen Kindertagen.

Und auch diese rührende »Kindergeschichte« vom reichen Mann und armen Lazarus blickt uns aus veränderten Augen an: Stimmt denn diese merkwürdige Umkehrung der Schicksale jenseits des Grabes? Könnte die Erfindung dieses Ausgleichs im Drüben nicht aus dem bösen Motiv stammen, daß man die Elenden mit ihrem Geschicke versöhnen will, weil man keine Energie oder auch nicht den guten Willen hat, es zu ändern? Könnte also dieser Ausgleich nicht auf dem beruhen, was Nietzsche einmal die »Jenseits-Korruption« nennt? Oder könnte der Gedanke vom reichen Manne in der Hölle nicht aus dem Haß der Zu-kurz-Gekommenen stammen?

Es wäre falsch, die Geschichte so verstehen zu wollen. Gerade bei ihr kommt Entscheidendes darauf an, das Schlüsselloch zu entdecken, von dem her sie sich aufschließt. Dieses Schlüsselloch ist nichts anderes als die Rede Abrahams, in der er sagt, daß man Mose und die Propheten hören müsse, wenn man mit seinem ewigen Schicksal ins reine kommen wolle. Es kommt darauf an, daß man als einer der fünf Brüder dem Worte Gottes gegenüber die richtige Stellung findet. Das ist sozusagen die Pointe der Geschichte. Nur von hier aus schließt sie sich auf.

Dann aber erleben wir eine Überraschung: Das Geheimnis und Verhängnis des reichen Mannes besteht gar nicht in seinem Geldbeutel, sondern in seinem Verhältnis zu eben diesem *Wort*. Hier fallen die letzten und eigentlichen Entscheidungen seines und unseres Lebens. Und im Lichte dieser Entscheidungsfrage wollen wir jetzt einmal die beiden Gestalten beobachten.

»Es war ein reicher Mann.« Schon in diesen Worten kommt zum Ausdruck, daß im Leben dieses Mannes etwas nicht stimmt. Nicht als ob es böse und gottlos wäre, wenn jemand reich ist, und als ob es umgekehrt ein Zeichen von Frömmigkeit wäre, wenn man arm ist oder auf Pump lebt. Aber es ist doch schrecklich, wenn dies das einzige und sozusagen Erschöpfende ist, was von einem Menschen gesagt werden kann: Er sei eben »reich« gewesen. Wenn ich für einen verstorbenen Verwandten oder Freund eine Todesanzeige abfasse, dann suche ich doch in einem einzigen Satze etwas möglichst Charakteristisches von ihm zu sagen. Meinetwegen: Er war ein guter, die Seinen umsorgender Vater. Oder: Er war ein sozialer Betriebsführer. Oder: Er war ein treuer Freund. Und nun denke man sich, daß hier über einen Menschen nichts anderes zu sagen ist, als daß er sehr reich war, daß er alle Tage herrlich und in Freuden lebte und daß er über eine pompöse Garderobe verfügte. Nichts anderes prägte sich dem Gedächtnis seiner Mitmenschen ein. Offenbar hatte auch er *selbst* nichts anderes im Sinn. Er ging eben darin auf.

Solche Leute, die in ihrem Reichtum aufgehen, müssen laut toben und feiern, damit sie nicht sehen, daß es ganz dicht neben ihrem Lebensraum noch eine andere Wirklichkeit gibt: die Welt der lichtlosen Bunker und der armen Baracken; den Lazarus mit seinen Geschwüren und seinen schmutzigen Lumpen. Darum macht der reiche Mann die Augen zu, wenn er in seiner Karosse einmal durch die Elendsviertel fahren muß. Er kann den Gedanken nicht ertragen, daß es ihm *auch* einmal so gehen könnte. Denn er wäre nichts mehr, wenn er seinen Lebensstandard einbüßte. Er ist so durch und durch hohl, daß er wenigstens diese Schale des Besitzes braucht, um nicht leere Luft zu sein. Er kann die Schwären des Lazarus nicht sehen, weil ihm Purpur und Seide sonst auf der eigenen, so wohl gebadeten und parfümierten

Haut zu jucken begännen. Darum muß Lazarus an die Hintertür, damit er ihn nicht sieht.

Wahrscheinlich hat er auch seine Fenster verrammelt, wenn unten ein Leichenzug vorübergeht. Denn der reiche Mann mag nicht an das Sterben erinnert sein, weil es ihn Abschied nehmen läßt von allem, was sein Leben trägt, oder besser: was sein nichtiges Leben zu einem Etwas aufbläht.

Er stiftet vielleicht auch große Summen, damit die Geisteskranken in Anstalten kommen. Das sieht sehr sozial aus. Aber in Wirklichkeit will er sich nur ihrem Anblick entziehen. Denn er hat mitten in seiner Herrlichkeit Angst vor den dunklen, bedrohlichen Möglichkeiten, die einen im Leben überfallen könnten. Wie, wenn auch in *seinem* Leibe das tödliche Karzinom sich eines Tages bildete? Darum wischt er sich das Elend krampfhaft aus den Augen.

Und noch einem geht er aus dem Wege: Das ist *Gott*. Er hat zwar die ganze Welt gewonnen, der reiche Mann, er verfügt über Landsitze, Karossen, Bankkonten und vor allem über Menschen. Aber er ist dabei lieblos, egoistisch und angstvoll geworden. Er hat allen Grund, anzunehmen, daß er Schaden an seiner Seele genommen habe. Darum weicht er dem aus, vor dem er seine Seele verantworten muß. Und den Mann, der ihn an diese Verantwortung erinnert, Lazarus, seinen Nächsten, verweist er an die Hintertür.

Man könnte den Sinn dieser Geschichte nicht schlimmer verfehlen, als wenn wir jetzt als Leute, die selber *nicht* über ein so hohes Bankkonto verfügen, befriedigt mit dem Kopfe nicken und sagen würden: »Wir sind doch bessere Leute.« In irgendeiner Beziehung nämlich ist jeder von uns reich, und an irgendeiner Stelle unseres Lebens spielt darum auch die Frage eine Rolle, ob wir als solche reichen Leute nun *auch* unseren Bruder Lazarus verachten und ihn in Gedanken an die Hintertür verweisen.

Vielleicht sind wir begabte, geistig reiche Menschen, die Freude an schönen Büchern und interessanten Charakteren haben, und sehen mit Verachtung auf einige Tangojünglinge und -mädchen unserer Bekanntschaft herab, die im Flachlande zwischen Kino und Sexus, zwischen Magazinen und Fernseh-Stumpfsinn einherleben. Haben wir je daran gedacht, in welchem Elend und welcher Leere sie dahinleben, und daß wir sie durch die frostige Überlegenheit unseres reichen und vielleicht noch christlich vertieften Innenlebens nur noch mehr ins Elend stoßen und der Hintertür-Existenz überlassen?

Vielleicht sind wir auch reich, weil wir geliebt werden – geliebt von unserem Gatten, unseren Kindern, unseren Freunden. Im Nachbarhaus aber wohnt eine alte, schrullige Jungfer mit bitter verschlossenem Mund, vor der die kleinen Kinder und die jungen Hunde davonlaufen. Sie ist uns ein willkommener Kontrast zu unserem eigenen Reichtum an Liebe. Ja (denkt es in uns), wir werden eben nicht umsonst geliebt. Wir stellen ja auch etwas vor! Und indem die Jungfer das spürt, indem sie sich durch hundert kleine Gesten ihrer Umgebung immer neu auf die Schattenseite und an die Hintertür des Lebens verwiesen sieht, wird sie bitter und bitterer, und ihre Bitterkeit wird uns einmal im Jüngsten Gericht verklagen.

Wie manches Mal erschrecken wir auch über einen Selbstmord oder einen Nervenzusammenbruch in unserer näheren oder weiteren Umgebung. Wir merken plötzlich: Da war einer, der an unser aller Lieblosigkeit zugrunde gegangen ist, der im Schatten lebte. Und wir selber wichen diesem Mann im Schatten aus. Wir empfanden Angst und Unbehagen gegenüber seiner Armut und seiner erkältenden Bitterkeit. So stießen wir ihn in immer tiefere Einsamkeit. Und niemand fand sich, der ihn aus seiner Isolierung und Verschollenheit herausgeliebt hätte.

Jeder von uns hat irgendwie und irgendwo den armen Lazarus vor seiner Tür liegen, weil jeder, auch der Ärmste, irgendwie und irgendwo ein reicher Mann ist. Wir sollten dieses Gleichnis also nicht vorschnell dadurch entschärfen, daß wir den reichen Mann für einen Lumpen, einen Schieber oder eine Sozialbestie halten, um dann befriedigt festzustellen: »*Wir* sind das alles nicht!« Der reiche Mann war das alles vielleicht *auch* nicht: Er hatte nur Angst davor, in eine allzu enge Berührung mit dem Elend zu kommen. Er hatte Angst vor dem Armeleute-Geruch, denn das hätte ihm seinen Wohn- und Lebensstil, das hätte die Glätte seiner Lebensbahn für ihn fragwürdig gemacht. Er sehnte sich doch nach Sicherheit, der reiche Mann. Wer aber sicher sein will, muß sich vor Infragestellungen hüten.

Wahrscheinlich fühlte der reiche Mann – vielleicht in Nachtstunden, deren Einsamkeit auch die besten Daunenbetten nicht zu vertreiben vermochten – gelegentlich sehr genau, daß in seinem Leben etwas nicht in Ordnung war. Dann traten bange Bilder vor seine Seele. Die Elenden zogen an ihm vorüber und blickten ihn an, und seine Villa war auf einmal eine schmierige Baracke. Was er tagsüber verdrängte, das trat nachts in seine Träume und verklagte sein hartes, fühlloses Herz. Darum tat er das, was die meisten Leute in solchen Fällen tun: Er suchte sich ein moralisches Alibi zu verschaffen. Er suchte sich und anderen zu beweisen, daß er *doch* ein Herz für die Armen und daß er offene Hände habe. So gab er Wohltätigkeitsfeste für die Armen, bei denen es nicht nur hoch herging, sondern bei denen auch erhebliche Summen für wohltätige Zwecke heraussprangen. Auch von seinem Bankkonto zweigte er immer wieder erhebliche Beträge an die Innere Mission und an die organisierte Nächstenliebe seiner Stadt ab. Endlich ließ er sich auch zum Vorsitzenden eines gemeinnützigen Komitees wählen, bei dem er sich durch einen seiner Herren vertreten ließ. Er liebte es, als förderndes Mitglied dieser sozialen und humanitären Bestrebungen im Hintergrunde zu bleiben. Das legte man ihm als Bescheidenheit aus. In Wirklichkeit aber wollte er ein schützendes Medium zwischen sich und das Elend schalten. »Persönlich« wich er Lazarus aus. Man konnte ihm und seinesgleichen doch viel besser durch die überlegene Planung unpersönlicher Organisationen helfen. »Es kommt doch diesen Leuten nur zugute«, sagte er, »wenn man auch die sozialen Maßnahmen rationalisiert. Unmittelbar und persönlich dem anderen zu helfen, ist doch ganz unrentabel; da erreicht man nur ein paar arme Leutchen und läßt seine Nächstenliebe nur en detail zum Zuge kommen, während ich sie durch organisatorische Planung en gros zur Verfügung stelle.« Und er meint, wenn er jeden Monat mittels Postscheck (natürlich durch automatischen Auftragsdienst!) einen Betrag an die Wohlfahrt schicke, habe er seiner Liebes-

pflicht genügt. Dieser Betrag ist für ihn eine Art Talisman gegen die innere Unruhe. Denn Frieden hat der reiche Mann ja nicht.
Im Auto hat er einen Hampelmann; der soll ihm Glück bringen. Und sein Bankkonto soll ihm die ewige Seligkeit besorgen. Warum soll man sich nicht auch, wenn man es sich leisten kann, bei seinen »guten Werken« bedienen lassen? Die Hauptsache ist doch, daß man sie tut! So denkt er und geht wieder zurück in seine schönen Säle, in denen das Lachen der Freunde tönt und der Sekt in geschliffenen Kelchen perlt.
So stehen die innerlich und äußerlich reichen Menschen der Bibel vor uns: Leute mit Pfunden, denen viel gegeben ist. Ja, manchmal erscheinen die innerlich und äußerlich reichen Menschen gerade als die am meisten gefährdeten. Denn alles, was unser Leben groß macht und fasziniert – unser Geld oder unsere Vitalität, unser Geliebtwerden oder unser glückliches Temperament – kann zwischen Gott und uns treten. Das alles können wir egoistisch genießen. Auch die Freunde, die wir uns machen, und die Hilfe, die wir spenden, können wir egoistisch genießen. Selbst die größten aller Gaben: »Gut, Ehr, Kind und Weib«, können der Preis sein, für den wir unsere Ewigkeit verkaufen. Und diese Verkaufsaktion kann schon ganz einfach und sehr verborgen damit einsetzen, daß wir den Lazarus vor unserer Tür verachten.
Nun geht das Geschehen zwangsläufig weiter. Es geschieht nämlich das, was bei jedem von uns einmal mit tödlicher Sicherheit eintreten muß: Es geschieht, daß der Reiche stirbt. Und indem es so mit ihm wortwörtlich »zu Ende geht«, sieht er sich in die Gottesferne verstoßen. Jetzt zeigt sich, wie furchtbar anders die Maße sind, mit denen *Gott* unser Leben mißt. Wie töricht haben wir uns selbst eintaxiert, und wie töricht lassen wir uns von anderen eintaxieren!
Da sitzt der reiche Mann in der Hölle und sieht von da aus seine eigene Beerdigung. Manchmal, zu seinen Lebzeiten, hat er sich in wollüstigen Augenblicken seiner Eitelkeit vorgestellt, wie prunkvoll sie sein würde. Wie viele Wohltätigkeitsvereine würden mitmarschieren, und sicher würde ihn der beste Prediger der Stadt in den Himmel heben, während die so tausendfach von ihm beschenkten

Armen in die Taschentücher schluchzten. Und nun sieht er diese seine Beerdigung tatsächlich. Aber er sieht sie von der Hölle aus. Und hier ist die Optik dann plötzlich und geheimnisvoll verändert. Es ist alles so beklemmend anders, als es seiner koketten Phantasie erschienen war. Gewiß, sie ist prunkvoll. Aber dieser Prunk erfreut ihn nun nicht mehr, sondern tut ihm weh, weil er in schreiendem Widerspruch zu seinem eigentlichen Sein steht.

Er hört, wie eine Schaufel Erde donnernd auf seinen Sarg fällt, und dazu spricht sein bester Stammtischfreund die Worte: »Er lebte das Leben um seiner selbst willen.« Da will er dazwischenrufen (aber niemand hört ihn): »Ich habe mein Leben verfehlt; ich leide Pein in dieser Flamme!«

Da fällt die zweite Schaufel nieder, und wieder schollern die Erdklumpen auf seinem Mahagonisarg: »Er hat die Armen der Stadt geliebt«, sagt eine andere Stimme. – »Oh, wenn ihr die Wahrheit ahntet!«, möchte der reiche Mann dazwischenschreien, »ich leide Pein in dieser Flamme!«

Und nun wirft der Religionsdiener, der beliebte Abbé der Gesellschaft, die dritte Schaufel: »Er war so religiös. Er hat uns Glocken, Glasfenster und einen siebenarmigen Leuchter gestiftet. Friede seiner Asche!« Und wieder schlagen die Erdklumpen rummelnd auf seinem Sarg auf. Oder ist es das Donnern des höllischen Kraters? »Ich leide Pein in dieser Flamme!«

Wie anders, wie erschreckend anders sind die Maße Gottes!

Da ist nun noch der arme Mann. Er heißt Lazarus. Das bedeutet soviel wie: Gott ist mein Erbarmer. Abgesehen von Gott achtet tatsächlich niemand auf ihn. Er lebt von den Brocken, die ihm als Küchenabfall vor die Füße geschüttet werden. An der Hintertür des Hauses ist er stationiert. Das ist im wesentlichen alles, was äußerlich von ihm gesagt werden kann.

Wir wissen schon: Jetzt darf man um Gottes willen keine salbungsvollen Worte über den Segen der Armut sagen, genau so wenig wie wir vorher vom Fluche des Reichtums zu sprechen hatten. Der Reichtum hat den Reichen nicht in die Hölle, und die Armut hat den Armen nicht in den Himmel gebracht.

Freilich hatte der arme Lazarus viele Versuchungen nicht zu bestehen, die dem Reichen in seinem Leben entgegentraten. Aber man darf sich das nicht zu einfach vorstellen. Gewiß: Er hatte an seiner ruhigen Hintertür viel Zeit zum Nachdenken, natürlich auch über die ewigen Dinge. Aber könnte es nicht sein, daß ihn gerade diese Zeit des Nachdenkens in die Erbitterung und ins Fluchen trieb, so wie Hiob in seinem Elend schließlich nur noch fluchen konnte? Könnte es nicht sein, daß er in all der leeren und scheinbar so sinnlos verbrachten Zeit zwar »Zeit zum Beten« gehabt *hätte*, daß er aber einfach keinen Gebrauch davon machte, weil er viel zu müde und hoffnungslos war? Not lehrt nicht nur beten; sie lehrt auch fluchen.

Die Bibel meint nun, wenn sie von den »Armen« spricht, immer wieder eine besondere Art von Armut, die nicht unbedingt etwas mit Geldmangel zu tun haben muß. Sie denkt an die Zöllner und Dirnen, an die Menschen also, die sich keiner Verdienste, keiner Leistungen rühmen können, die an der Grenze des Lebens stehen, die am Ende und insofern arm sind. Wir alle sind irgendwann in unserem Leben schon einmal an diesem Ende und also ganz arm und hilflos gewesen. Wir alle haben schon einmal erlebt, daß uns alle Sicherungen zerschlagen wurden: Vielleicht war das im Fliegerkrieg, im Gefangenenlager oder auch, als wir eine große Schuld auf uns luden. Und vielleicht haben wir ausgerechnet in solchen Situationen erfahren, wie nah uns der Segen und die Behütung Gottes gerade *dann* war, wenn wir uns auf keine Dinge und Menschen mehr verlassen konnten. Gerade in solchen Stunden soll die Verheißung Gottes gelten, daß wir dann, wenn wir nichts mehr in Händen haben und keinen Ausweg mehr sehen, alles auf Gott werfen und ihn in einer Ausschließlichkeit wie sonst nie für uns sorgen lassen dürfen.

Die Unsicherheit und Armut derer, die kein Dach über dem Kopf und kein Brot für den kommenden Tag haben, kann ihnen – aller menschlichen Schuld zum Trotz, die das zuläßt – durch Gottes Gnade zu einem Wissen darum werden, daß sie keinen Halt in sich selber haben, wenn Gott sie nicht hält; daß aber der Herr, der die Wolken am Himmel lenkt und die Blumen kleidet, auch für sie einen Weg ebnet und mit seinen Überraschungen wartet. Die Unsicherheit derer, die das Gewissen schmerzt, kann ihnen durch Gottes Gnade zum Hinweis darauf werden, daß es keinen Frieden gibt, den sich der Mensch *nehmen* könnte, daß aber Gott ein friedloses, ein zerschlagenes Herz nicht verachten und einem Menschenkinde Liebe schenken wird, das mit leeren Händen vor ihm steht.

Doch nun wechselt die Szenerie. Wir sind im Jenseits. Und von dieser anderen Seite des großen Grabens treten plötzlich ganz andere Wertordnungen in Erscheinung. Manches leuchtet auf, was wir für eitel Schatten und Nacht hielten; und manches zerbricht, worauf wir Häuser bauten.
Lazarus zum Beispiel hatte im Leben nichts außer dem einen, daß er mit dem Erbarmen Gottes rechnen konnte. Aber dieses eine begleitet ihn nun nach drüben und verläßt ihn nicht. Er ruht aus in der ewigen Gemeinde seines Gottes. Er darf seine Nähe atmen und unter dem Leuchten seines Angesichtes wohnen.
Der reiche Mann dagegen besaß alles, was das Leben zu bieten hat, was es aber als seine Leihgabe auch zurückfordert, wenn der Mensch sich für immer verabschiedet. Nun sitzt er drüben in seiner furchtbaren Einsamkeit, die er im Leben so klug zu verbergen wußte, und sieht aus der Ferne die Verklärung des Lazarus. Welch ein Gegensatz!
Das zu sehen, *ist* überhaupt die Hölle. Denn in der Hölle sein heißt ja nichts anderes, als in der Ferne von Gott sein, aber so, daß man ihn sehen muß, daß man ihn sieht, wie ein Verdurstender eine silberne Quelle erblickt, von der er nicht trinken darf. Das ist die Hölle: die Herrlichkeit Gottes sehen müssen, aber keinen Zugang zu ihr haben. Das Gegenteil zum Frieden Gottes und damit zur Erfüllung unseres Lebens ist ja nicht das Schweigen des Nichts, wie es die armen Selbstmörder suchen mögen, oder die Stummheit des Grabes oder das Nirwana, sondern das Gegenteil zu der ewigen Geborgenheit besteht darin, jenen Zustand ertragen zu müssen, in dem auf ewig alles

verwirkt ist und in dem uns der Glanz der ewigen Majestät nicht mehr erleuchtet, sondern verzehrt. »Wartet nur, wartet auf die erste Viertelstunde Schweigen«, sagt Bernanos in seinem Roman »Tagebuch eines Landpfarrers«, »dann werden die Menschen das Wort hören. Nicht das Wort, gegen das sie sich gesträubt haben, das Wort, das ruhig sprach: ›Ich bin der Weg, die Wahrheit und das Leben‹, sondern: ›Ich bin die auf ewig verschlossene Pforte, die Straße ohne Ausweg, die Lüge und die Verdammnis.‹«

Aber, so werden wir nun wohl fragen müssen, leben nicht unzählige Menschen schon während ihres Lebens fern von Gott? Und doch haben sie keinesfalls den Eindruck, daß sie in der Hölle seien. Im Gegenteil, sie freuen sich ihrer Ungebundenheit und haben im besten Falle ein mitleidiges Bedauern für Lazarus, der auf Gott vertraut.

Doch das Leben auch des gottlosesten Menschen unterscheidet sich in zwei wichtigen Stücken von der Hölle:

Erstens: Hier auf Erden kann der reiche Mann, kann der Gottlose sich seinen wahren Zustand verbergen. Was bietet das Leben nicht an überwältigend schönen Narkotika, die alle nichts anderes sind als mißbrauchte Gaben Gottes! Aber nun in der Hölle, hinter einer ganz bestimmten von Gott gesetzten Grenze also, da fallen die Sicherungen. Was hier als Stichflamme heimlicher Selbstvorwürfe gelegentlich in einem aufglimmen mochte und schnell erstickt werden konnte, ist dort ein schwelender Brand geworden. Was hier nur ein leise tickender Ton in unserem Gewissen ist, wird plötzlich zum Tuba-Ton des Weltgerichtes und kann nun *nicht* mehr überhört werden. Lazarus darf schauen, was er geglaubt hat; der reiche Mann aber *muß* schauen, was er *nicht* geglaubt hat.

Zweitens: Einmal kommt der Zustand, in dem alle Entscheidungen endgültig gefallen sind. *Hier* werden wir noch gerufen, und dann haben *wir* das Wort. Einst aber tut Gott die Bücher auf, und dann hat *er* das Wort. *Hier* fragt uns Jesus Christus, ob wir ihn als »einzigen Trost im Leben und im Sterben« haben wollen. *Einmal* aber verstummt diese helfende und tröstende Frage. Die Barmherzigkeit Gottes ist zwar grenzenlos; aber sie wird nicht grenzenlos angeboten. *Hier* leben wir noch durch Gottes Gnade und Christi Verdienst im Zeichen des Doppelpunktes. Wir haben noch eine »Frist«; wir dürfen noch leben und heimkehren. Einmal aber kommt die Endgültigkeit.

Auch Lazarus darf dann nicht zu uns kommen, und Vater Abraham darf ihn nicht mehr schicken, um noch einen mildernden Nachsatz, ein happy end, hinter diesem Punkte folgen zu lassen. Hatte Lazarus einst auf die Brotkrümlein vom Tische des Reichen gewartet, so wartet der Reiche jetzt auf die Tropfen am Finger des Lazarus. Aber die Stunde der Heimsuchung, die Stunde der wartenden Barmherzigkeit Gottes ist verronnen. Die »angenehme Zeit«, der »Kairós«, ist vorüber. Nun gähnt ein Abgrund, der nicht mehr überschritten werden kann.

Und hier in seiner äußersten Not empfindet der reiche Mann zum ersten Male so etwas wie Liebe. Ausgerechnet in der Hölle fühlt er sie, wo er diese Liebe höchstens fühlen, aber nicht mehr ausüben darf, und wo sie ihm nun als gestaute, nicht mehr abfließende Liebe selber zur Qual wird. Er denkt nämlich an seine fünf Brüder und sieht sie mit Schrecken in all ihrer Harmlosigkeit dahinleben, dahintorkeln – ohne eine Ahnung davon, daß in unserem Leben nichts Geringeres als das Schicksal der Ewigkeit auf dem Spiele steht. Es ist qualvoll, so an sie denken zu müssen, wie der Reiche hier in der Hölle an sie denken und sie sehen muß. Es ist ja die Qual der Toten, daß sie die Lebenden nicht warnen können, so wie es die Qual der Reifen ist, daß die Irrenden nicht auf sie hören.

Die Brüder denken: Erst wollen wir einmal unser Leben genießen und es ungestört für uns haben. Dann werden wir weiter sehen. »Frist und Zeitgewinn ist unser Leben«, heißt es in Shakespeares »Julius Caesar«. Aber es ist nichts mit dem »Weiter-Sehen«! *Jetzt* ist das Feld reif zur Ernte, *jetzt* ist die angenehme Zeit, *jetzt* wird die Frucht vom Feigenbaum gefordert. Und wenn hier von Himmel und Hölle die Rede ist, dann geht es nicht um eine Geographie des Jenseits – was ginge uns die an? Was ginge uns jener glühende Erdkern an, in dem man das Inferno meinte lokalisieren zu können! – Sondern dann ragt das alles in unsere Lebensstunde hinein. Dann soll das heißen:

Diese meine Stunde ist nicht dadurch bestimmt, daß sie sechzig Minuten hat, sondern daß sie mit dem Ernst der Ewigkeit geladen ist und daß sie einmal abläuft – genauso wie diese Welt einmal abläuft, und wie der Jüngste Tag einmal über ihr aufgeht.

»Du bist einer von den fünf Brüdern des reichen Mannes«, das ist der Schwerpunkt in dieser Botschaft. *Du* bist es, der da auf der breiten Bahn seines vielleicht noch jungen und zukunftsreichen Lebens dahinzieht, der vielleicht das geheimnisvolle Ziel dieser Straße für ein religiöses Phantasiegebilde und der die Wegkreuzung, vor der du heute stehst, für einen beliebigen Punkt hält.

Denke nicht, es käme ein Berichterstatter aus dem Jenseits, der das bestätigen könnte, was in Mose und den Propheten steht und was dir so unkontrollierbar und mythologisch erscheint. Vater Abraham schickt dir diese okkulte Bestätigung *nicht*. Denn wer ein Interesse daran hat, Gott auszuweichen, wird auch eine Totenerscheinung für leeren Spuk und Einbildung halten. Auch der Himmel wird sich nicht über uns öffnen, und kein Wunder wird Gott geschehen lassen, das uns in die Knie sinken ließe. Denn Gott ist kein Gott des Schocks, der deine Nerven will, sondern er liebt dich als sein Kind und will dein Herz.

So kommt denn kein Toter, und so erklingt denn keine Himmelsstimme, so geschieht auch kein Wunder in den Wolken. Es kommt dies alles *nicht* zu dir, der du einer von den fünf Brüdern des reichen Mannes bist. Wir haben nur das Wort, das Fleisch gewordene und gekreuzigte Wort, das so namenlos still ist und das in dem zu uns kam, der so arm und verachtet war wie sein Bruder Lazarus. Denn dessen Bruder wollte dieser Eine ja tatsächlich sein. Darum konnte er keine Kapellen vor sich her marschieren lassen; darum verzichtete er auf den königlichen Prunk, auf den Effekt der Eindeutigkeit und auf nicht zu übersehende Demonstrationen.

Er wollte der Bruder der Ärmsten sein und ihnen auf *diese* Weise seine Liebe zeigen. »Wir lieben dich«, sagt Hermann Hesse einmal, »weil du unser einer bist.« Darum lag auch er wie sein Bruder Lazarus an der Hintertür der Welt, als er im Stalle zu Bethlehem geboren wurde.

Man hätte ihm seine Liebe und Brüderlichkeit ja nicht geglaubt, wenn er in jener Pracht gekommen wäre, mit der menschliche Phantasie das Bild Gottes zu umkleiden pflegt.

So kam er aus Liebe in großer Stille, und man kann ihn nur hören und sehen, wenn man sein eigenes Herz ganz still macht. Man muß seine guten Worte hören, die er zu den Armen und Stillen im Lande sprach. Aber man kann sie nicht so hören, wie man die lauten Stimmen der Welt hört, wie man das Radio hört und die Schlagzeilen der Zeitung liest. Wenn man die Stille scheut, muß man ihn notwendig *über*hören.

Darum hat er auch die öffentlichen Wunder nicht geliebt; darum wird den fünf Brüdern, diesen Repräsentanten der Menschheit, auch heute nicht das Schauwunder des Boten aus dem Jenseits gewährt. Das würde sie seinem Herzen ja nicht begegnen lassen, das würde nur ihre Nerven entzünden und ihnen im übrigen die Liebe verbergen, die sie allein heilen kann.

Darum bleibt uns als den fünf Brüdern nichts anderes als eben »Mose und die Propheten« und alles das, was sie von diesem Einen zu sagen wissen. Wer *hier* nicht hört und sich *hier* nicht heilen läßt, dem können auch Botschaften aus dem Totenreich nicht mehr helfen.

So liegt zwar ein hoher und schrecklicher Ernst über dieser Geschichte, die man im ersten Augenblick wie ein farbiges Märchen lesen mag. Hier ist von den Grenzen unseres Lebens und sogar von den Grenzen der Geduld Gottes die Rede. Niemand kommt an dieser Geschichte vorüber, ohne daß es ihm in den Ohren gellte: »Heute nacht wird man dein Leben fordern. Wer bist du und wo stehst du?«

Aber zugleich ist diese Geschichte von einem Trost und einer Freude erfüllt, die uns wie in einen bergenden Mantel hüllen; denn durch den, der diese Geschichte erzählt, sind wir fünf Brüder ja nun tatsächlich angerufen. An dem Kreuzweg, den wir heute passieren und an dem wir die Entscheidung fällen müssen, wohin und wem wir in Zeit und Ewigkeit gehören wollen, da hängt er wie ein Mahnmal an seinem Kreuze – als ein Zeichen, als ein aufwühlendes Zeichen dafür, daß ihm meine rechte Entscheidung so wichtig und ernst war, daß er für mich sterben konnte. Am Kreuzweg zwischen Himmel und Hölle hängt Jesus Christus. Da ist er für dich und für mich gestorben. Da hängt er als ein Zeichen, daß der Weg zum Leben noch offen ist, daß er durch *ihn* geöffnet ist, daß die angenehme Zeit noch läuft, daß die Stunde der Heimsuchung noch nicht zu Ende ist, daß der Vater noch auf uns wartet.

»Heute nacht wird man deine Seele fordern.« Aber die Ewigkeit, die sich in diesem Ruf mit majestätischem Ernst meldet, hat ihre Schrecken verloren durch den, der uns die Stätte bereitet hat und uns in unserem Richter den Vater erkennen läßt. Nun bin ich durch seine Liebe ein Lazarus geworden, dem das Erbarmen Gottes treu bleibt in dieser und in der zukünftigen Welt. Wenn ich lebe, dann lebe ich *ihm*. Wenn ich sterbe, dann sterbe ich *ihm*, dann darf mich nichts aus seiner Hand reißen.

Heute nacht wird Gott dein Leben von dir fordern. Wer bist du? Wo stehst du? Heute nacht, heute nacht!

DAS GLEICHNIS
VOM VIERFACHEN ACKER

Da nun viel Volks beieinander war und sie aus den Städten zu ihm eilten, sprach er durch ein Gleichnis:
Es ging ein Säemann aus, zu säen seinen Samen. Und indem er säte, fiel etliches an den Weg und ward zertreten, und die Vögel unter dem Himmel fraßen's auf. Und etliches fiel auf den Fels; und da es aufging, verdorrte es, darum daß es nicht Saft hatte. Und etliches fiel mitten unter die Dornen; und die Dornen gingen mit auf und erstickten's. Und etliches fiel auf ein gutes Land; und es ging auf und trug hundertfältige Frucht. Da er das sagte, rief er: Wer Ohren hat zu hören, der höre!

Es fragten ihn aber seine Jünger und sprachen, was dies Gleichnis wäre. Er aber sprach: Euch ist's gegeben, zu wissen das Geheimnis des Reiches Gottes; den andern aber in Gleichnissen, daß sie es nicht sehen, ob sie es schon sehen, und nicht verstehen, ob sie es schon hören. Das ist aber das Gleichnis: Der Same ist das Wort Gottes. Die aber an dem Wege sind, das sind, die es hören; danach kommt der Teufel und nimmt das Wort von ihrem Herzen, auf daß sie nicht glauben und selig werden. Die aber auf dem Fels sind die: wenn sie es hören, nehmen sie das Wort mit Freuden an; aber sie haben nicht Wurzel; eine Zeitlang glauben sie, doch zu der Zeit der Anfechtung fallen sie ab. Das aber unter die Dornen fiel, sind die, so es hören und gehen hin unter den Sorgen, Reichtum und Wollust dieses Lebens und ersticken und bringen keine Frucht. Das aber auf dem guten Land sind, die das Wort hören und behalten in einem feinen, guten Herzen und bringen Frucht in Geduld.

LUKAS 8, 4-15

Ob wir die Wehmut herausgehört haben, die über dieser Geschichte liegt? Dieses Gleichnis hat Jesus auf einem Höhepunkt seines Lebens und seiner Wirksamkeit erzählt. Die Menschen sind in hellen Haufen herzugeströmt. Das Matthäus-Evangelium berichtet, daß Jesus schließlich in einen Kahn habe treten müssen, um von dort aus zu sprechen. Wenn die Menschen so herbeiströmen, wenn sie das über Tagereisen hinweg tun und Hunger und Durst dabei auf sich nehmen, wenn sie das tun, ohne dabei ein Geschäft zu machen oder einen Nervenkitzel zu erleben, wenn sie das ganz einfach tun, weil hier ein Mann vom Seligwerden spricht, dann sollte man doch meinen, daß die Heilsbegierde der versammelten Menge und daß der glühende Strom ihrer bereiten Herzen sich ansteckend und beglückend auf den Redner übertrüge.

Wäre Jesus ein Mensch wie andere, so hätte er mit seiner Hand auf die Menge gewiesen und zu seinen Gefährten gesagt: »Der tote Punkt ist überwunden; ein großer Dammbruch hat sich in den Herzen ereignet. Ich bin gekommen, ein Feuer anzuzünden auf Erden, und seht nur, wie es schon brennt!«

Aber von alledem geschieht nichts. Wer sich an dem idyllischen Bilde vom Säemann erbauen möchte, wer hierin ein Symbol der schöpferischen Fruchtbarkeit der Natur erblickt, der sieht sich im nächsten Augenblick schon beunruhigt durch erschreckende und rätselhafte Andeutungen über die verstockende Wirkung der Gleichnisse Jesu: Die friedvollen Bilder, die er in seinen Gleichnissen malt, sind nicht einfach Illustrationen der ewigen Welt, durch die sie uns greifbar nahe käme und in denen wir sie mit unserer Phantasie erfassen könnten. Das, was die Ewigkeit sichtbar zu machen scheint, ist für viele ein eiserner Vorhang, der sie gerade von der entscheidenden Berührung isoliert und der sie hilflos und blind vor der Pforte der ewigen Geheimnisse umhertappen läßt.

Weil das alles *auch* in unserem Gleichnis steht, und weil da die Rede ist von der vielfachen Vernichtung des göttlichen Samens – von seiner Vernichtung in versteinerten Herzen, unter der Glut der Sonne, durch dornige Umstrickungen und räuberische Vögel –, darum liegt über diesem Gleichnis eine große Trauer und eine stille Wehmut, – und das alles, während äußerlich die Menschen nur so herbeiströmen, während die Menge in festlicher Begeisterung ist und die fliegenden Händler sich beglückt über die »kolossale« Attraktion die Hände reiben und von dem großen »Star« schwärmen, der solche Massen zu bewegen vermag.

Ist denn diese Wehmut des Heilandes so verwunderlich, wenn er das Los des Wortes Gottes vor sich sieht?

»Die an dem Wege sind, das sind, die es hören; danach kommt der Teufel – der hier durch das Bild von den Vögeln dargestellt ist – und nimmt das Wort von ihren Herzen, auf daß sie nicht glauben und selig werden.«

Machen wir uns zunächst das szenische Bild selbst klar: Der Weg, von dem hier die Rede ist, hat ja nicht die Aufgabe, Samen aufzunehmen, sondern er ist dazu bestimmt, die Leute über sich hinweggehen zu lassen. Er ist festgetreten und einigermaßen glatt.

Es gibt sogar asphaltierte Wege, und es gibt auch asphaltierte Herzen. Die sind glatt und sehen oft ganz repräsentativ aus. Im Verkehr mit den Menschen spielen sie eine große Rolle. Wege und Straßen pflegen außerdem Namen zu haben; man muß sie kennen, wenn man irgendwohin will. Es gibt sehr viele Leute, die muß man in der Tat – genau wie jene Straßen – kennen, wenn man irgendwohin will; sie haben Schlüsselstellungen inne, sie sind einflußreich, und man kommt nur über sie zu seinem Ziel. Das ist gut so und in Ordnung. Niemand wird einem Menschen einen Vorwurf machen, daß er einflußreich ist. Und niemand wird einem Wege den Vorwurf machen, daß er kein Acker, sondern daß er hart ist. Im Gegenteil! Aber das, was auf der einen Seite ein Vorzug ist, kann auf der anderen Seite eine Belastung sein. Samen kann eben auf einem vielbegangenen und glattgetretenen Wege nicht gut aufgehen.

Wer nur ein Weg ist, über den der tägliche Betrieb des Verkehrs hinweggeht, wer eine vielbeschäftigte Straße ist, über die stündlich die Menschen hinweghasten und auf der keinen Augenblick Ruhe herrscht, der wird schwerlich den ewigen Samen auf sich wachsen lassen können. Die Nur-Betrieb-Menschen sind die am meisten Gefährdeten.

Wer nicht mehr täglich wenigstens eine Viertelstunde »Acker« sein kann, wer sich nicht mehr aufpflügen läßt und darauf wartet, was Gott in seine Furchen legt, der hat eigentlich das Spiel im Entscheidenden schon verloren. Die Reichen und die Großen dieser Welt, deren Namen jeder kennt, weil sie »Wege-Menschen« sind, sind oft arme Leute. Sie meinen gefährlich leicht, sie seien etwas Großes, wenn der hastende und dichte Verkehr so ohne Unterbrechung über sie hinweggeht. Und dennoch sind sie so unendlich viel ärmer als eine arme, namenlose Ackerfurche, auf der es Frucht gibt.

Verkehr und Umtrieb sind ja keine Frucht, sondern Leerlauf. Arme Wege-Menschen! Wie werden sie dastehen, wenn der große Schnitter, wenn der König mit Sichel und Krone kommt und die Früchte in seine Scheune sammelt. Die große Asphaltstraße aber, der »Jungfernstieg« ihrer Herzen, liegt leer und verlassen; nur aus einigen Kanalritzen wuchern Unkrautbüschel. Das ist dann alles, was die

hereinbrechende Ewigkeit vorfindet, wenn der Verkehr der Menschen endgültig stillgelegt ist. Wer von uns erkennt sein eigenes Herz in diesem Bilde der leeren Asphaltstraße wieder?
Aber wir sollten nicht nur an die großen Straßen-Menschen mit den bekannten Namen denken. Auch wir kleineren Leute sind hier gemeint. Das zeigt uns das Bild von den Vögeln, die ja nicht nur die großen Überlandstraßen, sondern auch die kümmerlichen Feldwege mit ihren pickenden Schnäbeln heimsuchen. Wenn wir recht hinhören, was dieses Bild von den Vögeln uns sagen will, müssen wir zunächst feststellen, daß es offenbar nicht an unserer mangelnden religiösen Begabung und auch nicht einfach an unserem fehlenden Verständnis liegt, wenn das Wort Gottes bei uns nicht zum Zuge kommt, sondern daß da andere Mächte auf dem Plane sind, die den göttlichen Samen zerstören und am Keimen hindern.
Welche Mächte das sind, kann jeder nur für *seine* Person feststellen, wenn er zu schonungsloser Selbstprüfung unter den Augen Jesu bereit ist.
Eines aber läßt sich auch allgemein sagen: In unserem Herzen sind noch viele andere Gedanken und Begierden, die gleichsam einen Sog bilden, in den wir immer wieder geraten und der uns dem Anruf Gottes nicht stillehalten läßt. In jedem von uns stecken bestimmte Gedankenmächte, die ihn beherrschen wollen und die einen unerhört energischen Totalitätsanspruch auf unser Herz erheben. Ich denke an unseren Ehrgeiz, an alles, was mit dem Stichwort »Sexus«, was mit unserem Macht- und Geltungstrieb zusammenhängt.
Um diese Träger herrischer Appelle haben die Frommen zu allen Zeiten gewußt, und sie haben darum *andere* Mächte dagegen mobilisiert. Sie haben vor allem die Heilige Schrift betrachtet und haben gebetet. Aber wie haben die Großen des Reiches Gottes das getan! Da war jedes Bibellesen eine Schlacht und jedes Gebet ein Schwertstreich. Warum helfen uns unsere Gebete so oft nicht mehr? Warum sinken sie, kaum zur Zimmerdecke emporsteigend, mit lahmen Flügeln herab? Warum wird uns das Wort Gottes zu einem leeren Wortgeklingel, das uns einfach langweilig ist? Weil wir es so lesen und weil

wir so beten, als ob wir die Illustrierte überflögen und als ob wir mit der Nachbarin schwatzten. Wir kämpfen weithin einfach nicht bis aufs Blut. Wem sich schon morgens beim Bibellesen oder beim ersten Aufschwung zu einem Gebet der Gedanke an Toto und Lotto, an den nächsten Geschäftsbrief und die bevorstehende Sitzung in seine Phantasie einnistet, der hat mit einem unhörbaren Ultraschallpfiff schon ganze Scharen von Vögeln herbeizitiert, die die armen Samenkörner eins-zwei-drei hinwegpicken.

Das Wort Gottes ist nämlich anspruchsvoll. Es will eine – wenn auch bescheidene – Zeitstrecke am Tage unser *einziger* Begleiter sein. Man kann selbst die »Losungen« der Brüdergemeine nicht mit einem Ruck und als ganzen Happen hinunterschlucken, während man schon die Türklinke in der Hand hat. So etwas verdaut man nicht; das geht nicht in den Organismus über. Gott läßt es sich ganz einfach nicht gefallen, wenn unser Beten ihn im Telegrammstil abspeist wie einen lästigen Besucher, dem man nur einige Zentimeter den Türspalt öffnet, um ihn gleich wieder loszuwerden.

Frühere Geschlechter und viele heutige Knechte Gottes sprachen und sprechen nicht umsonst von Schrift-»Betrachtung«. Das bekannte Fremdwort dafür ist: Meditation. Das bedeutet, daß man die Worte Gottes in seinem Herzen hin- und herbewegt, betrachtet, überdenkt und immer wieder auf sich bezieht. Dann und immer *nur* dann können diese Worte zu einer Gedankenmacht in uns werden, die gegen die anderen Mächte anzutreten vermag. Dann entsteht ein göttlicher Sog, der unsere Phantasie, unsere Gefühle und auch unsere Gedanken in sich hineinreißt.

Wer weiß denn noch etwas von dieser Art Sog? Auch der heutige Mensch meditiert ja und betrachtet. Aber es ist beklemmend zu sehen, daß seine Meditation sich fast ausschließlich noch auf ein einziges Gebiet bezieht: das ist der Bereich des Geschlechtlichen. Hier richtet er seine Phantasie auf bestimmte Bilder, denkt sich mit seinen Gedanken Situationen aus, steigert sich in heimliche Ekstasen und läßt so einen Sog in sich entstehen, der ihn auf die Dauer notwendig ansaugen und in seine Wirbel zerren muß.

Ja! (leider)

Auch der Sorgengeist ist ein Geist der Meditation: Wir stellen uns Schreckensbilder der nächsten Zukunft vor und lassen auch hier Wirbel und saugende Kräfte entstehen, die uns als »Feuer, Wasser, Dolch und Gift« den Frieden nehmen.
Das, genau das sind die Vögel, die herbeifliegen und picken. Das ist der Teufel, der die falschen Wirbel in uns erzeugt. Wundern wir uns, daß der Same des göttlichen Wortes dann auf einmal nicht mehr da ist? Wir selber sagen dann gern: »Der Same ist steril, das Christentum zieht nicht mehr. Gott hat schon lange nichts mehr von sich hören lassen.« Nun ja: Wenn Orkane in uns brausen, hören wir keine Stecknadel mehr fallen; Gott aber kommt, wenn er kommt, nur mit Taubenfüßen, und wir müssen stille sein:

> Das Ewige ist stille,
> laut die Vergänglichkeit.
> Schweigend geht Gottes Wille
> über den Erdenstreit.
>
> Wilhelm Raabe

Achten wir also auf die Gedankenmächte und die Sogbildungen in unserem Herzen! Achten wir auf die Vögel, die rings um uns herum erwartungsfroh und »startbereit« auf den Telegraphendrähten sitzen – auch rings um diese Kirche, während eben der Same des göttlichen Wortes gestreut wird. Luther sagt einmal: Wir können nicht hindern, daß die Vögel uns um den Kopf flattern, aber wir haben uns zu hüten, daß sie ihr *Nest* auf unserem Kopfe bauen. Wenn sie erst heimisch bei uns werden und einen Stützpunkt auf unserem Kopfe oder gar in unserem Herzen haben, ist es um den Samen geschehen.

»Die aber auf dem Felsen sind die: wenn sie es hören, nehmen sie das Wort mit Freuden an; aber sie haben nicht Wurzel; eine Zeitlang glauben sie, doch zu der Zeit der Anfechtung fallen sie ab.«
Zunächst scheint es, als ob es mit dieser zweiten Art von Menschen ein bißchen besser ginge. Sie sind zuerst, wenn sie das Wort aufnehmen, ganz begeistert. Sie sind ja keine nackten Felsen, sondern es ist immerhin ein dünne Erdschicht da, in der das Wort keimt. Es

schlägt wirklich an. Die Leute sind angerührt, vielleicht reden sie sogar von »Bekehrung« oder auch, wenn sie den weltmännischen Konversationston höher schätzen, von »Erschütterung«, von starker Beeindruckung und davon, daß es ihnen »unter die Haut« und »an die Nieren« gegangen sei. Ihre Umgebung sagt: »Bei dem hat's eingeschlagen. Seit der Pfarrer X hier predigt, geht er immer hin und spricht die ganze Woche von nichts anderem.« Aber eines Tages ist es dann wieder aus. Da ist das Herz aus einer glühenden Kohle zu einem schwarzkalten Klumpen geworden. Wie ist das passiert?

Meist geht es in solchen Fällen um ein gewisses Gefühlschristentum. Wenn jemand schon sagt, er sei begeistert von einer Predigt, dann ist das meist verdächtig. Denn wo das Wort Gottes wirklich eingeschlagen hat, da muß man sterben, da muß man ganz tief hinunter, da muß man wiedergeboren werden. Und wenn schon eine Geburt schmerzhaft ist, dann ist es die Wiedergeburt mindestens ebenso. Da gibt es viele Wehen, bis sich das neue Leben losgerungen hat. Da müssen viele Schnüre und nicht nur *eine* Schnur durchschnitten werden. Wenn man nur »begeistert« ist, dann ist es meist die Rhetorik oder der eigene Seelenschaum gewesen. Das Wort Gottes aber ist kein Ohrenschmaus, sondern ein Hammer. Wer keine blauen Flecken davonträgt, soll nicht meinen, es hätte bei ihm eingeschlagen. Begeisterung ist meist ein Strohfeuer.

Der Felsen nimmt also den Samen nicht in sich hinein. Auch wir Menschen können den Samen am Wurzelschlagen hindern. Das geschieht etwa dann, wenn es uns nicht um Christus selbst geht, sondern wenn es uns um einen bestimmten Prediger geht, oder wenn uns an den sakralen Schauern einer orgeltondurchbrausten Liturgie oder an dem beruhigenden Gefühl liegt, daß unser Leben – allem Augenschein zum Trotz! – eben *keine* Fahrt ins Blaue sei, sondern daß eine sinnvoll gestaltende Vorsehungsmacht über uns regiere, oder auch wenn es uns aus politischen Gründen um das christliche Abendland, wenn es uns um religiöse Traditionen und vielleicht um Antitoxine gegenüber den östlichen Ideologien geht.

Das ist alles ganz schön und gut, aber es ist nicht Christus selber. Bei alledem braucht man nicht zu sterben, braucht man keine Buße zu tun. Man braucht nur ein paar sogenannte christliche Grundsätze zu praktizieren – ja vielleicht nicht einmal zu »praktizieren«; man braucht sie nur in Form eines Standpunktes zu »haben«. Das kostet wenig und krempelt einen nicht um. Das alles schlägt einem keine Wunden. Und weil wir keine Wunden haben, schreien wir auch nicht nach dem göttlichen Arzt; und weil wir nicht in der Tiefe sind, rufen wir nicht nach dem Retter. Weil wir aber nicht mehr nach ihm rufen, darum ist er auch nicht da; und weil er nicht da ist, wird auch unser Verhältnis zum Nächsten, wird unsere Ehe, wird unsere Lebensangst und wird unsere Gier nicht anders. Darum bleibt alles beim alten. Alles was nicht zur Tat wird, was nicht als verwandelnder Sturm in unser Leben fährt, das bleibt tot. Und was tot ist, das ist nicht Nichts, sondern das speichert zersetzende Verwesungsfermente in unserem Leben an, die uns auf die Dauer vergiften. Es wäre dann viel besser, wir hätten nichts gehört und wären blind geblieben. Ein saftiger Heide ist Gott hundertmal lieber und auch vor den Menschen ungleich sympathischer als ein Schriftgelehrter, der seine Bibel kennt, der religiös erheblich zu diskutieren weiß, der sonntäglich in die Kirche rennt, und in dem nichts zur Buße und zur Tat und vor allem nichts zum Sterben wird. Der reichert sich nur mit Verwesung an, und sein kenntnisreiches Christentum und seine religiöse Gefühligkeit sind nur phosphoreszierende Fäulnis, die bloß ein armer Laie für göttliches Licht halten kann. Über den tatlosen Vielwissern – auch über den Nur-Theologen – liegt ein schrecklicher Fluch.

Es gibt nichts Beglückenderes als verwandelte Christenmenschen, und es gibt nichts Zersetzenderes als nur »angetippte« Christen, die mit tausend Samenkörnern bestreut sind und in deren Leben es keine Tiefe und kein Wurzelwerk gibt. Sie fallen deshalb auch beim ersten Wirbelsturm um. Die Halbchristen sind bei der ersten besten Katastrophe immer die, die gleich schlapp machen, weil ihre dürre Intellektualität und ihr oberflächliches Gefühl nicht standhalten. So wird ihnen auch das noch genommen, was sie zu haben *meinen*.

Aus diesem Holze sind auch die Antichristen geschnitzt. Sie bestehen fast immer aus ehemaligen Halbchristen, eben aus »angetippten« Christen. Wer Jesus nur halb in sein Herz hineinläßt, ist ja viel ärmer als ein hundertprozentiger Weltmensch: Er kriegt den Frieden nicht, der höher ist als alle Vernunft, und den Frieden der Welt hat er auch verloren, weil ihm die Naivität genommen ist. Darum lebt er ständig im inneren Hader, und man begreift wohl, daß er eines Tages in einer Art von Wutanfall die Tür zuschlägt vor jener stillen Gestalt, die eben noch angepocht und Einlaß begehrt hatte. Der Antichrist ist immer ein rasend gewordener Halbchrist. Darauf kann man sich verlassen.

Muß ich nun noch viel von den Dornen sprechen, unter die der Same fallen kann, so daß er »unter Sorgen, Reichtum und Wollust des Lebens erstickt«? Die Dornenmenschen, das sind offenbar Leute, auf deren Grund und Boden noch etwas anderes aufgeht als der Same des Wortes Gottes. Und das ist ja bei uns allen so.

Über eines müssen wir uns jedenfalls ganz klar sein: Wenn wir nicht zum Glauben kommen können und wenn der Same nicht aufgehen will, dann liegt das in den seltensten Fällen daran, daß wir intellektuelle Zweifel haben, daß uns z.B. das Verhältnis von Wunder und Kausalität problematisch bleibt, oder daß jemand vom ärztlichen Standpunkt aus nicht begreifen kann, wieso ein Toter wieder lebendig wird. Sondern wenn wir nicht glauben können, ist etwas im Hintergrund unseres Lebens nicht in Ordnung. Auf diesen Hintergrund weist Jesus mit seinen Worten von den »Sorgen«, der »Wollust« und dem »Reichtum«. Alle drei deuten darauf, daß ich mich von bestimmten Dingen nicht zu lösen bereit bin und daß diese Bindungen dann meinen Blick trüben. Alles kann Gott haben, nur diese *eine* Bindung *nicht!* Alles kann er haben, nur meinen Lebensstandard oder mein Privatleben möchte ich durch ein Übersoll an Nächstenliebe nicht einbüßen. Dieses eine *nicht*.

Die Kette des Zweifels und der Glaubenslosigkeit, an die wir geschmiedet sind, besteht aus vielen Gliedern; aber diese Glieder sind nicht verstandesmäßige Gründe, sondern Sünden, Bindungen und heimliche Hörigkeiten. *Die* lassen uns nicht zum Frieden und zu einer ganzen Hingabe kommen. Die sind die Dornen, die aus dem Samen keine Früchte wachsen lassen.

Jeder von uns hat eine heimliche Achse, um die sein Leben schwingt; jeder hat einen Preis, für den er sich und seine Seligkeit zu verkaufen bereit oder doch fast bereit wäre. Wo sitzt diese Achse in *meinem* Leben, und welches ist für *mein* Herz jener schauerliche Preis?

Mit alledem haben wir wie an einem photographischen Negativ bereits aufgezeigt, worin das gute Ackerland besteht, das hundertfältig Frucht bringt. Hier geht es um die Leute, die nicht nur »hören«, sondern auch »behalten«. Hören ist leicht. Aber nun das Wort behalten und mit ihm rechnen, das ist die große Probe. Mit dem Worte *rechnen*, das heißt ganz einfach: es ernst nehmen, daß Jesus unsere Ketten zerbrechen kann und daß wir darum auch nicht mehr in jener schrecklichen Bannung auf die Ketten zu *stieren* brauchen. Das Wort ernst nehmen, das heißt, angesichts einer beklemmenden Sorge (ob mein krankes Kind wohl noch einmal gesund wird, ob ich mein Examen bestehe, ob ein neuer Krieg kommt und die große Flut über uns alle dahingeht) zu sagen: »Weg hast du allerwegen, an Mitteln fehlt dir's nicht.« Das Wort ernst nehmen heißt, nun wirklich einmal in meinem Nächsten den Bruder des Heilandes zu sehen und alle Bedenken, ob sich mein Tun und Opfer auch lohnt, ob ich nicht eigentlich etwas Verrücktes tue, wenn ich mich um einen armen Tropf kümmere, alle diese Bedenken getrost in den Wind zu schlagen und einfach dem Worte zu glauben, daß es mich an diesen Armen weist und daß eben dieses Wort schon die Verantwortung für alles übernimmt, was ich nun in seinem Namen zu tun wage.

Niemals werde ich mit Gott klarkommen, und niemals werde ich Frieden haben, wenn ich nur höre und immer wieder höre und wenn ich darüber nachdenke und immer wieder nur nachdenke. Gott muß man gehorchen, wenn man ihn verstehen will. Mit Gott muß man rechnen (ganz realistisch mit ihm und seinen Verheißungen *rechnen*), wenn man ihn in sein Leben holen will.

Gott läßt sich nur im Einsatz erkennen. Über Gott läßt sich nur auf den Knien denken. Wer die Buße und die Beugung und das Sterben scheut, schlägt Gott die Tür zu. Bei dem heißt es: Endstation »Sehnsucht« oder auch Endstation »Verzweiflung« oder »sturer Trott«, aber nie kann es heißen: zum Frieden gekommen.

Zweierlei muß ich zum Schluß noch feststellen.
Das *Erste:* Niemand darf aus diesem Gleichnis den trügerischen Schluß ziehen: Nun, man sieht's ja, jeder ist eben prädestiniert. Es liegt alles daran, was man für ein Typ ist. Der eine ist eben oberflächlich »veranlagt«, er ist gleichsam konstitutionell ohne Tiefgang. Der andere hat den überstarken Sog der Vitalmächte in sich. Der dritte ist wetterwendisch (man sagt heute gern: »diskontinuierlich«) – und der vierte ist eben »gläubig« veranlagt. Für diesen Typ kann man nichts, das ist einem mitgegeben. Darum sind wir niemals Hauptschuldige, sondern Entlastete, höchstens aber Mitläufer des Teufels.
Diesen Druckposten einer falsch verstandenen Prädestinationslehre sollte niemand beziehen. Denn es geht hier ja gar nicht um bestimmte Typen und Klassen von Menschen. Vielmehr ist es so, daß jeder einzelne das vierfache Ackerland in sich hat. Es gibt bestimmte Zeiten in unserem Leben, es gibt auch bestimmte Schichten in unserem Ich, in denen wir alle miteinander Wege-Menschen, Felsenleute, Dornenträger und fruchtbares Ackerland sind.
Wir dürfen diese herbe Stunde der Mahnung nur verlassen mit dem Entschluß, mit uns ins Gericht und in eine strenge Untersuchung darüber zu gehen, welchen Vögeln, welchen Disteln, welcher Oberflächlichkeit ich in *meinem* Leben das Wort Gottes preisgebe, worin in *meinem* Leben die gefährdenden Mächte und die Wurzeln der Friedlosigkeit bestehen.
Und *weiter:* Jesus erzählt uns die Geschichte nicht, um uns so etwas wie eine landwirtschaftliche Statistik des Reiches Gottes vorzusetzen. Man würde ihn verhängnisvoll mißverstehen, wenn man meinen sollte, hier würden uns die hemmenden und unseren Glauben erwürgenden Mächte einfach zur gefälligen Kenntnisnahme und meinetwegen auch zur gefälligen Selbstprüfung aufgezählt. Es geht um mehr als um eine »Analyse«. Jesus zählt nie auf und macht auch nie eine

Statistik, sondern er stellt uns immer an die Arbeit. Er sagt uns: Jätet die Dornen aus; sorgt, daß der Samen des Wortes nicht auf den Weg fällt; achtet darauf, ob ihr Leute seid, in deren allzu dünner Erdschicht das Wort nicht wurzeln kann. Jesus sagt: Seid ein ordentlicher Ackerboden. Das will sagen: Haltet dem Worte still, schafft die Verhärtungen weg, klemmt Gott nicht in ein paar Ritzen eurer Tagesgeschäfte ein, gebt ihm vielmehr einen Raum der täglichen Stille *und* – drückt euch nicht vor dem Sterben und vor der Buße. »Schaffet mit Furcht und Zittern, daß ihr selig werdet.« Denn Gott läßt sich nicht billig haben. Zu Gott kommt man nur, wenn man sich von ihm mobilisieren läßt und wenn man marschiert. Das ist nicht leicht und bedeutet Abschied von vielem. Aber nur so kommt man in seinen Frieden. Wer nicht kämpft, wird nicht gekrönt. Wer sich nicht abrackert und wer nicht täglich zu seinem Gottes-»Dienst« antritt, liefert seinen inneren Menschen der Verwesung aus.

Gottes Gnade ist keine billige Gnade; man muß sie mit allem, was man ist und hat, bezahlen. In die Hölle kann man bummeln. Das Himmelreich kann man nur mit Gewalt an sich reißen. Ja, es ist sehr aufregend, ein Christ zu sein. Da geht es immer ums Ganze. Und auf den stillen Äckern passiert *mehr* als an den großen Knotenpunkten des Verkehrs, wo die roten und grünen Ampeln hängen.

DAS GLEICHNIS
VOM SENFKORN

Ein anderes Gleichnis legte er ihnen vor und sprach: Das Himmelreich ist gleich einem Senfkorn, das ein Mensch nahm und säte es auf seinen Acker. Es ist das kleinste unter allem Samen; wenn es aber erwächst, so ist es das größte unter dem Kohl und wird ein Baum, daß die Vögel unter dem Himmel kommen und wohnen unter seinen Zweigen.
Ein anderes Gleichnis redete er zu ihnen: Das Himmelreich ist einem Sauerteig gleich, den ein Weib nahm und vermengte ihn unter drei Scheffel Mehl, bis daß es ganz durchsäuert ward.

MATTHÄUS 13, 31-33

Wenn man dies Gleichnis recht verstehen will, muß man sich zuerst die Stimmung der Leute klarmachen, die da um Jesus herumstehen. Sie sind teils deprimiert, teils voller Erwartung und erregt. Es ist ja schließlich ein Unterschied, ob man dem merkwürdigen Unternehmen dieses Nazareners mit der Reserve eines wohlwollenden Zuschauers gegenübersteht – das kostet nichts, und da kann man, wenn die Sache brenzlig wird, immer noch rechtzeitig abspringen –, oder ob man seine ganze Existenz an diesen Jesus von Nazareth gehängt hat, ob man zum Beispiel seinetwegen den Beruf aufgegeben und alles auf diese eine und einzige Karte gesetzt hat. Das haben die Männer um ihn her aber wirklich getan. Und nun fragen sie begreiflicherweise: Was kommt dabei heraus? Welche Bilanz können wir ziehen?

Die Antwort ist eine Fehlanzeige und ein ziemlich gequältes Achselzucken. Es passiert nahezu nichts. Gewiß, einigen Armen, Einsamen und Kranken wird geholfen. Aber das ist eine Winkelsache und verpufft sozusagen. Die geistige und politische Führungsschicht lehnt ihn ab, oder aber, was noch schlimmer ist, sie ignoriert ihn. Die Hauptstadt tut, als ob er gar nicht da wäre. Die griechischen und römischen Kulturzentren bemerken nichts von diesem Sturm im galiläischen Wasserglas – ebenso wie später die Klassiker der sogenannten Neuzeit nur in bescheidener Weise Notiz von ihm nehmen werden.

Jesus hat zwar behauptet, das Reich Gottes sei angebrochen. Aber wenn man einmal realistisch und nüchtern fragt: »Wo denn?«, dann ist es peinlich. Die paar schmutzigen Kinder, die hinter ihm herlaufen, die Bettler und die paar Randsiedler der Gesellschaft, mit denen sich ein flüchtiger Kontakt bildet, können ja nicht gut das Reich Gottes sein. Und an so etwas hat man nun seine ganze Existenz gesetzt!

Die Welt also nimmt keine Notiz von ihm. Ist das aber nicht eine Widerlegung des ganzen christlichen Unternehmens einschließlich seines Direktoriums, das man später »Kirche« nennen wird?

Als ich Pfarrer wurde und meine erste Bibelstunde hielt, wollte ich sie halten im Vertrauen auf das Wort Jesu: »Mir ist gegeben alle Gewalt im Himmel und auf Erden.« Ich sagte mir dieses Wort vor, um dessen gewiß zu sein, daß Hitler – der damals an der Macht war –

samt seiner ganzen schrecklichen Maschinerie der Gewalt *auch* nur an den Drähten hinge, die von dieser einen gewaltigen Hand gesteuert werden. Und dann saßen in dieser ersten Bibelstunde nur ein paar sehr alte Frauen und ein noch viel älterer Organist. Das war ein sehr würdiger Mann, aber er hatte die Gicht in den Fingern, und das machte sich beim Spielen unangenehm bemerkbar.

So weit hatte es also dieser Herr gebracht, dem alle Gewalt im Himmel und auf Erden gegeben war, *angeblich* gegeben war. Und draußen marschierten die jungen Bataillone, die ganz anderen Herren untertan waren. Mehr hatte er mir also an diesem Abend nicht vorzusetzen. Ja – was *hatte* er denn überhaupt zu bieten? Und wenn es nicht *mehr* sein sollte – wird er dann durch diese atemraubende Kümmerlichkeit nicht widerlegt?

Das etwa ist die Stimmung der Jünger, wie sie die Atmosphäre unseres Gleichnisses spiegelt. Ich glaube, wir könnten jetzt auch eine gewisse Stärkung brauchen, genau wie die Jünger.

»Ja«, sagt der Herr, und gibt seinen Leuten diese Stärkung: »Ihr habt recht; es fängt bei mir alles sehr klein an. Von außen gesehen steht mein Werk und stehe ich selber im Zeichen des Minimums.« Und dann malt er das Bild eines Mannes, der mit zwei spitzen Fingern in eine Samentüte faßt und ein Senfkorn – ein richtiges Minimum, weiß Gott! – herausnimmt. Es ist übrigens ein Kunststück, überhaupt ein einziges zu erwischen, weil es eben so winzig ist. Ganze hundert gehen nämlich auf ein Gramm. Und wer keine sehr guten Augen hat, muß erst die Brille aufsetzen, um es überhaupt zu erkennen.

Aber merkwürdig: Wenn es in die Erde getan wird, dann wächst eine große Staude daraus hervor, und ein dicker, fetter Spatz, der Hunderte von diesen Körnlein zu seinem Frühstück gepickt hat, kann sich auf seinen Zweigen schaukeln.

Hier entsteht nun die Frage: Hat Jesus damit sagen wollen, daß das Christentum den Weltkreis erobern wird? Ganz bestimmt hat er das nicht gemeint. Wenn Jesus nämlich von den Geheimnissen des Wachsens spricht, dann denkt er dabei weniger an den quantitativen Vorgang, daß seine Gemeinde immer größer wird und daß sie schließlich in einer mächtigen christlichen Invasion die Kontinente und Inseln erobert – dieser Gedanke der äußeren Expansion liegt dem Neuen Testament ganz ferne –, sondern er denkt daran, daß seiner Gemeinde eine Strahlkraft, eine Dynamik innewohnt, die alles um sie herum Liegende und Stehende ergreifen muß.

Man muß nämlich, um das zu verstehen, nur einmal an die anderen Bilder denken, in denen die Gemeinde so als Wirkstoff, als eine Art Vitamin der Welt veranschaulicht wird.

Da ist vom »Sauerteig« die Rede, der die ganze Masse des Mehls durchsäuert und in seiner Qualität verändert. Da ist vom »Salz« die Rede, das auch in kleinsten Quantitäten einen ganzen Teller Suppe verändert. Da ist endlich von der Gemeinde als einem »Licht« in der Welt die Rede. Wie winzig klein ist die Lichtquelle eines Autoscheinwerfers, und wie riesig und viele Raummeter erfüllend ist der Lichtkegel, den er aus der gigantischen Finsternis einer nächtlichen Landschaft herausschneidet!

So, meint der Herr, ist es mit den Christen: Nur auf die Menge gesehen, bleiben sie ein kleines Häuflein, da sind sie eine hoffnungslose Minorität, und Luther hat gewußt, was er sagte, als er den Christen einen einsamen Vogel nannte, der irgendwo auf dem Dach sitze und sein Liedchen trällere. Wir haben das ja alle schon einmal an uns selbst erlebt, wie es ist, wenn wir in unserem Betrieb oder im Büro oder in unserer Klasse niemanden haben, der in den entscheidenden Dingen des Lebens mit uns einig ist. Wir fürchten uns manchmal vor dem etwas befremdeten Blick, mit dem uns sonst sehr nette und verständige Leute ansehen, wenn wir im Gespräch einmal Glaubensdinge anklingen lassen oder gar unser Tischgebet verrichten. Dann ist es manchmal so, als ob wir von einer unsichtbaren Isolierschicht umgeben wären, die einen trotz allem herzlichen Verhältnis und trotz aller Kameradschaft doch ein bißchen fremd, im *Entscheidenden* fremd bleiben läßt. Ja, so ist es: Wir sind in der Minorität. Nur daß Jesus uns nun zu verstehen gibt: Dieser quantitative Gesichtspunkt des Abzählens ist völlig falsch. Wie lächerlich ist es, zu sagen: Hier sind ein paar Gramm Hefe, und da sind zwei Pfund Mehl. Nach der demokratischen Verfassung des Backofens muß also das Mehl den Ton angeben, weil die Hefe überstimmt ist. Jesus sagt uns gerade umgekehrt: Es kommt darauf an, wo die eigentliche Wirkkraft sitzt, und die hat eben die Hefe und nicht das Mehl; die hat das Salz und nicht die Suppe; die hat das Licht und nicht die hundert Kubikmeter Finsternis.

So lange die Salzkörner freilich im Salzfaß sind, und so lange das Licht unter dem Scheffel ist, merken sie nichts von dem, was ihnen als Kraft innewohnt. Und wenn das Licht denken und träumen könnte, würde es vermutlich Angstvorstellungen bekommen, wenn es sich klarmachte: Draußen ist alles kohlrabenschwarze Nacht, und ich bin nur ein kleines Licht. Was soll ich da machen?

Das ist genau die Angstvorstellung vieler Christen, vielleicht unser aller geheimer Alpdruck, wenn wir so im Banne des verfluchten Zahlendenkens zu dem Minderwertigkeitskomplex der Minorität kommen, wenn wir uns klarmachen, daß so viele prominente und einflußreiche Leute rein gar nichts von dem wissen wollen, der nun einmal unser Leben ergriffen hat, und wenn wir uns dann in das Salzfaß und unter den Scheffel unserer christlichen Gesinnungsgemeinschaften zurückziehen, wo die paar frommen Körnlein und die christlichen Kerzenstümpfe verschüchtert zusammenhocken und Trübsal blasen.

Statt dessen sollten wir uns von Gott einmal den frommen Schwung und die herzhafte Keckheit schenken lassen, uns in die Weltsuppe und in die Weltfinsternis hinauszuwagen. Wir sollten dort, wo immer wir auch stehen, zu sagen wagen, wer wir sind und was wir glauben. Dann würden wir schon unser blaues Wunder erleben: daß der Herr nämlich recht hat, wenn er von der Kraft des Durchsäuerns und des Leuchtens spricht. Wenn wir die anderen und wenn wir unsere Umgebung nicht durchsäuern, wenn wir also unsere Christengabe nicht *arbeiten* lassen, werden wir selber säuerlich. Und die vielen säuerlichen Christen und »verdruckten« Existenzen, die wir in der Kirche haben, das sind lauter Salzfaßprodukte, die sich nicht hinaustrauen; die sind dann selber von chemischen und psychischen Zersetzungsprozessen an-

gefressen. Wir müssen uns ganz realistisch klarmachen, daß die Leute in unserer Umgebung, die Christus nicht kennen, ein sehr armes und fades Mehl sind, ja, daß sie den Wurm haben – auch wenn sie äußerlich vielleicht »Großkopfete« und piekfein gemahlene Körner sind. Wir müssen uns einfach daran erinnern lassen, daß sie uns als Salz und Sauerteig bitter nötig haben. Dann verlieren wir ganz von selbst die Angst vor der Minorität und werden dessen inne, daß wir einen Auftrag haben und daß es sich lohnt – ganz einfach *lohnt!* –, den Verheißungen Jesu zu trauen und realistisch mit ihnen zu rechnen.
Genau dasselbe meint das Gleichnis vom Senfkorn. Auch da liegt der Ton nicht auf dem äußeren Größerwerden. Wie dumm sind deshalb viele Auslegungen, die aus diesem Gleichnis so etwas wie eine totale Christianisierung unseres Planeten herauslesen wollen, und wie handfest und massiv wird diese Auslegung schon durch die Tatsachen widerlegt (man schaue sich doch einmal eine Religionsstatistik an!). Nein, es geht hier wahrhaftig nicht um die Hebung der Ziffern der christlichen Konfessionen, sondern es geht um ein Wachsen des Christen in seinen Funktionen; es geht hier um das Ausreifen seiner Bestimmung und seiner Wirkkraft.
Zuerst liegt da ein winziges Körnlein, das sich nicht von alleine bewegen kann, das jemand in die Hand nimmt oder liegen läßt oder das von einem Spatzen aufgepickt wird. Es ist ganz passiv. Aber das hört sofort auf, wenn es in die Erde kommt. Da wird ein großer Baum daraus, der Schatten spendet und den Vögeln dient.
Genauso ist es nun mit den Christen. Manchmal fällt nur ein einziges Körnlein des göttlichen Wortes in ein Menschenherz. Und wie winzig und unscheinbar sind die Worte oft gewesen, die Jesus Christus ausgesät hat und die den Menschen dann zum Schicksal wurden: »Folge mir nach!« sagt er, und als der Zöllner Matthäus das hörte, da war es um ihn geschehen, und er wurde zu einem Botschafter für die ganze Welt. – »Siehe, das ist Gottes Lamm.« Als der Fischer Johannes das hörte, da begann alles in ihm zu schweigen, was er bisher gedacht und gesagt hatte, und nun wurde er ein Zeuge, von dem unser Glaube noch heute zehrt. – »Gehe hin, dein Glaube hat dir geholfen.« Als die

Trauernden und Leidenden das hörten, begann in ihnen ein Feuer zu brennen, das sie heute noch als Zeugen des Heilandes über der Welt leuchten läßt. Diese kleinen Wortkörner sind zu Schicksalsworten geworden, die als Sterne auch an unserem Himmel leuchten und die noch die Weltnacht durchglänzen werden, wenn die letzten Wehen der Geschichte über uns kommen.

Das also, was die Welt angeht und was einmal in Ewigkeit bleibt, wenn Flitter und Tand und Scheingröße in das Nichts zerstoben sein werden, das hat in mikroskopischer Winzigkeit und unter vier Augen und mit einigen kaum vernehmbaren Silben begonnen. Nun begann in irgendeinem Herzen – ja, man muß noch hinzufügen: nicht im Herzen eines Genies, sondern in den Herzen armer Fischer, in unscheinbaren Individuen, die auf der Bühne der Geschichte nur die Rolle von Statisten spielen – dieses stille Wort zu arbeiten, und nun *wächst* da etwas, nun ist da etwas los. Haben wir einmal beobachtet, was passiert, wenn ein Samenkorn zwischen die Ritzen einer Mauer fällt, wie dann die Wurzeln des entstehenden Baumes das Gestein sprengen? So ist es auch mit jenen kleinen Wortkörnern, die Gott in unser Herz gesenkt hat. Die wollen nicht in den Ritzen und Spalten unserer Innerlichkeit hängenbleiben, sondern sie sprengen den inneren Menschen und wollen ans Licht.

Ganz gewiß: Der Glaube beginnt in der Stille des Herzens, und er muß auch immer wieder in die stille Zwiesprache mit Gott zurück. Wenn er aber *nur* im Innern bleibt, dann zersetzt er sich und wird zu einer unausgelüfteten Frömmigkeit. Wenn er dagegen nur immer draußen sein will, dann verdorrt er und wird steril in einem christlichen Betrieb, der von den ewigen Quellen abgeschnitten ist. Auch ein wachsender Baum vergrößert ja in dem gleichen Maße, wie er den sichtbaren Raum erfüllt, sein unsichtbares Wurzelwerk unten im Erdreich.

Und gerade wir heutigen Menschen, die wir meist so entsetzlich viel zu tun haben, die wir dauernd unterwegs sind, zwischen klingelnden Telefonen sitzen und vom Karussell des täglichen Umtriebs herumgewirbelt werden, gerade wir sollten uns sagen lassen, daß wir nur in dem Maße sichtbar und sozusagen öffentlich werden können, wie wir uns tiefer in den Erdboden graben und mit immer zahlreicheren Fasern die Kraft der Ewigkeit und des Friedens Gottes in uns aufnehmen.

Wer seinen Tag einfach nur blind drauflos wachsen läßt, wer also nicht die Zwiesprache mit Gott all den tausend Worten vorangehen läßt, die er mit den Menschen zu reden hat – schriftlich und mündlich! –, der wird morsch bis ins Physische und bis in die Nerven hinein. Und das, was man Managerkrankheit nennt, ist oft nur ein Symptom dieser Unordnung im Erdreich unseres Lebens.

Oft genug sitzt diese Krankheit eben nicht in den Verzweigungen unserer Nerven, sondern in unseren Wurzeln, die verkümmert sind. Luther hat vier Stunden am Tage gebetet; nicht trotzdem, sondern gerade deswegen konnte er seine Berserkerarbeit leisten. Arbeiten ohne zu beten und ohne zu hören, das heißt: nur »nach oben« wachsen und sich ausdehnen wollen, ohne gleichzeitig Wurzeln zu schlagen und also ohne ein Äquivalent im Erdreich zu schaffen. Wer so arbeitet, lebt ganz schlicht »unnatürlich«. Das lehrt das Gleichnis der Bäume.

Aber das ist nur die eine Seite der Sache. Denn genau so wie der wachsende Baum in das Erdreich hinuntergreift, so drängen nun auch die Wurzeln heraus und sprengen die Erdrinde unserer Innerlichkeit. Das Wort Gottes, das als Korn in unser Herz gefallen ist, enthält eine unerhörte Sprengkraft; es will heraus, es will Baum werden und Früchte bringen. Im Tübinger Botanischen Garten wächst eine Palme, die nicht mehr in ihr Glashaus paßt. Einmal hat man dies Gewächshaus schon um einen gläsernen Stock erweitert; aber nun geht es bald nicht mehr. So scheint es mir auch mit manchen Christen zu sein: Sie leben in ihren frommen Zirkeln und erbauen sich und kommen sich wunder wie fromm vor. Sie ziehen immer neue Glaswände um ihre Frömmigkeit und ihre Gemeinschaften herum, damit ja der Palmbaum ihres Glaubens von keinem Lufthauch berührt wird. Aber sie kommen nicht darum herum: Sie müssen sich entscheiden, ob sie das Glashaus abbrechen oder den Baum vernichten und verstümmeln wollen. Denn das Reich Gottes will frei wachsen, und es wächst unwiderstehlich, wo einmal der Same in ein Herz gefallen ist. Aus diesem Herzen will es dann herauswachsen und will die Zweige über unsere Ehe und unsere Familie breiten. Da will es dann ein Neues gestalten. Und auch unsere Kinder sollen in diesem Ozon aufwachsen und die gute Luft atmen, die uns dieser Baum schenkt. Und dann will es über unseren Beruf hinwegwachsen, und unsere Kollegen und Kameraden sollen spüren, daß da eine schöpferische Kraft an der Arbeit ist.

So kommt mit dem Samen des Wortes eine heimliche Revolution in die Welt: Zuerst werden einige Menschen anders; dann ändern sich die Verhältnisse, in denen sie leben, und schließlich drängt dies Wachsende bis in die äußersten Schalen, und auch der Staat wird etwas davon merken.

Sehen wir nicht in unseren Landschaften immer wieder ein Gleichnis für das Umgekehrte: Wie nämlich überall dort, wo man den Samen ausgerottet und die Bäume gefällt hat, durch diesen Kahlschlag das Klima sich ändert, wie hier jedes Unwetter einen Erdrutsch, Überschwemmungen und Lawinen bewirkt? Soll ich Nationen nennen, die mehr oder weniger programmatisch ohne Gott leben, und die nun als Unruheherde, ja als Fermente der Verwesung im alten Europa wirksam sind? Und greift dieses Schicksal des Kahlschlages, greifen diese Gifte der Verwesung nicht auch schon nach uns?

Doch ich muß innehalten, weil uns das Bild vom Kahlschlag zu betrügen droht.

Ist es denn überhaupt so, daß der Glaube an Jesus Christus von der Axt der anderen ausgerottet wird? Ist das denn selbst im bolschewistischen Rußland so gewesen? War und ist es nicht vielmehr so, daß überall dort, wo der Antichrist herrscht oder wo das Vakuum von Existentialismus und Nihilismus regiert, die Christenheit zuerst einmal steril geworden ist und den Tod in den Topf gelassen hat, daß sie den Baum nicht hat wachsen lassen und daß sie eben nicht jene Explosivkraft besaß, die alle Schalen, Scheffel, Glashäuser und Salzfässer sprengt? Fromme Leute hat es immer gegeben, sogar bei den Heiden. Sie sollten sich ja nicht einbilden, daß Frömmigkeit eine

Garantie dafür sei, daß man das Reich Gottes zum Zuge kommen läßt. Wie viele machen aus dem Wort von den Stillen im Lande ein Ruhekissen der Erbaulichkeit! Gewiß, ein Christ ohne Stille ist ein Baum ohne Wurzeln. Aber ein Christ, der nur still ist, der also verschweigt, was ihm zuteil geworden ist, und dessen Wesen und Arbeiten, dessen Lachen und dessen Kameradschaft man nichts von alledem anmerkt, der ist – ich bitte, den Ausdruck zu entschuldigen, aber er trifft so genau die Sache, daß ich ihn nicht aus bloßer Kanzelvornehmheit verschweigen darf – ein Blindgänger; der ist Dynamit, das nicht losgeht.

Wenn die Welt noch nicht anders geworden ist, und wenn die Weltmenschen boshaft genug sind, uns mit der Frage zu ärgern, was in den zweitausend Jahren Christentum sich eigentlich geändert habe, dann liegt das nicht an den bösen Heiden, die das Reich Gottes sabotiert hätten, sondern dann liegt das an den vielen christlichen Blindgängern, die sich ins Erdreich verdrückt haben und meinen, sie hätten ihre Schuldigkeit getan.

Wir sollten einmal kontrollieren, ob in unserer nächsten Umgebung auch nur irgendein kleiner Einschlag erkennbar ist, der spüren läßt, daß uns eine sprengende Kraft anvertraut ist. Wir sollten einmal in unserer Familie oder in unserem Betrieb nachsehen, ob da – nun verwende ich wieder das sehr viel schönere und tröstlichere Bild des Gleichnisses – nur ein oder zwei Menschen sind, die unter den Zweigen jenes Baumes leben dürfen, der da in mein und dein Herz gepflanzt wurde, und ob sie von seinem Schatten erquickt und gestärkt werden. Dann merken wir vielleicht, wen wir in all unserer Frömmigkeit verleugnet haben; dann wenden wir uns vielleicht um und tun Buße, ehe der Hahn zum dritten Mal kräht.

Wir müssen noch eine letzte Falte im Text unseres Gleichnisses auseinandernehmen, in der ein geheimer, aber überaus wichtiger Hinweis auf seinen Sinn verborgen ist.

Es heißt nämlich nicht, daß wir als *Christen* oder daß wir als *Kirche* so etwas wie ein Senfkorn und ein Sauerteig wären, sondern es heißt, daß das *Reich Gottes* dieses beides ist. Diese Unterscheidung ist wichtig: Wir haben nicht den Befehl, daß wir die moralischen und geistigen Kräfte des Christentums mobilisieren und die moderne Welt samt ihren gesellschaftlichen Ordnungen, ihrer Kultur, ihrer Technik damit durchdringen sollen – vielleicht sogar noch zu dem besonderen Zweck, dem alten und etwas müde gewordenen Europa damit einige moralische Vitamine zu injizieren und es religiös aufzumöbeln. Es geht um etwas unvergleichlich Schlichteres als diese Expansion des christlichen Geistes. Die ergibt sich, wenn überhaupt, nur wie nebenbei und als bloßes Nebenprodukt des Eigentlichen. Dieses Eigentliche und Schlichte besteht darin, daß wir gar nichts anderes tun, als das Wort des Herrn in uns keimen, wachsen und blühen zu lassen; oder auch umgekehrt gesagt: daß wir immer tiefer in die Gemeinschaft mit Jesus hineinwachsen (1. Kor. 1, 5; Eph. 4, 13. 15). Damit Jesus aber groß werden kann, muß ich gerade kleiner und immer unwichtiger werden. Jesus kann die Welt nur mit Leuten gewinnen, die ihn wollen und darum nichts mehr für sich selber wollen. Wenn die Christenheit ihr Leben gewinnen will – wenn sie ein Faktor in der Welt sein will, den man beachtet, der Massen auf die Beine bringen kann und in den Spalten der Zeitungen vorkommt –, dann wird sie ihr Leben gerade verlieren. Und nur jemand, der zunächst einmal gar nicht nach draußen blickt, sondern einfach und schlicht darauf bedacht ist, daß Jesus an jedem Tag neu in seinem Leben groß – für *ihn* groß – wird, der wird ganz von selbst zu einem Herold und einem Welteroberer. Der wird das Erdreich besitzen.

Ich meine, daß in dieser Botschaft unseres Gleichnisses auch ein Hinweis läge für das uns alle so unheimlich bewegende Ost-West-Problem:

Wenn wir uns heute Gedanken darüber machen, was wir der entseelten, personlos gewordenen und mechanisierten Welt des Ostens entgegenzusetzen haben, was wir überhaupt zu verteidigen wünschen, so hören wir immer wieder und geben uns selbst gern die Antwort: Wir wollen unsere Welt der Freiheit, wir wollen keine Angst haben, daß wir nachts aus dem Bett geholt werden, wir wollen, daß jedem sein Recht wird, wir wollen eine »menschliche« Welt, in der es warm und heimelig, und wir wollen keine Welt von Robotern und Termitenmenschen, in der es kalt und unheimlich ist. Vielleicht fügt man hinzu: Wir wollen jene Welt, in der das Christentum verläßliche Werte und Ordnungen formt, in der es ein Menschenbild geprägt hat, in dem die bestialischen Urinstinkte gezähmt und die humanen Werte des Gewissens und der Persönlichkeit zur tragenden Idee geworden sind. Wie viele sagen das, und wie viele meinen das auch ehrlich und bitter ernst. Und doch tut man mit diesen Worten nichts anderes, als daß man die Leiche des alten Europas einbalsamiert, statt sich an das zu erinnern, was uns wirklich beseelen und beleben sollte. Darf ich das, was ich meine, an einem anderen Gleichnis Jesu illustrieren?

Als der verlorene Sohn von seinem Vater Abschied nahm und in die Fremde ging, da tat er das ja nicht, um ein Lump zu werden, sondern um zu wachsen. Er sagte sich – ich wies in einer früheren Rede darauf hin –: »Unter der Fuchtel und unter der Autorität des Vaters kann ich mich nicht entfalten. Ich muß einmal frei, ich muß einmal ich selbst sein dürfen. Darum will ich raus in die Fremde, wo ich das Bild verwirklichen kann ›des, das ich werden soll‹ (Fr. Rückert), und wo mich keiner von jener Bahn ablenkt, die ich nach *meinem* Lebensgesetz durchlaufen muß.« Er sagte sich: »Ich habe ja eine gute Erbanlage, stamme aus bestem Hause, und auch materiell bin ich ordentlich ausstaffiert. Mit dieser Mitgift meines Lebens werde ich's schon zu etwas bringen.«

Aber dann zeigte sich, daß das alles im Nu vertan war und daß er mit all diesen guten Keim- und Erbanlagen nicht wuchs, sondern vor die Hunde ging. Man kann die Gaben des Vaters nicht haben, wenn man den Vater nicht will. Dann zerrinnen sie einem zwischen den Fingern. Die Angst, daß es auch mit uns so kommen könnte, befällt mich immer, wenn in den Zeitungen so viel vom christlichen Abendland, von den christlichen Prinzipien der Politik und von christlicher sozialer Nächstenliebe steht und wenn es kaum eine Jubiläumsrede oder eine bessere Neujahrsansprache gibt, in der dieser pathetische Abgesang des verlorenen Sohnes nicht angestimmt wird.

Warum ich mich vor diesen so solide und verläßlich klingenden Phrasen fürchte? Weil man eben wohl noch die Gaben des Herrn Christus, aber nicht mehr ihn selber will. Er ist einmal durch unser Volk und durch unseren Erdteil gegangen. Seine Apostel und Missionare und Reformatoren waren die Botschafter, die uns sein Wort überbrachten und die uns dazu einluden, ihn unseren Heiland sein zu lassen. Und indem unsere Väter diese Hand Gottes ergriffen, indem sie in seinen Frieden kamen und aus aller Lebensangst und Schuldnot zur Versöhnung des Kreuzes fanden, wuchs in ihnen auch ein ganz neues Menschentum. Was wir heute »Gewissen«, »Freiheit«, »Humanität« nennen, das haben wir ja alles von ihm, das wuchs uns ja zu, als wir das ewige Herz gewannen. Am Bilde des Heilandes wuchs uns das Bild des Menschen. An der Freiheit eines Menschen, dem die Sünden vergeben und die Ketten gesprengt wurden und der »ein Herr aller Dinge« ist, entstand unser Ideal der Freiheit. Nach dem Bilde dessen, der die Welt überwand, wurden unsere Ideale vom Leben und vom Sterben geprägt.

Und nun wollen wir alle diese guten Gedanken, Ideen und Lebensgrundsätze zwar weiter behalten – denn sie haben sich bewährt –, aber wir wollen sie ohne ihn. Wir haben bei Jesus von Nazareth ausgelernt, wir haben ihm Valet gesagt und tragen die guten Gedanken vom Leben und vom Sterben, von der Menschlichkeit und vom Nächsten als treues Vermächtnis in unserem Herzen. Aber er selbst ist für uns ein Mythos geworden, ohne den wir nun auskommen wollen. So wandern wir, ohne es zu merken, in der Fremde. Die geistige und kulturelle Maschinerie des Westens, des christlichen Westens, schwingt noch ein paar Jahrzehnte nach, aber der Motor ist abgestellt. Eine Zeitlang hält das mitgebrachte Kapital noch durch, aber das Vaterhaus liegt uns im Rücken. Wir laufen mit dem vermeintlichen christlichen Erbe herum und meinen, das sei doch etwas, wofür zu leben es sich lohne, und das sei doch eine anständige, reelle Welt der Werte, die den Gespenstern des Ostens trotzen könne. Und dabei leben wir von der Substanz, die sich rasend verzehrt, weil der Nachschub aus der Ewigkeit fehlt und weil der Kontakt mit dem Vater unterbrochen ist.

Und während wir naiv vom christlichen Abendland schwärmen, vernehmen die Hellhörigen schon das Heulen der Wölfe, die aus dem Keller nach oben drängen (Nietzsche hat zu diesen hellhörigen Mahnern der Christenheit gehört), und sehen die Hellsichtigen in der Ferne schon den Schweinetrog und erkennen die kommende Bestialisierung, nachdem die Humanitätsträume ausgeträumt sind. Und sollte dann die Bewegung, die Jesus von Nazareth einst entfachte, nicht vielleicht auch zum endgültigen Stillstand gekommen sein?

Verstehen wir nun, was das heißt, wenn im Gleichnis gesagt ist: Nicht die Christenheit wächst, nicht die Kirche, nicht das christliche Abendland wächst? Wenn der Leib Christi sich zu vergrößern scheint, wenn in Rundfunk und Presse christliche Vokabeln zu finden sind, wenn es fast so etwas wie eine Mode geworden ist, auf Wort und Rat der Kirche zu hören, und wenn auch solche, die persönlich nichts mit Jesus von Nazareth zu tun haben wollen, immerhin das sogenannte Gedankengut christlicher Parteien und ähnlicher Bewegungen »bejahen« – wenn also der Leib Christi so wächst, könnte das dann nicht (ich stelle nun eine entsetzliche und beklemmende Frage) eine Krebsgeschwulst und also eine krankhafte Zellenwucherung sein, könnte es nicht Rummel und Betrieb sein und also mehr mit den Nerven oder auch mit taktischer Schläue zu tun haben als mit einem Herzen, das unter dem Kreuze Frieden gefunden und die Heimat des Vaterhauses wiedergewonnen hat?

Wie können wir denn diese krankhaften, krebsartigen Wucherungen von einem wirklichen Wachsen des eigentlichen Organismus unterscheiden? Nur so – das zeigt uns Jesu Gleichnis –, daß wir an *ihm* wachsen, daß wir sein Wort in *uns* Gestalt gewinnen und daß wir alles, was wir sind und denken und tun, von ihm durchdringen lassen, daß wir morgens mit ihm aufwachen und er unser erster Gedanke ist, daß wir in unserem Kollegen und Arbeitskameraden den Menschen sehen, für den er gestorben ist, daß wir unsere Arbeit durch ihn heiligen lassen, daß wir ihm für die Freuden und Erfüllungen unseres Lebens danken und die Schmerzen und Züchtigungen aus seiner Hand nehmen, und daß wir endlich uns beim Sterben »seine Hand unter den Kopf legen lassen, damit er uns hebe und halte« (Matthias Claudius).

Nur wenn wir ihn *so* in unser Leben hineinlassen, wird sein Wort in uns wachsen und keine christliche Krebsgeschwulst entstehen. Nur dann werden wir nicht vom Kapital der Väter leben, sondern dem Lebensstrom des Vaterhauses angeschlossen sein. Dann werden wir wissen, warum es sich zu leben lohnt, weil uns das wahre Leben erschienen ist. Dann aber, *nur* dann, werden wir den Herrn Christus auch in die Politik und in die soziale Ordnung und vielleicht sogar einmal in das verödete und verdurstende Rußland bringen, in das so blindlings suchende China und nach Afrika, an dem das christliche Europa sich so furchtbar vergangen hat. Aber die Verheißung, daß der Baum so über die Welt hinwächst, haben wir nur, wenn wir das Senfkorn in uns selber wachsen lassen, ganz einsam, ganz still und im Zwiegespräch mit Jesus.

Dir und mir ist das Senfkorn anvertraut, aus dem einmal Zweige wachsen sollen, die sich über die Erde breiten und in denen die Vögel des Himmels wohnen sollen. Trachte nicht nach diesen Zweigen, sondern pflege das Korn. Trachte am ersten nach dem Reiche Gottes, trachte danach, dieses Kleinste in deinem Herzen aufzunehmen und zu bewahren, so wird dir alles andere – auch das christliche Abendland, auch die christliche Sendung für die Welt – zufallen.

Wir haben einen Heiland, dem die Welt gehört und vor dem sich aller Knie beugen werden. Und weil wir mit Macht auf seinen Tag zugehen, haben wir einen langen Atem. Darum braucht uns das Kleinste nicht zu klein zu sein. Das Große aber ist bei ihm verborgen, und er gibt es mit der linken Hand.

DAS GLEICHNIS

VOM UNKRAUT UNTER DEM WEIZEN

Er legte ihnen ein anderes Gleichnis vor und sprach: Das Himmelreich ist gleich einem Menschen, der guten Samen auf seinen Acker säte. Da aber die Leute schliefen, kam sein Feind und säte Unkraut zwischen den Weizen und ging davon. Da nun das Kraut wuchs und Frucht brachte, da fand sich auch das Unkraut. Da traten die Knechte zu dem Hausvater und sprachen: Herr, hast du nicht guten Samen auf deinen Acker gesät? Woher hat er denn das Unkraut? Er sprach zu ihnen: Das hat der Feind getan. Da sprachen die Knechte: Willst du denn, daß wir hingehen und es ausjäten? Er sprach: Nein! auf daß ihr nicht zugleich den Weizen mit ausraufet, so ihr das Un-

kraut ausjätet. Lasset beides miteinander wachsen bis zu der Ernte; und um der Ernte Zeit will ich zu den Schnittern sagen: Sammelt zuvor das Unkraut und bindet es in Bündlein, daß man es verbrenne; aber den Weizen sammelt mir in meine Scheuer.
Da ließ Jesus das Volk von sich und kam heim. Und seine Jünger traten zu ihm und sprachen: Deute uns das Gleichnis vom Unkraut auf dem Acker. Er antwortete und sprach zu ihnen: Des Menschen Sohn ist's, der da guten Samen sät. Der Acker ist die Welt. Der gute Same sind die Kinder des Reichs. Das Unkraut sind die Kinder der Bosheit. Der Feind, der sie sät, ist der Teufel. Die Ernte ist das Ende der Welt. Die Schnitter sind die Engel. Gleichwie man nun das Unkraut ausjätet und mit Feuer verbrennt, so wird's auch am Ende dieser Welt gehen: Des Menschen Sohn wird seine Engel senden; und sie werden sammeln aus seinem Reich alle Ärgernisse und die da unrecht tun, und werden sie in den Feuerofen werfen; da wird sein Heulen und Zähneklappen. Dann werden die Gerechten leuchten wie die Sonne in ihres Vaters Reich. Wer Ohren hat zu hören, der höre!

MATTHÄUS 13, 24–30. 36–43

Als wir beim letzten Mal über das Gleichnis vom Senfkorn nachdachten, konnte es auf den ersten Blick – freilich nur auf den allerersten Blick – so scheinen, als solle uns hier eine optimistische Prognose über die Entwicklung des Christentums vorgelegt werden, eine sehr beruhigende und tröstliche Vorausschau, nach der sich die Gemeinde Jesu aus unscheinbaren Anfängen zu einer weltumspannenden Organisation entwickele.
Dieses Mißverständnis von einem »happy end« der Kirchengeschichte kann uns nach der Lektüre *dieses* Gleichnisses wohl kaum unterlaufen. Denn da ist die Rede von der dunklen Bedrohung durch eine Macht, die ihre Hand überall geheimnisvoll mit im Spiele hat – und zwar nicht nur draußen bei den fragwürdigen Auswüchsen der Zivilisation, in der Politik und bei den Managern, beim Fasching und im Kino, sondern auch im innersten Heiligtum selber. In diesem Augen-

blick, wo das göttliche Wort von der Kanzel erklingt, mischt jene düstere Macht ihre Giftsaat dazwischen. Dort, wo die Bischöfe und Synoden versammelt sind, da mengt sie in alle Bereitschaft zu Gehorsam und geistlichem Handeln die Körner des Ehrgeizes, des Menschenruhmes und des Klerikalismus. Dort, wo die Theologen forschend über der Heiligen Schrift sitzen, da sät jene dunkle Macht die eigenen Gedanken der Menschen dazwischen, da läßt sie die Weisheit der Griechen über die Torheit des Kreuzes triumphieren, da werden die Leichentücher menschlich-allzumenschlicher Gedanken über das offene Ostergrab gespannt und werden die großen Taten Gottes zur Spiegelfechterei des eitlen Selbstbewußtseins.

Nun, so beklemmend diese Andeutungen Jesu auch sind, so sehr mögen sie uns auch wieder beruhigen, weil sie wenigstens mit unserer Erfahrung übereinstimmen und uns nicht zumuten, einen lichtvollen Fortschritt zu sehen, wo wir von der Dunkelheit und dem Auf-der-Stelle-Treten des menschlichen Lebens – und auch von der Sterilität der Kirche! – beunruhigt sind.

Denn wir brauchen doch nur mit offenen Augen in das Leben zu sehen, um immer wieder diese merkwürdige Zweideutigkeit zu erkennen: Es gibt keinen Acker und keinen Garten der Welt, auf dem *nur* Ähren oder Blumen wüchsen; das Unkraut ist immer mit dabei. Und wenn wir etwas resigniert feststellen: »Es gibt eben nichts Vollkommenes auf der Welt«, dann ist das nur ein etwas banaler Ausdruck dieser Erfahrung.

Diese Erfahrung machen wir schon außerhalb der Gemeinde Jesu. Wir brauchen nur an die Technik zu denken, um uns das klarzumachen. Auf der einen Seite ist sie ein Schöpfungsgeschenk, das uns hilft, uns »die Erde untertan zu machen«. Und doch geht es uns Menschen so wie dem Goetheschen Zauberlehrling, der zwar die Kunst des Erfindens und der Ausübung seiner Macht gelernt hat, dem aber das alles über den Kopf gewachsen ist und der nun vor den Geistern, die er gerufen hat, zu zittern beginnt. Wieviel gottgeschenkte Intelligenz wird heute auf kernphysikalische Fragen verwendet! Aber alle diese Intelligenz reicht nicht aus, um Methoden zu ersinnen, die uns vor den *Auswirkungen* dieser von uns entbundenen atomaren Schöpfungskräfte schützen. Wir haben sie mit dem magischen Zauberwort des Wissens gerufen, und nun wenden sie sich gegen uns und verbannen uns in die Zonen der Angst. Es ist, wie wenn eine böse Macht Stoffe der Fäulnis und der Zersetzung in jene Schöpfungsgaben hineingezaubert hätte, die Gott doch *selbst* unseren Händen anvertraut hat.

Gewiß, es gibt so etwas wie einen Fortschritt der Technik. Wir haben tiefer in die Geheimnisse der Natur geblickt und können ihr ganz andere Kräfte entlocken als frühere Generationen. Da aber der Mensch bei all diesem Fortschritt derselbe geblieben ist und sich *nicht* geändert hat, so wächst mit der zunehmenden Macht über die Schöpfung auch die mörderische und grausame Gewalt, die er gegen sich selbst und seinesgleichen gebraucht. Und es ist wie ein furchtbares Menetekel über unserer Welt, daß die technische Bewältigung der Welt eben *nicht* dazu geführt hat, die Welt zu humanisieren und den göttlichen Schöpfungsbefehl zu erfüllen, sondern daß das *erste* Produkt dieses Fortschrittes zwei Weltkriege mit ihren mörderischen Materialschlachten waren und daß wir die besten Chancen haben, in einem dritten Weltkrieg die Erde vollends in die Luft zu sprengen, statt sie zur Ehre Gottes uns »untertan zu machen«. Wer ist es, der da seine Hand im Spiele hat? Wer hat in welcher Nacht dazwischengesät?

Nun zeigt uns das Gleichnis, daß auch über der Gemeinde Jesu dieses gleiche geheimnisvolle Zwielicht liegt und daß auch hier dem göttlichen Säemann in der Nacht eine andere Gestalt folgt, gespenstisch und schattenhaft, ein dämonischer Doppelgänger, aus dessen Hand das Verneinende, das Zerstörerische kommt.

Da ist etwa das Gotteswort – Paulus hat es so formuliert –, daß überall dort, wo die Sünde mächtig geworden ist, die Gnade noch viel mächtiger wird (Röm. 5, 20), daß Gott uns so, wie wir sind, der Vater sein will, und daß er uns trotz Schuld und Jammer und Schmutz an sein Herz schließt. Aber merkwürdig: »Über Nacht« wird auch dieses größte Gottesgeschenk vergiftet. Wir machen es zu einem »Deckel der Bosheit« (1. Petr. 2, 16), das heißt wir sagen uns: Nun, wenn wir Gott doch und auf alle Fälle recht sind, dann kommt es auf ein bißchen mehr oder weniger Schmutz an unserem Stecken nicht an. Die Katholiken müssen zwar parieren, weil sie sonst die Strapaze des Fegefeuers auf sich nehmen müssen. Aber wir Protestanten sind strahlend und genießerisch liberal, wir sind fröhlich in der Gnade. Ein paar Streifzüge in die Fremde mehr oder weniger machen uns nichts aus, weil Gott ja doch nicht ernsthaft böse sein und weil uns schließlich doch nichts Schlimmes passieren kann. Im Katechismus steht es ja, daß die Gnade eine Sünden- und Unfallversicherung ist und daß wir die Eintrittskarten für den Himmel schon in der Tasche tragen oder sie noch im letzten Augenblick lösen können. Die Plätze im Himmel sind reserviert. Ja, dieser Himmel fühlt sich geschmeichelt, wenn wir Spätheimkehrer uns schließlich doch noch zum Eintritt entschließen.

So machen wir aus der teuren Gnade, für die Jesu Blut geflossen ist, eine billige Schleuderware, wie Dietrich Bonhoeffer es gelegentlich ausgedrückt hat. Wenn wir daran denken, was es den Herrn gekostet hat, unter welchen Schmerzen er hat leiden und sterben müssen, um uns das Vaterhaus wieder zu öffnen, so ist das für unser Leben doch unheimlich verpflichtend: Dann können wir dieses Leben nur im strengen Lichte der Ewigkeit und unter den Augen Gottes führen. Statt dessen benutzen wir aber dieses Geschenk der Freiheit, um aus dem Umkreis dieses Lichtes auszubrechen, um sozusagen die Morgensternsche Dunkellampe anzuknipsen und in jene Nacht zu entweichen, in der alle Katzen grau sind und in der es auf ein bißchen mehr oder weniger Zuchtlosigkeit und »Wurstigkeit« nicht ankommt. Wenn über *einen* Sünder im Himmel mehr Freude ist als über neunundneunzig Gerechte, nun ja, dann können wir es uns ja leisten, mit Wonne dieser eine Sünder zu sein. Die Parole lautet: Weitermachen wie bisher!

Nur in der Ferne grollt dann die beklemmende Frage, ob wir auf diese Weise nicht den Sinn unseres Lebens verfehlen, ob wir die entscheidende Weiche nicht falsch gestellt haben könnten.

Ja, es ist sehr merkwürdig, wie alles – auch das Größte, was Jesus uns schenkt – geheimnisvoll verdirbt, verwest und der Zweideutigkeit ausgeliefert wird, wenn jene dunkle Macht es in ihre Finger kriegt.

Unter diesen bösen Fingern wird nicht nur das Ährenfeld verunkrautet, sondern selbst die Gnade Gottes wird zu einem Kadaver, und der königliche Freibrief unseres Vaters wird zum Abfallpapier.

So ist das Unkraut immer in die göttlichen Saaten hineingemischt: Auf der einen Seite sorgt Gott dafür, daß sein Evangelium den Menschen inneren Halt gibt. Denn wenn jemand mit Gott im reinen ist, dann steht er auch im Leben ganz anders und stabiler da. Und schon kommen die Menschen daher – über Nacht ist wieder jemand bei ihnen gewesen und hat ihnen etwas eingeblasen und eingesät – und sagen: »Wir brauchen, um regieren zu können, um geschichtliche Aufgaben zu vollbringen, Leute, die einen ›inneren Halt‹ haben. Dem Volke ›muß die Religion erhalten bleiben‹ oder muß Religion beschafft werden.« Welche – das ist eine Frage zweiter und dritter Ordnung. Und so machen sie das Christentum zu einer politischen Ideologie, zu einem gesellschaftlichen Bindemittel und auch zum Opium für das Volk. So gebrauchen sie den Glauben als Mittel zu politischen Zwecken, obwohl Jesu Tod und Auferstehen ihnen ganz egal ist. Gerade weil dieses ihr christliches Standpunktgeschwafel sie rein gar nichts kostet, schwätzen sie von den christlichen Prinzipien in der Kultur.

Immer ist in der Nacht jene dunkle Gestalt durch die Saaten Gottes gegangen, und so geht am anderen Morgen etwas ganz anderes auf: Neben dem Worte Gottes wächst etwas hoch, das sieht zwar von ferne noch so aus wie das Wort – genau wie auch dieser tolle Weizen von weitem so aussieht wie die echten Ähren. Aber sieht man genauer hin, so sind von den göttlichen Worten nur noch die christlichen Vokabeln übriggeblieben, in denen keine Frucht mehr steckt. Da ist die Vokabel »Gnade«, und sie ist nur noch ein religiöser Ausdruck für »Wurstigkeit«. Da ist die Vokabel »Christentum«, aber statt der Keime der Ewigkeit ist nur noch steriles Moralin darin. Man meint, das Evangelium sei nur dazu da, die Menschen besser, seriöser und braver zu machen, wo es doch darum geht, daß der Tod überwunden wird, daß wir von der Angst loskommen und daß wir uns eine neue Geborgenheit schenken lassen.

Und genauso, wie es mit dem *Inhalt* der Botschaft ist, ist es auch mit den *Menschen*, die um sie her versammelt sind: Da ist Judas mitten unter den Aposteln, da stehen wirkliche Jünger neben bloßen Taufscheinbesitzern und Kirchensteuerzahlern, da sind Märtyrer und Verleugner, Rechtgläubige und Ketzer, Leute mit Heiligenschein und Scheinheilige, Pharisäer und Dirnen beieinander. Da soll sich einer noch auskennen, da soll einer sich den Ruf versagen können: Raus mit dem Unkraut! Oder auch: Diese Christenheit ist ein verzweifelter Haufen!

Was ist denn nun eigentlich in jener geheimnisvollen Nacht passiert, die das Gleichnis uns andeutet?

Der Mann, der den ordentlichen Samen gesät hat, legt sich abends schlafen. Das kann er nach vollbrachter Arbeit ja auch ruhig tun. Er hat seine Pflicht getan, und nun muß er alles weitere geschehen lassen. Das, was nun geschieht – der Erfolg seiner Aussaat, die Wirkung des Wortes –, steht nicht mehr in seiner Verfügung. Vielleicht denkt und singt er mit Matthias Claudius: »Wir pflügen und wir streuen den Samen auf das Land. Doch Wachstum und Gedeihen liegt in des Himmels Hand.« Aber ist da nicht noch eine ganz andere Hand im Spiel als die des Himmels?

Zunächst passiert nichts, was man sehen könnte. Eines Morgens aber stellt er fassungslos fest (es ergibt sich ein lebhafter Disput mit seinen Knechten, der voller Ausdrücke des Verwunderns und Erschreckens ist), daß über Nacht und ganz unbemerkt etwas Schreckliches passiert ist.

Wie mancher Vater und wie manche Mutter mögen ähnliches schon erlebt haben. Sie haben ihr Kind sorgfältig erzogen, es in sauberer Luft atmen lassen, es mit Liebe umhegt, sie haben abends an seinem Bettchen mit ihm und über ihm gebetet. Und trotzdem geht noch etwas ganz anderes auf. Da gehen Dinge in ihm vor, die ihnen unheimlich sind. Da werden Regungen spürbar, die sie gerade nicht sehen wollten. Da strahlt von einer ganz anderen Seite her noch ein Einfluß herein, gegen den sie nichts machen können.

Und wie ist es mit dem, was Jesus Christus selber ausgesät hat? Er säte Liebe, und zugleich wuchsen aus der Erde die Scheiterhaufen, und in der Christenheit bombardieren sich die Menschen (auch die Theologen) genauso mit harten Gegenständen und vergifteten Worten wie woanders auch. Er säte Frieden, aber das Ackerfeld der Welt ist mit Toten und Verstümmelten bedeckt.

Was soll man tun?

Wir verstehen die zornige Reaktion der Knechte, die sofort hingehen und das Unkraut herausreißen wollen, obwohl das landwirtschaftlich ziemlich unmöglich ist. Der Herr läßt das auch nicht zu, sondern er sagt: »Laßt nur beides miteinander aufwachsen und zur Reife kommen! Ihr könnt nichts daran ändern. Überlaßt die Unterscheidung und die Scheidung von Kraut und Unkraut nur dem Gerichtstage Gottes! Das alles ist nicht eure Sache. Aber Gott wird die Sache schon zu seiner Zeit in die Hand nehmen.«

Was bewegt den Herrn wohl, den heiligen Eifer seiner Leute so merkwürdig zu dämpfen und ihnen zu sagen: »Laßt die Finger davon! Ihr könnt den Acker der Welt, so wie er ist, doch nicht ändern« –?

Wenn ich recht sehe, hat er dafür drei Gründe.

Einmal gibt er zu verstehen: Glaubt doch bitte nicht, ihr könntet durch Aktivität und persönlichen Einsatz das Böse in der Welt ausrotten. Das steckt ja in euch selber drin. Es ist doch nicht irgendein menschlicher Widerstand, den ihr brechen müßtet, sondern in dem, was da passiert und hereinwirkt, ist die Macht des großen Widerspielers auf dem Plan. Ihr habt ja doch nicht mit »Fleisch und Blut« zu kämpfen, sondern mit dem heimlichen Herrn der Welt.

Das ist auch die Tragödie aller Weltverbesserer und Moralisten: Sie wollen das Laster ausrotten, das Trinken, das Rauchen, die freie Liebe. Und während sie so mit verbissenem Ernst ihre Tugendfeldzüge antreten, merkt dies Völkchen nicht (um mit Goethes Faust zu reden), wie der Teufel sich an seinen eigenen Kragen gehängt hat. Warum mögen wir die Weltverbesserer in der Regel so wenig leiden, warum sind sie uns etwas unheimlich? Weil wir das Pharisäische und Über-

hebliche an ihnen spüren und weil sie (auf eine andere, gewandelte Weise) das Laster, das sie frontal bekämpfen, als Partisanenarmee hinter dem eigenen Rücken und im eigenen Herzen haben. Die fanatischen Weltverbesserer tun ja genau das, was die Jünger in unserem Gleichnis ebenfalls wollen: Sie möchten mit Schwung und Willenskraft das Unkraut ausrotten, ohne zu bedenken, daß ja ihr eigener Wille selber verunkrautet ist. Das nicht zu sehen, ist ihr pharisäischer Irrtum; und das zu sehen, ist der königliche Realismus Jesu Christi.
Werner Heisenberg hat in seinem Buch »Das Naturbild der heutigen Physik« das tiefe und christliche Wort gesprochen: »Der Mensch kann zwar tun, was er will, aber er kann nicht wollen, was er will.« Damit meint er genau das, was wir aus unserem Texte heraushörten: Der Mensch kann sich selbst nicht ändern. Er möchte von manchem los, was ihn bindet und fesselt (und jeder von uns weiß ja, was das nun bei ihm speziell ist: eine sexuelle Bindung oder sein verzehrender Ehrgeiz oder sein Aufbrausen oder was immer). Wir möchten von alledem los; aber die schlimmste Entdeckung, die wir dabei machen, ist nicht, daß wir das nicht fertigbringen, sondern daß wir es nicht einmal ernstlich wollen können, daß also wirklich dieser unser Wille verunkrautet ist, daß wir also den bösen Feind und seine Giftbrut im Hause unseres eigenen Ichs haben, daß er selbst den Keller unseres Unterbewußtseins besetzt hat und die Steuerung unseres Willens beeinflußt.
Darum nützt menschliche Kraft hier gar nichts. »Nützte diese eigene Kraft etwas«, so gibt Jesus uns zu verstehen, »dann hätte ich nicht für euch zu sterben brauchen, dann hätte auch ein moralischer Appell genügt. Darum richtet nicht, sondern denkt an eure eigene Wunde! Im übrigen wartet auf die Überraschungen des Jüngsten Gerichtes. Bis dahin laßt die Sonne Gottes leuchten über die Gerechten und über die Ungerechten. Laßt die Wolken Gottes regnen über die Guten und über die Bösen!«

Zweitens lehnt der Herr des Gleichnisses jede gewaltsame Intervention der Knechte aus dem gleichen Grunde ab, aus dem Jesus seinen Jüngern verbot, Feuer vom Himmel fallen und die feindlichen Samariter verbrennen zu lassen (Luk. 9, 52 ff.). Damals rief er seinen Leuten zornig zu: »Wisset ihr nicht, welches Geistes Kinder ihr seid? Des Menschen Sohn ist nicht gekommen, der Menschen Seelen zu verderben, sondern zu erhalten!« Wir würden den Heilsplan Gottes also verderben, wenn wir eine große Aktion »Rausschmiß« organisieren, wenn wir die Mitläufer, die Scheinheiligen, die Randsiedler und die anderen unsicheren Kantonisten der Christenheit aus dem Tempel jagen würden, um eine kleine Elite der Heiligen, um eine »Kerngemeinde« übrig zu behalten.

Denn das würde heißen, daß wir diesen Menschen die Chance raubten, doch noch einmal das Wort zu hören und zu Herzen zu nehmen. Damit schlügen wir ihnen das Tor zum Vaterhause vor der Nase zu – und würden zur Sekte. Jesus ist aber doch gerade gestorben, um uns allen jenes Vaterhaus zu öffnen, auch den Oberflächlichen, den Blasierten, den Spöttern, den Lästerern. Die große Glocke der Einladung, die über Märkten, Zäunen und Gassen tönt, würde zum Verstummen gebracht, und die tröstende Verheißung: »Ihr dürft alle so kommen, wie ihr seid«, würde in einen Fragebogen verwandelt, auf dem Leistungen und Verdienste zu verzeichnen, zu addieren und auszuwerten wären. Und schließlich käme es dann zu der Zensur: Du hast das Soll erfüllt – oder auch: Du hast es nicht erfüllt.

Wie trostlos wäre dann alles, und wie grausam vergeblich wäre dann Jesu Sterben mit seinem Aufwand an Liebe und seinem teuer erkauften »Umsonst« gewesen! Und wie schrecklich würden wir unsere eigenen Seelen verderben und pharisäisch vergiften, wenn wir solche Brandstifter mit vermeintlich himmlischem Feuer, wenn wir solche Kontrolleure und frömmlerische Schnüffler würden. »Wisset ihr nicht, welches Geistes Kinder ihr seid?«

Wenn ich über alles dies nachdenke, fallen mir zwei Situationen ein: Einmal die, als mir vor einiger Zeit jemand sagte: »Die ganze Geschichte, die da bei den Predigten im ›Michel‹ passiert, hat nichts mit geistlicher Frucht zu tun, sondern das ist eine reine Sensation, beinahe eine Mode. Die Leute kommen, um dies und das zu erleben und zu sehen, aber bestimmt nicht, um einen Gottesdienst zu begehen.« Der Mann, der das zu mir sagte, hat sich zwar nicht den Knechten des Gleichnisses angeschlossen und die Folgerung gezogen: Man sollte diese Giftsaat ausrotten, den ganzen Rummel abstellen und die Leute zwingen, sich vorher auf geistlichen Ernst testen zu lassen. Aber er deutete doch an, daß es immerhin so etwas wie ein toller Weizen sei, der hier blühe.

Wie würde Jesus sich zu solchen Phänomenen stellen? Das ist ja wohl die einzig legitime Frage, die hier zu stellen ist. Vielleicht würde er sagen: »Es mag sein, daß viele aus sehr verschiedenen und wohl auch aus sehr komplexen Motiven kommen. Manche vielleicht, weil es andere auch tun, weil ihnen die Musik und die so mächtig gesungenen Lieder gefallen, manche, weil sie diesen Raum lieben.« O ja, es sind mancherlei Motive da wirksam, vielleicht tatsächlich sogar die modische Neugier. Aber ich könnte mir denken, daß Jesus im Sinne unseres Gleichnisses fortführe: »Warum scheltet ihr die Leute deshalb? Könnt ihr den tollen Weizen, könnt ihr die Neugier und den Sensationsinstinkt scheiden von den ganz anderen Pflanzen, die dicht daneben stehen? Könnt ihr das alles scheiden von einem Hungern und Dürsten, das doch *auch* an den Herzen zerrt und das viele unter das Wort treibt? Könnt ihr es scheiden von der Sehnsucht, die Angst in sich loszuwerden und Geborgenheit zu finden? Wißt ihr denn, was in diesen Herzen lebt an Überdruß, Langeweile und Gewissensnot, und wie sie sich nach einem echten Halt, nach einer wirklichen Freiheit sehnen, wie sie nach Erlösung schreien? Und nun wollt ihr sie schelten, weil alle diese Samenkörner der Ewigkeit immer wieder in so seltsamen Tüten stecken, vielleicht auch in ein bißchen Neugier und Sensationslust eingepackt sind?« Vielleicht wird manchem, der wirklich aus diesen fragwürdigen Motiven gekommen ist, der heute nachmittag schon wieder ganz andere Dinge treibt und alles vergessen hat, in seinem letzten Stündlein oder in einer großen Einsamkeit oder in einer schrecklichen Verzweiflung ein einziges Wort einfallen, das er heute morgen gehört hat, vielleicht ein Wort aus dem Vaterunser und möglicherweise sogar aus der Predigt. Und dann mag ihn dies verachtete und vergessene Wort trösten und geleiten, wenn er durch den dunklen, weglosen Wald muß. Wieviel barmherziger und verstehender ist Gott im Vergleich zu uns Menschen, wie langmütig ist er und mit wie langen Fristen rechnet er bei seinen Samenkörnern.

Und die andere Situation: Kürzlich war ich in New York in dem riesigen Palast der Vereinten Nationen, in dem die maßgebenden Führer der Völker zusammenkommen, wenn es einmal kriselt, und in dem sie nach Fluchtwegen vor neuen Kriegen suchen. Ich bat einen der Ordner, mir die Kapelle zu zeigen, die sich in diesem Hause befinden sollte. Er antwortete: »Ach, Sie meinen wohl den ›Meditationsraum‹?« Während er mich hinbegleitete, dachte ich über diesen seltsamen Namen ›Meditationsraum‹ nach. Offenbar soll man also dort nicht beten, sondern nur meditieren, sich sammeln. Unwillkürlich fragte ich mich, ob das wohl genüge, wenn die Führer der Völker so zusammenkommen, um die aus den Fugen gegangene Welt einigermaßen wieder zu leimen. Sollten sie nicht besser den Herrn der Völker anrufen, als mit ihren hilflosen Gedanken alleine zu bleiben?

Dieser Meditationsraum war auch danach: In einem völlig leeren, völlig weißen Raum, ohne jeden Schmuck und ohne jedes Symbol, standen einige Stühle. »Sitzt da manchmal jemand drauf?«, fragte ich den Ordner. Er schüttelte etwas verlegen den Kopf.

Die vordere Wand – jener Teil des Raumes also, wo in den Kirchen der Altar zu stehen pflegt – war von Scheinwerfern grell angestrahlt. Und dort war und wurde angestrahlt – nichts, nothing. Die Scheinwerfer wußten nicht, wohin sie strahlten, und den verantwortlichen Männern, die in diesen Raum geladen waren, wurde nicht gezeigt, zu wem sich ihre Gedanken wenden sollten. Es war ein Tempel grausigster Verlassenheit, das leere Trümmerfeld eines längst entflohenen Glaubens.

Unwillkürlich packte mich ein schrecklicher Zorn, der sich leider auch etwas unbesonnen Luft machte.

Da waren alle die Beratungssäle mit äußerstem Komfort ausgestattet. Da waren raffinierte Übersetzungsapparate in letzter technischer Perfektion, eine Art Versuch des modernen Menschen, die babylonische

Sprachverwirrung mit technischen Mitteln zu überwinden. An alles war gedacht, für alles war gesorgt. Nur hier, wo es um das Letzte gehen sollte, war Leere und Hilflosigkeit. Wäre es nicht ehrlicher gewesen, diesen ganzen Pseudotempel aus dem Etat zu streichen und eine Garderobe oder eine Bar daraus zu machen?

Nachher schämte ich mich meines Zornes, der wiederum jener Aufwallung glich, von der in unserem Gleichnis berichtet wird. War dieser Raum wirklich nur eine Giftblume des Nihilismus? War es nicht ein kleines, sehr hilfloses, sehr schüchternes und gewissermaßen sogar rührendes Zeichen dafür, daß man wußte: Es darf beim Schicksal der Völker nicht nur um politische Debatten, um Taktik und Diplomatie gehen, sondern man muß sich auf die letzten Geheimnisse des Menschen besinnen, man muß in seine Ratschlüsse einkalkulieren, daß er von Gott geschaffen ist, daß er einen Sündenfall hinter sich hat und daß es eine babylonische Sprachverwirrung gibt – und schließlich auch, daß dieser unser fragwürdiger Planet und seine noch fragwürdigeren Bewohner nur von der Gnade Gottes und also davon leben, daß er sie nicht an ihren eigenen Irrsinn dahingibt, daß er ihnen noch eine Frist läßt? Wer könnte denn wohl das Nihilistische, das Verlogene dieses Kultraumes scheiden von dem Samen eines echten Wissens, der hier noch aufgehen, und von der geistlichen Armut, die hier auf ihre Verheißung warten soll?

Drittens: Ausdrücklich weist der Herr des Gleichnisses darauf hin, daß die Knechte die richtige Scheidung zwischen Ähren und Unkraut gar nicht fertigbringen können, weil sich beides so ähnlich sieht und weil sie darum bei ihrem Säuberungseifer auch das gute Korn mit ausreißen würden. Hier stoßen wir an einen Punkt, der für den Ausleger gar nicht so einfach ist. Einerseits nämlich sehen sie doch alle (der Herr sowohl wie die Knechte), *daß* tatsächlich Unkraut dazwischengesät ist. Also können sie es *doch* unterscheiden! Trotzdem sagt der Herr: »Jätet ja nicht das Unkraut vorzeitig aus, denn ihr vernichtet sonst die wirklichen Früchte mit.« Und er meint damit doch: Ihr könnt es eben *nicht* unterscheiden.

Wie soll man mit diesem scheinbaren Widerspruch fertig werden? Mit bloß landwirtschaftlichen und botanischen Gesichtspunkten sicher nicht. Denn dies Gleichnis ist eine Allegorie, die man nicht aus sich selbst, sondern nur von der gemeinten Sache her verstehen kann. Wenn man das aber berücksichtigt, wird auch alles klar: Aufs große und ganze gesehen, kann man Kraut und Unkraut tatsächlich unterscheiden. Wir können schon sagen, daß in Luthers Predigten oder in Kierkegaards Religiösen Reden der göttliche Same zur schweren und begnadeten Frucht geworden ist. Und wir können umgekehrt ebenso sicher sagen, daß der Nihilismus oder daß der Mythos des 20. Jahrhunderts oder daß der dialektische Materialismus mit seiner Gottlosigkeit sicher etwas von dem Unkraut und der Giftsaat an sich haben.

Wenn der Herr des Gleichnisses trotzdem zur Vorsicht und zur Zurückhaltung mahnt, dann will er sicher nicht, daß wir angesichts dieser Dinge unklar, zaghaft und indifferent in unserem Urteil werden sollten, daß wir die Toleranz der Charakterlosigkeit und Verschwommenheit pflegten. Selbstverständlich sollen wir die Geister unterscheiden. Selbstverständlich sollen wir das Göttliche göttlich und das Satanische satanisch nennen. Der Herr Christus hat es ja selbst so gehalten.

Aber wenn wir nun die Unkrauthalde genauer in Augenschein nehmen, wenn wir von dem her, was wir über Sünde und Lästerung und Nihilismus wissen, nun »den« Sünder, »den« Lästerer und »den« Nihilisten eindeutig ausmachen wollen, dann stoßen wir an eine geheimnisvolle Grenze: Niemand ist nämlich *nur* ein Lästerer oder *nur* ein Nihilist, sondern dieser Jemand ist immer *auch* ein unglückliches, verirrtes Kind Gottes. Die Henkersknechte, die Jesus die Nägel in die Hände treiben und ihn dann verhöhnen, sind gar nicht *nur* Lästerer und Satansfunktionäre, sondern der Vater im Himmel trauert um sie, weil sie doch ihm gehören und weil sie das schrecklicherweise gar nicht zu merken scheinen und den Einflüsterungen einer anderen und dunklen Macht gehorchen.

Ich wage folgende Frage zu stellen: Haben wir schon jemals in unserem Leben einen Menschen getroffen, selbst wenn er noch so verworfen, irrgläubig oder bösartig gewesen wäre, selbst wenn er eine böse, keifende und klatschende Nachbarin oder wenn er ein Intrigen spinnender Kollege gewesen wäre –, haben wir, so frage ich, schon je einen Menschen getroffen, von dem wir zu sagen gewagt hätten: »Das ist wirklich und nur Unkraut«?

Oder waren wir nicht gleichzeitig aufgefordert, uns klarzumachen: Auch für den da ist Jesus gestorben, und wer weiß, ob Gott nicht noch etwas mit ihm vorhat, ob nicht noch ein ganz anderes Körnlein in ihm aufgehen soll? Müßte unsere Hand nicht verdorren, wenn wir ihn als Unkraut ausreißen würden, müßte diese Hand nicht zurückzucken, und muß sie sich nicht vielleicht zu einer Gebärde des Segnens öffnen, daß Gott doch auch diesem scheinbar Verlorenen, diesem scheinbar Mißglückten seine Erbarmung zuwenden möge?

Erst kürzlich ging es mir so. Ich stand unter dem Eindruck eines großen Dichters (Gottfried Benn), der mit dämonischer Vollmacht und als Virtuose der Sprache eine nihilistische Botschaft an unsere Generation ausrichtet. Sind diese Gedichte, so fragte ich mich, nicht auch ein Unkraut, sind sie nicht Giftblüten, die in verführerischen Farben schillern, und sind sie nicht um so gefährlicher, je prunkender diese Farben, je geschliffener die Formen und je faszinierender die Visionen sind? Und nun lese ich plötzlich ein ganz anderes Wort von ihm, ein merkwürdiges und bewegendes Bekenntnis. Er sagt zu einem jungen Freunde: »Mit dem Rücken an der Wand, im Gram der Müdigkeiten, im Grau der Leere lesen Sie Hiob und Jeremia und halten Sie aus!« Ist es hier nicht umgekehrt wie im Gleichnis: daß nämlich die dunkle Macht vielleicht giftige Prunkpflanzen gesät hat, und daß nun Gott über Nacht *seinen* Samen dazwischengeworfen hat? (Und es könnte immerhin sein Same ja auch dann sein, wenn jene Aufforderung keineswegs im Sinne christlicher Erbaulichkeit und eines frommen Bibellesens zu verstehen ist!) Wer wagte hier Kraut und Unkraut zu scheiden? Sollten wir nicht lieber auf den großen Tag Gottes warten und darum beten, daß Gott diese zwei Körnlein, die da von Jeremia und Hiob her in ein Herz gefallen sind, in Gnaden aufgehen lassen möchte? Nochmals: Wer wagt hier zu scheiden und auszureißen? Müssen wir nicht vielmehr *lieben*, um in eben diesem Wagnis der Liebe zu erkennen, welches Korn auch in den unkrautträchtigsten Acker eines Menschenlebens hineingelegt ist, und wie Gott darauf wartet, sich danach sehnt, daß es aufgehen möchte? Dostojewski hat einmal das tiefe und so unsagbar hilfreiche Wort gesprochen: »Einen Menschen lieben heißt, ihn so sehen, wie Gott ihn gemeint hat.« Verstehen wir richtig: Wir sollen ihn nicht so sehen, wie er *ist*, sondern wie er *gemeint* ist.

Oder ich denke an all den vielen frommen Eifer, der in der Gemeinde um das Schlagwort »Entmythologisierung« tobt; denke daran, wie gern die Knechte des Herrn hier Lehrzuchtverfahren anstrengen, Scheiterhaufen errichten und Ketzerhüte verteilen möchten. Unterstellen wir ruhig einmal, daß hier wirklich eine fragwürdige Saat über Nacht gesät und daß der Acker der reinen Lehre damit verunreinigt sein könnte. Aber wer dürfte es wagen, hier auszuschließen und in der Nervosität des Unglaubens und des Sorgengeistes das Jüngste Gericht vorwegzunehmen? Würde er damit nicht die quälenden und ernsthaften Fragen, mit denen sich jene Leute herumschlagen, *mit* vernichten? Würde er sie nicht aus seinem eigenen Herzen mit herausreißen, statt sich ihnen zu stellen? Und würde er sich also nicht den Glauben zu leicht und damit die Gnade zu billig machen? Und würde er nicht – das wäre das Allerschrecklichste – übersehen, daß jene vielleicht fragwürdigen Säemänner (wir unterstellen ja nur!), die da nachts operieren, immerhin am Tage über der Heiligen Schrift sitzen und sie mit bohrender Anstrengung studieren? Wer dürfte es wagen, das zu übersehen und mit eben dieser Heiligen Schrift auf sie einzuschlagen? Wäre nicht auch hier die Geduld der Heiligen besser am Platze – und vor allem das Gebet, daß Gott dieses sein Wort jenen Männern zu stark werden lasse, daß durch den Kontakt mit der Botschaft, den sie immerhin halten, der Strom der Wahrheit und des Erbarmens auch ihr vielleicht irrendes Herz durchdringen möge?

Wer denkt hier nicht an das Wort Jesu: »Richtet nicht, auf daß ihr nicht gerichtet werdet«? Wir sollten lieber für die gefährdeten Seelen beten – auch für unsere eigene Seele, die vom Sorgen- und Richtgeist und von der Selbstgerechtigkeit umklammert wird. Wir sollten uns den langen Atem schenken lassen, der gelassen dem Jüngsten Tage und seinen Überraschungen entgegenharrt.

Noch läuft ja die Gnadenzeit, in der das Wort gepredigt werden kann und in der nicht nur der gefährliche nächtliche Wanderer, sondern auch der göttliche Säemann umgeht. Noch läuft ja und gilt das königliche Recht unserer Kindschaft, daß wir Fürbitte leisten dürfen und daß wir niemanden – wirklich: niemanden! – aufzugeben brauchen. In den gefalteten Händen erstickt aller fromme und fleischliche Eifer. Noch läuft auch die Zeit, in der uns die bange Frage beschleicht: »Herr, bin ich's?« Habe nicht auch ich schon in mancher Nacht in manches Herz giftigen Samen gesät und bin manchem zum Ärgernis geworden? Wer da steht, der sehe zu, daß er nicht falle; der richte vor allem auch nicht, wenn er andere fallen sieht, sondern der greife mit erbarmenden Händen nach seinem Bruder.

Das Jüngste Gericht ist voller Überraschungen. Die Scheidung von Böcken und Schafen, von Unkraut und Weizen wird ganz anders erfolgen, als wir es uns träumen lassen. Denn Gott ist barmherziger als wir, er ist strenger als wir, er ist wissender als wir. Und – Gott ist auf alle Fälle größer als unser Herz. Nur eines ist ganz gewiß: *daß* Jesus als König mit Sichel und Krone erscheinen wird. Dann werden uns unsere Sicheln entsinken, und alle falschen und illegalen Kronen werden von den Häuptern stürzen. Dann wird alles verwandelt, und alles ist ganz, ganz anders. Eines aber wird bleiben: die Liebe, in der wir geglaubt, gehofft und geduldet haben und die uns nicht irre daran werden ließ, daß Gott auch die Lästerer und die Irrenden, die Verführer und die Verführten finden, heimholen und an seinen Tisch bringen könne.

Er schenke uns in Gnaden den langen Atem und die Gelassenheit, im Namen seines Sieges getrost zu leben – bis er einmal zu uns und auch zu dem anderen, für den wir vor ihm einstanden, sagen wird: »Ei, du frommer und getreuer Knecht, gehe ein zu deines Herrn Freude.«

DAS GLEICHNIS
VON DER STILL WACHSENDEN SAAT

Und er sprach: Das Reich Gottes hat sich also, als wenn ein Mensch Samen aufs Land wirft und schläft und steht auf Nacht und Tag; und der Same geht auf und wächst, daß er's nicht weiß. Denn die Erde bringt von selbst zum ersten das Gras, danach die Ähren, danach den vollen Weizen in den Ähren. Wenn sie aber die Frucht gebracht hat, so schickt er bald die Sichel hin; denn die Ernte ist da.

Und er sprach: Wem wollen wir das Reich Gottes vergleichen, und durch welch Gleichnis wollen wir es vorbilden? Gleichwie ein Senfkorn, wenn das gesät wird aufs Land, so ist's das kleinste unter allen

Samen auf Erden; und wenn es gesät ist, so nimmt es zu und wird größer denn alle Kohlkräuter und gewinnt große Zweige, also daß die Vögel unter dem Himmel unter seinem Schatten wohnen können.
Und durch viele solche Gleichnisse sagte er ihnen das Wort, nach dem sie es hören konnten. Und ohne Gleichnis redete er nichts zu ihnen; aber insonderheit legte er's seinen Jüngern alles aus.

MARKUS 4, 26–34

In seinem bekannt gewordenen Buch »Die Zukunft hat schon begonnen« erzählt Robert Jungk einmal von dem Vortrag eines amerikanischen Spezialisten für Luftfahrtmedizin. In diesem Vortrage kommt das Wort vor: Gemessen an seinen bevorstehenden Flugaufgaben – also bei der Durchbrechung der Schallmauer und später bei der Weltraumfahrt – sei der Mensch, biologisch gesehen, eine Fehlkonstruktion. Die brüske Offenheit dieses Wortes meint doch wohl dies: Der vom Schöpfer verliehene Körper mit seinem empfindlichen Blutkreislauf und seinem noch empfindlicheren Nervensystem ist den Möglichkeiten nicht mehr gewachsen, die das technische Ingenium des Menschen eröffnet hat. Man könnte es noch zugespitzter ausdrücken: Der Beitrag, den Gott zu unserer Existenz geleistet hat (indem er uns einen Körper zur Verfügung stellte), ist durch den Beitrag des Menschen und seiner technischen Intelligenz nunmehr überflügelt worden. Der Mensch hat nachgerade das größere Kapital in die Firma »Schöpfung« eingebracht. Er hat die Aktienmehrheit gewonnen. Der göttliche Kompagnon ist ein wenig an die Wand gespielt worden, und im Aufsichtsrat der Schöpfung wird sich das zweifellos so auswirken, daß die menschliche Stimme nunmehr größeres Gewicht erhält.

Nun – was wird diese menschliche Stimme sagen? Sie wird sagen: Der Mensch muß biologisch umgezüchtet werden. Die veraltete Schöpfungsapparatur des menschlichen Organismus ist zu modernisieren. Die »Biometrie« (so heißt diese neue Methode) wird aus den längst überholten Entwürfen des Schöpfers, dieses uralten und ein wenig gestrigen Herrn, den neuen Menschen, den Weltraummenschen, emporzüchten.

Warum ich diese kleine Geschichte erwähne? Weil aus ihr ein Lebensgefühl spricht, das uns alle mehr oder weniger stark erfüllt, auch wenn es sich vielleicht nicht so drastisch äußert wie hier. Mit einem Begriff, der schon ein wenig zum Schlagwort geworden ist, könnte man das Gefühl so umschreiben: Wir sind von der Machbarkeit aller Dinge überzeugt. Du lieber Himmel, was können wir nicht technisch alles machen! Wir können Dinge sehen, die tausend Kilometer entfernt von uns passieren, wir können sogar Regen künstlich machen, wir können Strümpfe aus Kohle herstellen, wir können Flußbetten verlagern, Landschaften verändern, Retortenkinder erzeugen – da sollten wir nicht auch die *Ursache* von dem allem, den Menschen *selbst*, ein wenig biologisch umkonstruieren können? Die Marxisten haben ähnliches doch schon immer gewollt. Man braucht ja, das ist ihr Rezept, nur die gesellschaftlichen Zustände zu ändern, dann ändert sich auch der Mensch, dann kann man ihn aus einer menschlichen Person mit ihrem unberechenbaren Willen und ihrem sperrigen Gewissen zu einer willfährigen Marionette, ja zu einem Insekt machen, das sich dem Termitenstaat reibungslos einfügt. Alle Möglichkeiten sind offen. Nichts ist uns schöpfungsmäßig vorgegeben oder vorgeschrieben; durch nichts sind wir von einem angeblichen Herrn der Welt begrenzt.

»Alles ist geschaffen«, sagt ihr? Unsinn! *Alles ist machbar!* Oh, es ist noch nicht aller Tage Abend. Und Adam und Eva, die Menschen des ersten Schöpfungsmorgens, werden sich noch wundern, was wir aus dieser angeblich vom lieben Gott auf die Beine gestellten Welt herausholen, wie wir sie auf den Kopf stellen werden.

Was sollen diese Feststellungen in einer Predigt?

Nun, sie haben hier durchaus ihren Ort, weil das alles mit unserer Seele zu tun hat. Denn wer alles für machbar hält, muß auch alles machen *wollen*. Und wer alles in seine Hand genommen hat, muß diese Hand nun auch ständig bewegen. Er kann sie nicht mehr ruhig halten. Unsere Überaktivität, die uns ständig auf einem Karussell fahren und uns trotz aller Geschwindigkeit dennoch nicht vom Flecke kommen läßt, sondern zum Schwindel führt, kommt ja gar nicht daher, daß wir so nervös wären oder daß wir keine Zeit mehr hätten. Sondern es ist genau umgekehrt: Wir sind nervös und haben keine Zeit, weil wir meinen, es ginge nicht ohne uns, und weil wir uns selbst so maßlos wichtig nehmen – wir Parvenus in dieser alten Firma Schöpfung! Darum können wir auch weithin nichts aus der Hand geben und anderen anvertrauen. Darum halten wir alles krampfhaft fest und machen uns so noch einmal kaputt. Oh, es hängt alles mit den letzten Entscheidungen unseres Lebens und gar nicht so sehr mit der Medizin oder mit Fragen des Lebensstiles zusammen! Und weil wir die Konkursmasse der Schöpfung so in eigene Regie übernommen haben, weil wir nun alles selber machen und darum immer und unablässig irgend etwas *machen* müssen, darum kommen wir auch aus den ständigen Sorgen nicht heraus. Denn wer alles an sich gerissen hat, an dem hängt nun auch alles.

Darum quälen wir uns mit der Frage herum, wie wir morgen unser Examen bestehen, was aus unseren Kindern werden soll und was zu geschehen habe, wenn die Konjunktur einmal aus ist. Wir sind förmlich umstellt von lauter uns bedrohenden Möglichkeiten. Wir haben ja verlernt, damit zu rechnen, daß Gott es ist, der die Lilien kleidet und die Vögel unter dem Himmel ernährt, daß er uns unsere tägliche Brotration zuweist und daß sein Reich auf alle Fälle kommt. Der Kompagnon »lieber Gott«, auf den man sich früher verließ, ist ja insolvent geworden, und nun stehen wir allein, mutterseelenallein, auf der Kommandobrücke, während die wilden Wetter heraufziehen und niemand da ist, der ihnen machtvoll gebieten kann und der uns durch Orkane und an Eisblöcken vorüber in sichere Häfen geleitet. Die Titanic unserer Welt ist ja unversenkbar, und unsere Navigation ist perfekt. Was machbar ist, ist gemacht und getan worden. Die »christliche Schiffahrt« kann losgehen. Christlich? Ach was! Wir brauchen doch den Mann gar nicht, der über die Wogen geht. »Näher, mein Gott, zu dir«? O nein, immer näher an die Freiheitsstatue! Wir und unsere Kinder gewinnen das Blaue Band der Geschichte – wie herrlich weit haben wir es gebracht!

Wie kommt es nur, daß der Kapitän so beklommen über die Kommandobrücke geht? Es müßte doch herrlich sein, diesen leicht vibrierenden, gewaltigen Schiffskörper in seiner Hand zu haben und ihn über den Ozean zu geleiten – über jenen Ozean, der nicht mehr, wie es Gorch Fock einmal ausdrückte, eine kleine Lache in der Hand des Heilandes ist, sondern ein Element, das die Allmacht des Menschen herausfordert und ihm die Chancen unerhörter Triumphe bietet. »Hast du nicht alles selbst vollendet, heilig glühend Herz?« Warum wird der Kapitän bei diesem prometheischen Trost nicht froh? Warum sorgt er sich? Weil niemand mehr da ist, auf den er seine Sorgen werfen könnte. Warum ist er aktiv und überwach? Weil er die Augen nicht mehr sieht, die über ihm wachen. Warum kann er nicht mehr schlafen? Weil er sich nicht mehr fallen lassen kann. Denn die Welt ist unheimlich. Was ohne ihn geschieht und wo er nicht selbst dabei ist, dem kann er nicht mehr vertrauen. Darum muß er überall dabei sein. Darum kann er nichts mehr geschehen *lassen*. Er darf nie mehr sagen: »Ohne mich!« Er darf keinen Augenblick Lilie oder Lerche sein. Er kann nie abschalten. Er läuft immer auf Hochtouren. Vielleicht daß er beim Trinken einen Augenblick von sich loskommt. Trinken oder Beten, das ist hier die Frage. Das Trinken braucht ja nicht immer ein Alkoholkonsum zu sein.

Ja, die Titanic ist unsere Welt. Wir und der Kapitän können es uns nicht mehr leisten, etwas geschehen zu *lassen*. Denn das kann man nur, wenn man weiß, daß jemand im Regimente sitzt, und wenn man weiß, wer das ist. Wir aber stehen allein auf der Kommandobrücke. Wir haben die Firma und das Schiff an uns gerissen, und nun sterben wir an unseren Privilegien.

Moltke wurde als alter Mann einmal gefragt, was er, der Vielbeschäftigte und so Hochverantwortliche, nun in der ruhigen Schlußphase seines Lebens noch tun wolle. Er antwortete: »Einen Baum wachsen sehen.«

Hätte wohl Moltke, so möchte man hier fragen, ein solches Wort in seinem Alter sprechen können, wenn er nicht auch schon während der Zeit höchster Verantwortung die Zeit zum Stillsein gefunden hätte,

um zu sehen, wie ein Anderer und Höherer ganz unabhängig von unserem Tun oder Lassen *seine* Pläne verwirklicht und zu *seinen* Zielen führt? Wer dieses Innehalten, wer diese getröstete Freude an dem, der ohne uns (oder auch durch uns hindurch) *seine* Dinge treibt, der zum Beispiel die Bäume wachsen läßt und seine Regenbögen spannt, wer dieses alles nicht mehr kennt, der wird im Alter ein armer Tropf werden. Denn wozu ist er noch gut, wenn er das Machbare eben nicht mehr machen kann und wenn seine beiden Augen, auf die er alles gestellt hatte, erloschen sind? Ob wohl von dorther die Torschlußpanik der Alternden und ihre Melancholie kommen, daß sie, die Jahrzehnte hindurch nichts geschehen *lassen* konnten, nun im Alter eben auch keinen Baum mehr wachsen sehen können, und daß sie darum nichts anderes mehr sind als ein stillgelegtes Karussell?
Das alles könnte fast so aussehen, als ob wir heute eine Frage der Lebenskunst oder ein Kapitel innerer Hygiene besprechen wollten. Aber Lebenskunst und Hygiene sind nur das Nebenprodukt von etwas ganz anderem: ein Nebenprodukt nämlich von dem, und genau von dem, was unser Gleichnis meint, wenn es davon spricht, daß Gott auf so namenlos stille Art seine Saaten sprießen läßt, daß dieses Wunder ganz ohne das Zutun des Menschen und jenseits aller landwirtschaftlichen Machbarkeit geschieht – auf jene urtümlich altmodische Weise, in der Gott eben sein Werk durch allen menschlichen Krampf hindurch vorwärtstreibt.

Alles, was wir bisher sagten und was bisweilen wie eine Kulturanalyse klingen mochte, war schon im Lichte dieses Themas gesehen und gesagt. Wir standen gleichsam hinter dem Prediger Jesus Christus und suchten seinen Augen zu folgen, mit denen er in die Welt blickte.
Da ist ein Mann, der sein Ackerfeld besät hat. Nachdem er das getan hat, geht er weg, besorgt das Vieh, macht Reparaturen in seinem Haus, fährt in die Stadt auf die Ämter, legt sich abends ins Bett und steht früh auf. Derweil er das alles tut, geschieht es, ohne sein Zutun, daß die Saat wächst, daß aus dem Samen die Gräslein sprießen und aus ihnen wieder die Ähren wachsen und sich mit Körnern füllen.

Es ist ein unsagbarer Trost, zu wissen, daß mitten in der Unheilsgeschichte, die der Mensch macht, daß mitten in seinem Planen und Sich-Verspekulieren, daß mitten in seinem Gestalten und Verunstalten, daß mitten in seinem Aktivismus und in seinem Scheitern noch der Strom eines ganz anderen Geschehens eingelassen ist, daß Gott seine Saaten wachsen läßt und bei seinen Zielen ankommt.

Als die Sintflut sich verlaufen hat und der Regenbogen als ein Zeichen der Versöhnung an dem noch dunklen Himmel erscheint, spricht Gott ein sehr eigentümliches Trostwort über der armen, schuldbeladenen Erde, deren Wunden sich nun schließen sollen: »Solange die Erde steht, soll nicht aufhören Saat und Ernte, Frost und Hitze, Sommer und Winter, Tag und Nacht.« Man würde den Trostgehalt dieses Wortes ganz sicher verfehlen, wollte man in ihm die Aufforderung erblicken, daß der Mensch sich von allem Umtrieb, seiner täglichen Lebensplackerei und auch von aller Torheit und Wirrnis des menschlichen Sektors dadurch erholen solle, daß er die Stetigkeit und die Ordnung des Naturgeschehens betrachtet, daß er die Jahreszeiten in regelmäßigem Rhythmus kommen und gehen sieht und die vollendete mathematische Harmonie der Sternenbahnen bedenkt, daß er sich von der Sonne bescheinen läßt und die lyrische Stimmung des Mondscheins über dem See genießt. Das kann sicher eine recht gute Sache sein. Aber man darf seine Erwartungen bei diesem seelischen Naturheilverfahren auch nicht zu hoch schrauben. Wenn die Natur unser einziger Arzt ist, dann kann es uns passieren, daß wir nur noch elender werden. Dann fühlen wir uns nämlich plötzlich ausgeschlossen von ihrer Ruhe und ihrer gesetzlichen Ordnung. Dann kehren wir sozusagen kopfschüttelnd hinter unseren Ladentisch, in unser Büro und auf unsere Schulbank zurück und sagen vielleicht: »Überall, wo der Mensch nicht ist, in einer stillen Waldlichtung oder auf den Planetenbahnen, da geht es gut. Aber wo dieses ›Untier‹ hinkommt, da ist Verwirrung und Unruhe. Er verdirbt durch seine Autobusinvasionen die schönsten Landschaften, er entweiht mit seinen Stöckelabsätzen die erhabenste Berglandschaft; und wo er gar unter sich ist, auf seinen Asphaltstraßen und bei seinem Neonlicht, da ist es ganz schlimm.« Natur hat also, wenn wir ehrlich sind, noch etwas ganz anderes auf Lager als eine Trostpredigt.

Aber so meint es das Trostwort Gottes nach der Sintflut auch gar nicht. Sommer und Winter, Tag und Nacht, Saat und Ernte wollen ja hier gar nicht als Erscheinung des Naturgesetzes verstanden werden, sondern als Hinweise auf den *Herrn*, der hier am Werke ist. Dies Wort soll uns sagen: Der ruhende Pol inmitten aller verwirrenden Unruhe ist die Treue Gottes. So wahnwitzig wir Menschen auch mit unserer Idee der Machbarkeit aller Dinge sind, so verrückt wir auch alles auf den Kopf stellen, wir kriegen die Schöpfung Gottes nicht kaputt. Nicht etwa deshalb kriegen wir sie nicht kaputt, weil sie so solide wäre (o nein, sie wird einmal abgebrochen werden, und das Meer wird nicht mehr sein; Sonne und Mond werden ihren Schein verlieren, und die Sterne werden herabstürzen), sondern weil Gottes Liebe, weil einfach seine Treue unbeirrbar ist. Alle confusio hominum, alle Verwirrungen der Menschen in ihrem persönlichen Leben, in der großen Politik, alle jene vielen Künste und Leerläufe, durch die wir weiter von dem Ziel kommen, bringen doch Gott nicht von *seinen* Zielen ab. Es kommt letzten Endes eben doch nicht, trotz allem Chaos, aller Torheit und aller Sünde, zu einem wirren Knäuel, sondern durch alle Labyrinthe der Geschichte, selbst durch den Ost-West-Konflikt und auch durch alle Wirrungen unseres persönlichen Lebens führt Gottes roter Faden fein säuberlich hindurch. Und er weiß, was er will, und er tut, was er weiß.

Vielleicht werden wir einmal, wenn wir von Gottes Thron aus am Jüngsten Tag zurückblicken, voller Staunen und Überraschung sagen: »Ja, wenn ich das geahnt hätte, als ich an den Gräbern meiner Lieben stand und alles zu Ende zu sein schien; wenn ich das geahnt hätte, als ich das Gespenst des Atomkrieges auf mich zukriechen sah; wenn ich das geahnt hätte, als ich vor dem sinnlosen Geschick einer endlosen Gefangenschaft oder einer tückischen Krankheit stand; wenn ich das doch geahnt hätte, daß Gott durch alle diese Wehen nur seine Entwürfe, seine Pläne vorantreibt, daß mitten in meinem Sorgen und Mühen und Verzweifeln *seine* Ernten reifen und daß alles auf seinen letzten königlichen Tag zutreibt und zudrängt! – wenn ich das gewußt hätte, dann wäre ich stiller und getrösteter, ja dann wäre ich wohl auch heiterer und von größerer Gelassenheit gewesen.«

Wenn wir uns einmal klarmachen wollen, wie sich diese Gewißheit in einem Menschenleben auswirkt, brauchen wir nur den Herrn selber anzusehen. Was alles drängt nicht in ihm zu einer wilden, ja rasanten und vielleicht nervösen Aktivität! Er sieht – Manfred Hausmann hat das in seinem herrlichen Essay »Einer muß wachen« dichterisch gestaltet – er sieht so, wie niemand sonst es sieht, unendlich und schauerlich nah die Not der Sterbenden, die Qual der Gefangenen, die Angst der verwundeten Gewissen, Unrecht und Terror, Lebensangst und Gemeinheit. Er sieht und hört und fühlt das alles mit dem Herzen des Heilandes, das heißt so, daß Not und Elend nicht nur wie bei einer Hollerithmaschine zur Kenntnis genommen und registriert werden, sondern so, daß sie in erbarmender Liebe mit durchlitten werden, als geschähe das alles am eigenen Leib und an der eigenen Seele. Muß dies nicht alle seine Stunden erfüllen und ihm in den Nächten den Schlaf rauben, müßte er nicht sofort, auf der Stelle anfangen, das Feuer anzuzünden, Menschen zu gewinnen, strategische Pläne für eine Weltmission auszuarbeiten, zu wirken, zu wirken, rasend zu wirken, ohne Pause, ohne Ruhe, ehe die Nacht hereinbricht, da niemand wirken kann? *So* müßte unsere Phantasie doch den Erdenwandel des Gottessohnes sehen, wenn man menschlich über ihn meditiert – so!

Und wie anders ist es nun tatsächlich mit Jesus! Obwohl die Weltaufgabe auf seinen Schultern liegt, obwohl Korinth und Ephesus und Athen, obwohl ganze Kontinente mit ihrer verzweifelten Not entsetzlich nahe sind, obwohl in Kammern und an Straßenecken, in Schlössern und in Slums, die nur der Gottessohn sieht, gelitten und gesündigt wird – obwohl also dieses unermeßliche Schlachtfeld des Elends nach dem Arzte schreit, hat er Zeit und Gelassenheit genug, bei dem einzelnen stehenzubleiben. Er geht in die Zöllnerstuben und zu den einsamen Witwen und verachteten Prostituierten, geht zu den Außenseitern der Gesellschaft und ringt um die Seele der einzelnen. Dabei scheint es ihn überhaupt nicht zu stören und aus dem Konzept zu bringen, daß das keine strategisch wichtigen Leute sind, daß sie keine Prominenz, keine Schlüsselfiguren, vielmehr »nur« (!) die unglücklichen und verlorenen Kinder seines Vaters im Himmel sind. Er scheint in königlicher Gleichgültigkeit die sogenannten »welthistorischen Perspektiven« seines Auftrages zu übersehen, wenn es um den einen und – geschichtlich gesehen – so subalternen Bettler mit seiner Blindheit und seinen Ausdünstungen geht, um jenen Herrn Niemand, der doch Gott so ans Herz gewachsen ist und gerettet werden soll.

Weil Jesus weiß, daß er dem Nächsten (wirklich dem Nächstliegenden heute und hier) zu dienen hat, darum kann er das Fernstliegende, darum kann er die großen Perspektiven getrost seinem Vater überlassen. Indem er in seiner kleinen Ecke in der höchst provinziellen Umgebung von Nazareth und Bethlehem gehorsam ist, läßt er sich in ein großes Mosaik einfügen, dessen Meister Gott ist. Darum hat er Zeit. Denn alle Zeit ruht in den Händen seines Vaters. Darum geht auch Friede und keine Unrast von ihm aus. Denn Gottes Treue *spannt* sich ja schon wie ein Regenbogen über der Welt; er selbst braucht ihn nicht erst zu bauen, er braucht ja nur darunterzutreten.

Weil Jesus also weiß, wo die Weichen wirklich gestellt werden, wie es mit Wachsen und Ernten wirklich aussieht, darum sind die Worte, die er spricht, auch keine taktisch ausgeklügelten Propagandareden. Die Propaganda der Menschen, auch da, wo sie sich als eine Art von Evangelisation gebärdet und ein kircheneigenes Unternehmen wird, beruht immer auf der verfluchten Vorstellung, daß Erfolg und Mißerfolg, daß Frucht und Ernte von unserer menschlichen Aktivität, von Phantasie, Energie und Intelligenz, eben von unserem »Machen« abhänge. Darum muß sich die Kirche auch hüten, zu einem umtriebigen Unternehmen, und darum müssen die Pfarrer sich hüten, zu religiösen Managern ohne Vollmacht und mit vertrockneter geistlicher Substanz zu werden.

Jesus ist kein Propagandist. Daß er das nicht ist, sieht man an einem einzigen Faktum: daß ihm das betende Sprechen mit seinem Vater wichtiger ist als das Reden zu den Menschen, auch wenn sie sich noch so sehr um ihn drängen und wenn sie in noch so großer Masse um ihn versammelt sind. Wenn man denkt, jetzt müßte er die Stunde nützen, jetzt müßte er die warm gewordenen Massen schmieden und formen, dann geht er mitten durch sie hindurch und zieht sich in die Stille der Zwiesprache mit dem Vater zurück.

Warum redet er denn gewaltiger als die Pharisäer und Schriftgelehrten? Weil er rhetorisch so begabt, weil er voller Dynamit und Dynamik ist? Nein, er redet so gewaltig, weil er vorher mit dem Vater geredet hat, weil er immer aus der Stille kommt. Er ruht in der Ewigkeit, darum bricht er so gewaltig in die Zeit hinein. Darum ist er eine solche Unruhe für die Zeit. Er lebt im Zwiegespräch mit dem Vater. Darum wird seine Rede zu den Menschen das Ereignis von Gericht und Gnade, dem sich niemand entziehen kann.

Jesu gewaltige Rede rührt daher, daß er ein gewaltiger Beter ist, und – er kann es sich eben *leisten*, gewaltig zu beten und die besten Stunden des Tages an diese Aussprache mit dem Vater zu setzen, weil er weiß: Während ich in der Ewigkeit ruhe, geschieht nicht nichts, sondern da gebe ich gerade dem Geiste Gottes Raum, da arbeitet Gott, da geht der Same auf. Wehe der Nervosität der Kleingläubigen, wehe dem Sorgengeist und der Umtriebigkeit der Gebetslosen!

Luther hat einmal gesagt: »Während ich mein Töpflein Wittenbergisch Bier trinke, läuft das Evangelium.« Das ist wahrlich das schönste und tröstlichste Wort, das ich je über das Bier gehört habe. Die Bekehrung des Menschen ist nicht machbar. Das neue Leben kann nur dadurch entstehen, daß man Gott wirken läßt. Darum kann Luther getrost von der Kanzel heruntertreten, darum braucht er nicht in einem fort zu rufen und zu schreien und durch die Lande zu brausen. Er kann in aller Ruhe sein Töpflein Wittenbergisch Bier trinken und auf Gott vertrauen. Den Seinen gibt es der Herr im Schlaf. Wir sündigen heute in den meisten Fällen nicht dadurch, daß wir pflichtvergessen wären und zu wenig arbeiteten. Wir sollten uns im Gegenteil fragen, ob wir überhaupt noch fähig sind, im Namen Gottes einmal faul zu sein. Oh, es kann Gottesdienst sein, einmal alle Viere von sich zu strecken und aus dem ewigen Machen herauszukommen.

Vielleicht sagt nun der eine oder andere: »So mag es tatsächlich sein, wie er uns das da alles erklärt hat. Aber wie bringe ich es denn zustande, *daß* ich zu jener Distanz komme, in der ich mich nicht mehr vom Umtrieb entführen, sondern Gott wirken lasse?« *Das* ist doch das Problem. Wie kommen wir zu diesem Stillehalten?

Es gibt Dinge und Zusammenhänge, bei denen es nicht genügt, daß man sie nur einsieht, sondern die man einüben muß. Es kann sein, daß ich ein Klavierkonzert von Mozart in seiner musikalischen Struktur völlig durchschaut habe, ich kann auch seinen geistigen Gehalt intuitiv oder intellektuell bis in seine Tiefe erfaßt haben; aber ich kann dieses Klavierkonzert deshalb noch lange nicht spielen, denn ich habe es nicht geübt. Genau so (wirklich: genau so!) kann ich auch das Geheimnis der still wachsenden Saat erfaßt haben, ohne imstande zu sein, Gottes Saat in *meinem* Leben nun wirklich wachsen zu lassen. Ich weiß genau, daß ich jetzt mein Töpflein Wittenbergisch Bier trinken, daß ich einmal vertrauensvoll abschalten und mich fallen lassen müßte. Aber ich kann es eben nicht. Ich finde den Knopf nicht, durch den ich meine Aktivität und mein krampfhaftes Selbermachenwollen abstellen könnte.

Darum möchte ich damit schließen, daß ich ein kleines Rezept verrate, obwohl Rezepte in einer Predigt immer etwas Anrüchiges haben; denn sie könnten den Anschein erwecken, als gäbe es gewisse Tricks, als gäbe es gewisse Formen eines Trainings, mit dessen Hilfe man die Kunst des Glaubens erlernen könnte. Als ob der Glaube überhaupt eine »Kunst« wäre! Glaube ist ja nur ein Stillesein, wenn Gott spricht; nur ein Stillehalten, wenn Gott handelt. Nur um dieses Stillehalten geht es, wenn ich das Folgende sage: nur darum also, so könnte man sich ausdrücken, daß wir uns nicht selber im Lichte stehen, wenn Gott uns ein Licht aufstecken will.

Wenn wir in der U-Bahn oder im Omnibus oder hinten im Fond unserer Limousine sitzen, wenn das Telefon einen Augenblick schweigt und die Sekretärin mit ihrem Terminkalender einen Augenblick verschwunden ist, dann sollten wir einmal nicht nach unserer Zeitung oder dem nächsten Aktenfaszikel und nicht nach irgendeinem Knopf, sei es am Radio oder sei es an der Klingelleitung, greifen. Sondern dann sollten wir, nicht ohne Atem zu holen, einmal sagen: »Ehre sei dem Vater und dem Sohne und dem Heiligen Geiste, wie es war im Anfang, jetzt und immerdar und von Ewigkeit zu Ewigkeit.« Das gibt Distanz und Frieden.

Wir können diese Worte dann auch noch meditierend umkreisen: Ehre sei »dem Vater« – das heißt doch: Ehre sei dem, der mich in diesen Augenblick meiner Tagesgeschäfte geschickt hat, der mir meine Mitarbeiter anvertraut und der letzten Endes über alles das entscheidet, was ich nun zu entscheiden habe.

Ehre sei »dem Sohne«. Der Sohn ist niemand anders als Jesus Christus, der für mich gestorben ist. Darf ich mich nun – ich, für den er doch solche Schmerzen gelitten und dem er die Ewigkeit aufgeschlossen hat – in Lappalien und lauter Nichtigkeiten vertun und verzetteln? Muß nun das *Eine*, was not ist, mir nicht ständig gegenwärtig sein und das Vielerlei relativieren, es ein bißchen dämpfen und in Schranken weisen? Für wen oder für was ist denn Christus gestorben: für meine Ladenkasse, für ein Augenzwinkern meines Chefs, den ich bei Laune halten muß, für meinen Fernsehapparat oder andere Belanglosigkeiten? Oder ist er nicht vielmehr gestorben für die Kollegin neben mir, die sich mit etwas herumschlägt, oder für meine Kinder, die ich kaum noch sehe? Und was die Kinder anbelangt: Ist er für ihre Ernährung und Garderobe gestorben oder für ihre Seelen, die ich nicht kenne, weil das Vielerlei sich zwischen ihre Seelen und mich drängt?

Ehre sei »dem Heiligen Geiste«. Oh, ich bin voller Geist, ich bin nicht unterbelichtet. Ich habe auch Gefühl und Herz und Gemüt und Phantasie. Aber halte ich noch still, damit ein ganz anderer mich mit seinem Geist durchdringen und mir den Sinn für die wahren Dringlichkeitsstufen des Lebens geben kann?

»Wie es war im Anfang, jetzt und immerdar und von Ewigkeit zu Ewigkeit.« Wie sind wir hier umfangen von ewigen Händen, umwölbt von dem Bogen einer verläßlichen Treue und gegründet auf Fundamente, wie sie der Flugsand der täglichen Routine niemals zur Verfügung stellen kann.

Wenn wir diese kleine Übung immer wieder anstellen, werden wir schon bald erfahren, daß das kein mystisches Getue ist und erst recht keine innere Emigration, durch die wir uns den täglichen Pflichten entzögen. O nein, wir werden auch unserem Berufe ganz neu zurückgegeben, wir werden zu Realisten in einem neuen Stil, denn wir wissen um das Große und das Kleine, wir wissen das Eigentliche und das Uneigentliche zu unterscheiden.

Die Fanatiker der Machbarkeit sind im Grunde Toren und sind weltfremd, obwohl sie die kalten und nüchternen Augen von Tatsachenmenschen haben. Wer aber das Geheimnis der still wachsenden Saat begriffen hat, und wer wie der Bauer des Gleichnisses, nachdem er das Seinige tat, noch einmal grüßend über die Felder sieht und sich in Gottes Namen schlafen legt, der tut das Frömmste und auch das Klügste. Denn Frömmigkeit und Klugheit hängen enger zusammen, als unsere Schulweisheit und – die Weisheit der Manager sich das träumen lassen.

DAS GLEICHNIS
VOM UNGERECHTEN HAUSHALTER

Er sprach aber auch zu seinen Jüngern: Es war ein reicher Mann, der hatte einen Haushalter; der ward vor ihm berüchtigt, als hätte er ihm seine Güter umgebracht. Und er forderte ihn und sprach zu ihm: Wie höre ich das von dir? Tu Rechnung von deinem Haushalten; denn du kannst hinfort nicht mehr Haushalter sein!
Der Haushalter sprach bei sich selbst: Was soll ich tun? Mein Herr nimmt das Amt von mir; graben kann ich nicht; ich schäme mich aber zu betteln. Ich weiß wohl, was ich tun will, wenn ich nun von dem Amt gesetzt werde, daß sie mich in ihre Häuser nehmen.

Und er rief zu sich alle Schuldner seines Herrn und sprach zu dem ersten: Wieviel bist du meinem Herrn schuldig? Er sprach: Hundert Tonnen Öl. Und er sprach zu ihm: Nimm deinen Brief, setze dich und schreib flugs fünfzig. Danach sprach er zu dem andern: Du aber, wieviel bist du schuldig? Er sprach: Hundert Malter Weizen. Und er sprach zu ihm: Nimm deinen Brief und schreib achtzig.
Und der Herr lobte den ungerechten Haushalter, daß er klüglich gehandelt hatte; denn die Kinder dieser Welt sind klüger als die Kinder des Lichtes in ihrem Geschlecht. Und ich sage euch auch: Machet euch Freunde mit dem ungerechten Mammon, auf daß, wenn ihr nun darbet, sie euch aufnehmen in die ewigen Hütten.

LUKAS 16, 1–9

Wenn man sich einmal die Arbeit macht und eine größere Anzahl von Predigten liest, die über diesen Text gehalten worden sind, so kann man eine merkwürdige Entdeckung machen. Diese Predigten fangen nicht selten so an, daß der Prediger ein Klagelied darüber anstimmt, wie hart und befremdlich dieser Text sei, und daß hier ein ziemlich übler Korruptionsfall vor das Auge der Gemeinde gerückt werde. Der Prediger läßt durchblicken, es sei eine delikate und schwierige Sache, sich hier aus der Affäre zu ziehen und die Hörer angesichts einer solchen Geschichte zu erbauen. Und nur weil dieser »Kriminalbericht« eben im Neuen Testament stehe, müsse ja etwas daran sein und dürfe man nicht aufhören, nach dem geistlichen Licht in dieser dunklen Affäre zu suchen.

Es wäre denkbar, daß bei der Verlesung dieser Geschichte ein ähnlicher Eindruck auch unter uns entstanden wäre. Es ist deshalb überaus wichtig, daß wir von vornherein den richtigen Einstieg in diese Geschichte finden. Jesus pflegt ja sehr großzügig und souverän mit seinen Bildern und Gleichnissen zu verfahren. Es macht ihm nichts aus, auch an einer so problematischen Figur wie dem ungerechten Haushalter eine Wahrheit des Reiches Gottes zu zeigen. Wer daran Anstoß nimmt, daß Jesus keine Leute mit Heiligenschein malt, sondern daß auch Scheinheilige und selbst die Hefe des Menschengeschlechtes Modell stehen müssen, um ausgerechnet in ihrer Finsternis die göttliche Wahrheit aufleuchten zu lassen, der versteht ihn überhaupt nicht.

Jesus wagt es sogar, seinen himmlischen Vater und sich selbst in solchen gewagten Figuren darzustellen.

So vergleicht er etwa seinen himmlischen Vater mit einem hartherzigen Richter, dem das Recht völlig egal ist und der einer armen Witwe schließlich und endlich nur deshalb zum Rechte verhilft, weil sie ihm Tag und Nacht in den Ohren liegt und weil er es schließlich nicht mehr aushalten kann (Luk. 18, 1 ff.). Damit will er sagen: Auch bei Gott geht es nicht nach dem Recht. Wohin kämen wir, wenn Gott wirklich »juristisch« mit uns verfahren, wenn er unsere Schuld wirklich einmal Punkt für Punkt vorrechnen würde! Mit diesem harten Richter hat Gott nur das *eine* gemeinsam, daß beide nicht nach dem Rechte gehen und daß beide sich erweichen lassen: der *eine* um seines ewigen väterlichen Herzens willen, der *andere* um seiner schlechten Nerven willen, die das unablässige Geschrei der Witwe einfach nicht mehr ertragen. Wenn selbst ein ungerechter Richter sich schließlich – nur aus Angst vor Belästigung – entschließt, einem Menschen Hilfe widerfahren zu lassen, *wieviel mehr* wird dann Gott denen helfen, die nach ihm schreien und ihm kindlich vertrauen.

Wie falsch wäre es nun, den harten Richter hier einfach als *Vorbild* zu verstehen, geradeso als ob der Herr hätte sagen wollen: Ihr Juristen, ihr Anwälte und Justizräte, so müßt ihr auch werden, wie dieser harte Richter war. Das wäre zweifellos Unsinn, nicht wahr! Denn Jesus beweist hier ungleich mehr aus dem Gegensatz als aus der Parallelität. Wir müssen immer das »wieviel mehr« heraushören.

Genausowenig darf man sagen, daß ein Dieb und Spitzbube etwas Göttliches an sich habe, nur weil der Herr zu wiederholten Malen sagen kann, er – Christus – werde wiederkommen wie ein »Dieb in der Nacht«.

In allen Gleichnissen Jesu muß man eben den springenden Punkt herausfinden und darf sie um Gottes willen nicht als moralische Beispielerzählungen verstehen. Dann steigt man bestimmt zum falschen Loch hinein.

Manchmal, wenn man über die Gleichnisse Jesu nachdenkt, mag es einem so vorkommen, als habe der Herr Christus den springenden Punkt sogar ein bißchen versteckt, als müsse man ihn erst gründlich suchen, geradeso wie man ein Vexierbild hin und her wenden und genau ansehen muß, um eine verborgene Figur wirklich zu entdecken. Vielleicht hat das der Herr deshalb so gemacht, damit wir über die Gleichnisse erst einmal gründlich nachdenken, damit wir sie in unserem Herzen bewegen und darüber beten sollen, ehe wir meinen, wir hätten sie verstanden. Man kann sie nicht wie eine Anekdotensammlung in der Illustrierten lesen. *Die* versteht man allerdings auf Anhieb!

An die Bibel aber muß man sich immer erst heranbeten, man muß sie mit seinen Gedanken förmlich umkreisen. Manchmal muß man ein dunkles Wort jahrelang mit sich herumtragen, bis es plötzlich zu leuchten beginnt. Das letzte Buch der Bibel ist sogar jahrhundertelang im Dunkel geblieben. Aber nun auf einmal – unter den Katastrophen unserer Zeit – ist es uns so, als sei die dunkle Decke von diesem Buche heruntergenommen, als sähen wir plötzlich die weite Landschaft der Geschichte mit den wunderlichen Straßen Gottes darin, die auf Umwegen alle zu den fernen, blauenden Bergen führen, von denen uns Hilfe kommt.

So wollen wir nicht allzu lange bei dem Porträt des ungerechten Haushalters verweilen und vor allem in ihm kein Vorbild sehen, sondern wir wollen fragen, wo das liegt, was wir soeben den »springenden Punkt« und die »verborgene Figur« nannten.

Denn der Mann selbst steht eigentlich gar nicht im Mittelpunkt der Geschichte. Das eigentliche Thema ist und die tragende Hauptrolle spielt vielmehr das *Geld*, der »ungerechte Mammon«. Was bedeutet dieses Ding, oder besser: Was bedeutet diese Macht im Leben eines Menschen, der Gott gehorsam sein will? Wie soll er damit umgehen? Zur Zeit der Konjunktur und inmitten einer wirtschaftlich so vitalen Stadt wie Hamburg dürfte uns diese Frage ja angehen. Im übrigen ist sie eine sehr diesseitige Frage. Aber unser Schicksal mit Gott entscheidet sich sehr selten daran, daß wir über Dogmen und alle möglichen Jenseitsprobleme nachdenken, sondern dieses unser Schicksal entscheidet sich an ganz massiven weltlichen Fragen und an diesseitigen Problemen, die in unserem *Leben* eine Rolle spielen: an der Geschlechtlichkeit, am Geld, an der Mitmenschlichkeit.

Das *erste*, was wir zur Kenntnis nehmen müssen, ist, daß wir Geld und Besitz gebrauchen sollen, um uns Freunde damit zu machen. Was das heißt, wollen wir noch sehen. Die Hauptsache ist zunächst, die Anweisung entgegenzunehmen, daß wir diesen Mammon verwenden und gebrauchen sollen. Allzu selbstverständlich ist das ja nicht. Wenn der Herr vom ungerechten Mammon spricht, könnte man durchaus erwarten, daß er fortführe: Laßt eure Finger davon! Geht lieber in ein Kloster, legt ein Armutsgelübde ab oder erstrebt mindestens eine Wirtschaftsordnung, die das Eigentum abschafft und die Macht des Geldes entscheidend bricht.

Denn nicht wahr, wir verstehen es doch allzu gut, *warum* Jesus den Mammon »ungerecht« nennt, warum er ihn, wie es wörtlich heißt, »als den Herrn der Ungerechtigkeit«, als den Herrn einer ungerechten Welt bezeichnet. Wir brauchen nur an gewisse Börsenspekulationen, an Rüstungsgewinne, an arbeitsloses Einkommen, an manche Formen der Steuermanipulation oder an gewisse Orgien des Totos und des Glücksspiels zu denken, damit Ungerechtigkeit, Schweiß, Tränen und sogar Blut zu beklemmenden Bildern werden, die sich alle mit dem Gelde verbinden. »Geld regiert die Welt!« Tritt nicht gerade mit diesem Worte das Geld in eine erschreckende Nähe zu jener dunklen Gestalt, die Jesus als den Regenten dieser Welt bezeichnet?

Nun sagt Jesus uns aber erstaunlicherweise nicht, wir sollen uns vom Gelde zurückziehen. Vielleicht sagt er es deshalb nicht, weil das ja doch nicht möglich wäre. Wir können ja gar nicht alle Mönche werden! Und die Mönche leben außerdem *auch* nicht ohne Geld, sondern das klösterliche Rentamt nimmt ihnen die schmutzige Berührung nur ab. Jesus sagt uns, wir sollen das schmutzige Geld durchaus *in* die Hand nehmen, wir sollen etwas damit anfangen. Wir sollen also durchaus nicht im Namen unseres Glaubens weltflüchtig und unrealistisch werden. Die Entscheidung über die Richtigkeit unseres Handelns fällt nämlich nicht bei der Frage, *ob* wir uns mit dem ungerechten Mammon einlassen, sondern bei der Frage, zu welchem *Zweck* wir uns mit ihm einlassen. Gerade das wird uns nun an diesem Haushalter klargemacht. Er soll uns in all seiner Korruptheit und Schläue, sozusagen im negativen Kehrbild, Hinweise vermitteln, wozu das Geld eigentlich da ist.

Was ist denn überhaupt passiert? Nun, zunächst ganz einfach eine Denunziation. Es haben sich Leute bei einem Großgrundbesitzer gemeldet, um ihm zu sagen: Dein Pächter hat Unterschlagungen begangen und sich krumme Sachen zuschulden kommen lassen. Es wird übrigens nicht gesagt, ob diese Anschuldigungen stimmen. Der Urtext läßt das durchaus offen. Man kann in ihm sogar eine Andeutung in dem Sinne finden, daß der Pächter sich möglicherweise gar keiner Korruption schuldig gemacht hat. Er wird angeschuldigt, »als ob« er ein Betrüger wäre.

Der Chef, eben jener Großgrundbesitzer, prüft die Anschuldigung gar nicht erst nach, was er doch gerechterweise tun müßte, sondern ordnet die sofortige Entlassung des Pächters an. Der braucht nur noch die Schlußabrechnung vorzulegen und die Übergabe zu vollziehen. Der Chef scheint überhaupt nicht damit zu rechnen, daß sich bei dieser Abrechnung etwa die Unschuld des Pächters herausstellen könnte und daß er dann füglicherweise sein Amt behalten müßte. Nein, sein Chef kündigt schon auf die bloße Anschuldigung hin; eine zweifellos brutale und unfaire Maßnahme. Dadurch kommt der Pächter in eine scheußliche Zwangslage, ja, er kommt geradezu in einen inneren Konflikt. Es scheinen ihm nur zwei Möglichkeiten zu bleiben: Entweder er handelt ehrlich und liefert eine saubere Schlußabrechnung. Das hieße dann, daß er von sich aus alles täte, um dem Chef zu seinen finanziellen Ansprüchen zu verhelfen. Er würde ihm sein gesamtes Eigentum zurückgeben und etwa noch ausstehende Schulden schnellstens für ihn eintreiben. Und nun überlegt er sich: Soll ich das wirklich tun? – Sein Chef scheint doch ein ziemlich gewissenloser Patron zu sein. Schon daß er ihn ohne Verhör entläßt, ist unkorrekt und rechtlich nicht haltbar. Wie kann man jemanden, von dem man selber Treue verlangt, einfach mit einem Fußtritt auf die Straße befördern, ohne ihm die Ehre anzutun, sich wenigstens verteidigen zu dürfen?

Dieser Chef scheint außerdem ein ziemlicher Materialist zu sein. Denn als der Verwalter ihn im letzten Augenblick noch mit einem Trick hintergeht und sein Schäfchen ins Trockene bringt, da beurteilt dieser Herr von Großgrundbesitzer eine solche doch mehr als anfechtbare Maßnahme seines Pächters keineswegs im Sinne moralischer oder rechtlicher Maßstäbe – das hätte ihm offensichtlich auch nicht gut angestanden! –, sondern er beurteilt das lediglich unter dem Gesichtspunkt eines taktisch klug angelegten Schachzuges und also einer gekonnten geschäftlichen Manipulation.

Wenn da nämlich steht, daß der Chef den ungerechten Haushalter lobt, so kann das doch nur heißen: »Der Schlauberger! Da hat er mich aber schön hereingelegt!« So etwas imponiert dem Chef, denn offenbar weiß er selber, wie man ein Ding dreht und wie man zu etwas kommt. Nicht nur der ungerechte Haushalter, auch sein Chef gehören durchaus zu jener Kategorie von Leuten, die Jesus als die »Kinder der Welt« bezeichnet, zu jenen Kindern also, die klüger, die hemmungsloser und also auch raffinierter sind als die Kinder des Lichtes. So viel Humor hat also der Chef immerhin, daß er seinen Haushalter und dessen schlauen Schachzug lobt, obwohl dieses Manöver auf seine Kosten geht.

Immerhin, wenn der Chef selber eine fragwürdige Figur ist, ergibt sich für den Pächter die Frage, ob er gerade so jemandem zu seinem Gelde verhelfen müsse, ob er also die kleinen Bauern und Unterpächter drangsalieren solle, damit sie mit ihren armen Groschen dieser »Sozialbestie« den Beutel füllen. Ist es nicht besser, so überlegt er sich, wenn ich statt dessen den sozial Schlechtgestellten das Geld zukommen lasse? Jesus beantwortet diese Frage keineswegs mit Ja, sonst hätte er ja von dem »edlen« statt von dem »ungerechten« Haushalter sprechen müssen. Er verurteilt das also. Aber immerhin, man versteht, daß der Pächter eine ganz ernsthafte Erwägung anstellt.

Die andere Möglichkeit, die dem Pächter bleibt, ist die, daß er körperlich arbeitet oder bettelt. Er ist offen genug zuzugeben, daß ihm beides nicht paßt. Im übrigen sagt er nicht einmal, daß er nicht körperlich arbeiten *wolle*, sondern daß er es nicht *könne*. Vielleicht ist er zu schwach dazu, so daß es tatsächlich für ihn nicht in Frage kommt. Betteln aber mag er erst recht nicht. Er achtet auf sein soziales Prestige. Das ist eigentlich ganz sympathisch. Vielleicht hat er auch gedacht: Das wäre ja wirklich eine mehr als ungerechte Sozialordnung, wenn ein fähiger Mann wie ich nicht nur unproduktiv sein, sondern auch noch anderen Leuten auf der Tasche liegen soll – und das alles nur deshalb, weil ich durch eine verrückte Ehrlichkeit meinem Chef, diesem Ekel, die Taschen fülle. Was fängt der dann schon mit seinem Gelde an? Er wird es bestimmt schlechter anwenden, als wenn ich jetzt *erstens* den armen Leuten durch eine kleine Manipulation in der Buchführung helfe, und wenn ich *zweitens* und außerdem auch mich selbst damit aus dem Schlamassel herauspauke, indem ich sie mir verpflichte. Sie werden mir dann schon aus Dankbarkeit über die erste Krise hinweghelfen und mir einen neuen Start ermöglichen. Mit anderen Worten: Ich fange das Vernünftigste mit dem mir anvertrauten Gelde an, wenn ich zwar formal unkorrekt bin – nämlich eine Urkundenfälschung begehe –, wenn ich das Geld dafür aber vernünftig und zum allgemeinen Nutzen anwende.

Der Haushalter begeht also wirklich eine sehr massive Inkorrektheit. Er ist »ungerecht«. Aber ganz ohne Sinn und Verstand ist es nicht, was er tut, und eine gewisse – zwar sehr ausgefallene und gefährliche, eine sehr abenteuerliche – Moral kann man schließlich *auch* darin finden. Unter dem Gesichtspunkt reiner Vernünftigkeit jedenfalls handelt er gar nicht so uneben. Er ist eben ein Weltkind, und der Gedanke, daß er ehrlich und redlich seinen Weg bis zu Ende geht und dann bereit ist, es Gott zuzutrauen, daß er ihn nicht sitzen, sondern ihm wunderbare Erfahrungen göttlicher Durchhilfe zuteil werden läßt, dieser Gedanke ist ihm unerschwinglich. Er ist ein Kind dieser Welt.

Dürfen wir nun als Leute, die Jünger ihres Herrn sein wollen und die so zu den »Kindern des Lichtes« zählen möchten, uns über den ungerechten Haushalter erheben? Dürfen wir so tun, als ob *wir* dieser Zone des Schmutzes entrückt seien?

Wir sollten etwas vorsichtiger sein in unserem Urteil. Selbst wenn wir keine »Kinder der Welt« sein wollen, die nur eiskalt nach ökonomischen Gesichtspunkten handeln und die keinen Einbruch ihres Gewissens in den geschäftlichen Bereich dulden, so stehen wir als »Kinder des Lichtes« doch immerhin *in* der Welt und also in der Welt des Geldes *und* – ja, nun muß es schon gesagt sein, auch wenn das von einer Kanzel herab sehr wenig erbaulich klingt – in der Welt der Finanz- und Steuerämter. Und sind uns hier die Erwägungen des ungerechten Haushalters wirklich so furchtbar fremd – den Kindern des Lichtes zum Beispiel unter den hier anwesenden Kaufleuten, aber keineswegs nur unter diesen?

Wir sagen vielleicht nicht wie der ungerechte Haushalter: »Ich habe einen brutalen Herrn, dem ich den ungerechten Mammon nicht in den Rachen werfen möchte.« Sondern wir sagen moderner und vornehmer und moralisch weniger anrüchig: »Wir haben eine problematische Steuergesetzgebung, der gegenüber eine formale Gerechtigkeit schwer möglich ist, wenn man nicht wirtschaftlich vor die Hunde gehen will.« – »Wir arbeiten nur noch für das Finanzamt«, so lautet eine beliebte These. Hat die Finanzgebarung eines Staates, so sagt man vielleicht, haben auch seine Steuermaßnahmen nicht den Sinn, den wirtschaftlichen Haushalt und das soziale Gefüge in Gang und im Gleichgewicht zu halten? Wenn aber die Steuerschraube nun überzogen ist, wenn der Staat also Sand statt Öl in den Wirtschaftsmechanismus schüttet, wenn er einen trotz der Konjunktur daran hindert, Investitionen zu machen oder dringend notwendige Kapitalpolster anzulegen, muß man dann nicht eben sehen, wie man die Steuern in eigener Regie reduziert? Wem ist denn damit gedient, so fragt man, wenn ich um der formalen Korrektheit willen geschäftliche Chancen nicht ausnutzen kann, weil ich steuerlich gefesselt bin, oder wenn ich gar bankrott mache, weil die Steuerlast mich erdrückt? Ist etwa dem Staate damit gedient, der mich dann ernähren und zum

Wohlfahrtsempfänger machen muß, weil er mich mindestens zu einem geschäftlichen Invaliden gemacht hat? Zweifellos nicht, so fragen und sagen sich manche – und es ist doch sicher auch ein Stück *Gewissen* in dem, was sich in solchen klagenden und anklagenden Worten meldet. Denn schließlich, so geht die Überlegung weiter, verliert dieser Staat ja auch noch den Rest an Steuern, die ich immer noch zahlte, wenn es mir schlecht oder gar katastrophal geht.

Oder ist meinen Arbeitern und Angestellten gedient, die dann möglicherweise auf der Straße liegen? Nein, niemandem ist gedient. Also muß ich das Geld so verwenden, wie ich es verantworten kann, wie ich es zur Fristung meiner eigenen Existenz, zur Versorgung der mir anvertrauten Menschen und zum Wiederaufbau der vielleicht zerstörten Geschäftsbereiche brauche.

Wer von den Leuten, die in freien Berufen tätig sind, kennt denn diese Not und diesen Gewissenskonflikt nicht? Auch die »Kinder des Lichtes« sind dem keineswegs entnommen. Hier geht es um Schuld und Vergebung, um Gerechtigkeit und Klugheit; hier geht es um das, was man die »schmutzigen Hände« nennt.

Falls sich zufällig ein Schieber und gewissenloser Spekulant oder ein Großsteuerhinterzieher hier unter uns befinden sollte, so mag er in diesen Worten ja kein moralisches Alibi für seine schmierige Bereicherung sehen. Hier ist nur von der Gewissensnot derjenigen die Rede, die aus sachlichen und vielleicht auch aus menschlichen Gründen auf dem Gebiet der Steuer in innere Konflikte gestürzt sind und die ihre Abgabepflicht, wenn auch nicht dem Buchstaben, so doch dem Sinn und dem Geiste nach zu erfüllen versuchen, das heißt: soweit es mit einer gesunden Selbsterhaltung in Einklang zu bringen ist. Denn die Erhaltung der Kauf- und Produktionskraft ist ja nicht zuletzt auch der Sinn aller Steuergesetzgebung – auch wenn die praktischen Formen dieser Gesetzgebung, wenn sozusagen ihre »Ausführungsbestimmungen« diesem Sinne und diesem Zwecke gelegentlich widersprechen mögen, wenn sie darum die Gewissen beunruhigen und nicht selten in schwere Konflikte stürzen.

Es ist sicher ungewöhnlich – diese Zwischenbemerkung sei mir erlaubt –, solche Dinge auf der Kanzel zu behandeln. Vielleicht bekommt der Prediger, wenn er solche Fragen berührt, selber schmutzige Hände. Es wäre viel leichter, bei unserem Text nur von der Treue des Haushalteramtes zu sprechen oder von der Treue im kleinen. Es ist ja so leicht, einige Worte aus dem Zusammenhang unseres schweren und harten Textes zu reißen und die Gemeinde damit zu erbauen. Aber der Prediger würde dann wohl das Gefühl nicht ganz los, sich vor einer schweren Aufgabe zu drücken und einen erbaulichen Schwindel zu treiben. Die eben besprochenen Dinge lasten auf unzähligen Gewissen. Darum muß man als Seelsorger davon sprechen. Die Gemeinde muß sich von ihrem Herrn in dieser Not weisen lassen. Sie muß sich sagen lassen, was das heißt, als Kinder des Lichtes mitten in der Welt und im Gemenge mit dem ungerechten Mammon und also mit schmutzigen Händen zu leben – und dennoch fröhlich und unter der vergebenden Güte unseres Herrn zu leben. Wenn der Prediger gewisse Themen nicht anzurühren wagt, weil sie auf der Kanzel ungewohnt sind und vielleicht schockierend wirken, läßt er die erschrockenen Gewissen hilflos zurück und macht sich schuldig an einer falschen und drückebergerischen Erbaulichkeit, die nur das fromme Fleisch in Wallung bringt. Wenn nicht alles trügt, werden heutzutage die meisten Nöte mit Gott dort gelitten und die meisten Fluchtversuche gegenüber Gott dort unternommen, wo wir es mit solchen ethischen und höchst diesseitigen und weltlichen Fragen zu tun haben. Die Beobachtungen, die man hier anstellen mag, deuten immer wieder auf das wirtschaftliche und das sexuelle Gebiet. Unzählige Zweifel und Gleichgültigkeiten, die man im ersten Augenblick als »religiöse« Erscheinungen ansprechen müßte, haben hier ihre tiefste Wurzel. Auch die Verkündigung der Kirche muß den Wandel dieser tiefsten menschlichen Nöte klar sehen und muß ihm gerecht werden, und diese Nöte haben sich seit dem Mittelalter wahrhaftig gewandelt, oder besser: sie haben ihr Schwergewicht verschoben. Die Gemeinde Jesu muß davon reden und darf ihre Brüder und Schwestern nicht ohne Hilfe und Trost lassen.

Jedenfalls sehen wir, daß die Konflikte und Nöte des ungerechten

Haushalters uns gar nicht so fern liegen. »Wer unter euch ohne Sünde ist, werfe den ersten Stein!«
Obwohl aber dieser Pächter unter einem ungeheuren Druck handelt, sagt Jesus keineswegs: »Er ist gerechtfertigt«, sondern er nennt ihn einen Ungerechten. Ist das nicht hart?
Nein, es ist wunderbar, daß es so ist. Vielleicht muß ein *Welt*mensch sich etwas vormachen und muß sich sagen: »Ich handle unter Druck; die Verhältnisse sind schuld, und ich bin ein Opfer ›tragischer‹ Zusammenhänge. Also habe ich eine saubere Weste, und meine Delikte sind im schlimmsten Falle Kavaliersdelikte.« Die Folge wird sein, daß er in seiner Selbstgerechtigkeit das Gefühl für Schuld immer mehr verliert, daß er in ein Gefälle gerät, das ihn zunehmend seiner Selbstkontrolle beraubt, und daß er bei seinen Finanzmanipulationen allmählich, aber sicher ein Schieber, ein Konjunktur- oder Krisengewinnler wird, so wie sie heutzutage zu Tausenden herumlaufen, oder besser: herumfahren und die Schlemmerlokale füllen.
In der Nähe Jesu aber herrscht saubere und klare Luft. Hier wird von schmutzigen Händen gesprochen, hier wird die Sünde Sünde und die Ungerechtigkeit Ungerechtigkeit genannt. Hier wird die Klugheit der Welt nicht einfach mit Gottwohlgefälligkeit gleichgesetzt. Wir Christen dürfen radikal ehrlich gegen uns selbst sein, weil wir keine Angst mehr zu haben brauchen, weil wir nicht so krampfhaft um unsere weiße Weste besorgt sein müssen. Denn wir dürfen um die Vergebung wissen. Wir wissen, daß Jesus Christus um unserer schmutzigen Hände willen gestorben ist und daß »Christi Blut und Gerechtigkeit« unser »Schmuck und Ehrenkleid« ist, daß dies ein zuverlässigeres Habit ist als die leicht angeschmuddelten bürgerlichen Westen. Wir brauchen vor der Härte der Wahrheit nicht zu bangen, weil auf alle Fälle Jesus Christus *für* uns ist und weil er mit uns und neben uns vor den Thron des Richters tritt.
Werden wir aber, frage ich, *wenn* wir so mit unseren schmutzigen Händen vor Gericht stehen, diese Hände beliebig weiter beschmutzen? Sind wir dann nicht vielmehr in ein Licht und unter ein Auge gestellt, unter dem uns die Möglichkeit genommen ist, rabiat und nur

nach geschäftlichem Egoismus zu handeln, und unter dem nun auch das Gewissen, die Verantwortung vor unserem Herrn, die gebührende Rolle zu spielen beginnt?

Der ungerechte Haushalter ist also nicht unser Vorbild, wahrhaftig nicht. Aber er steht mit uns an jener Stelle, wo die Kinder des Lichtes schmutzige Hände bekommen und wo Jesus dennoch und trotz allem diese schmutzigen Hände ergreift.

Aber mitten in diesem dunklen Gemälde ist nun doch ein lichter Punkt; da ist eine Stelle, an der uns dieser merkwürdige und fragwürdige Geselle dennoch ein Vorbild sein kann. Dieser Mann benutzt nämlich Geld und Eigentum *zu* etwas, das heißt, er läßt es nicht Selbstzweck sein. Das ist immerhin etwas. Wenn ein rein sachlich eingestelltes Weltkind wie der ungerechte Haushalter es auf *seiner* Ebene fertigbringt, das Geld zum Dienen zu zwingen und es gleichsam zu relativieren, wieviel mehr – und zugleich wie anders – sollen die Kinder des Lichtes das auf *ihrer* Ebene tun!

Wie viele Menschen gibt es, die an ihren Sachen (an ihrer Wäscheaussteuer, an ihrem Schmuck, an ihren Bankkonten, Villen und Autos) wie an Göttern hängen. Tatsächlich ist ja mit dem Mammon auch ein Gott gemeint. Diesen Leuten gehört ihr Geld gar nicht mehr, sondern sie gehören dem Gelde. Wie viele Kinder des Lichtes zum Beispiel haben den Flüchtlingen gegenüber versagt, weil ihnen Dinge mehr galten als Menschen – gleichgültig ob diese Dinge nun ihre Kleider waren, die sie den Nackten nicht geben wollten, oder Wohnräume, die sie den Obdachlosen und Bunkerinsassen vorenthielten.

So merkwürdig nun der ungerechte Haushalter auch sein mag, man muß ihm immerhin zubilligen: Er klebt nicht am Gelde, sondern er fängt etwas damit an. Er hat nur noch wenige Tage Zeit. Bald muß er sich von dem ganzen Mammon, den er verwaltete, trennen. Auch wir müssen uns sehr bald davon trennen. Spätestens wenn wir sterben, möglicherweise aber auch vorher. Wer weiß, ob die große Dampfwalze aus dem Osten nicht über uns alle hinweggeht und ob die blinkenden Schaufenster nicht von fremden Stiefeln eingetreten werden? Der Gott Mammon wird uns dann nicht beschützen. Er nimmt als erster Reißaus. Es sind die ärmsten aller Tröpfe, die ihr Leben auf ihn zu gründen wagen. Die Gärten können schnell verwüstet, die Villen verbrannt werden, und die schöne Wäsche kann auf anderen Leibern glänzen. Wer weiß das? Mehr als das Totenhemd hat noch niemand mitnehmen können.

Und in dieser kurzen Frist – es sind in unserem Gleichnis nur wenige Tage oder Stunden! –, da läßt der ungerechte Haushalter das Geld laufen. Es ist gar nicht einmal *sein* Geld. Aber das ist hier nicht so wesentlich. Er hätte das Geld seines Chefs ja auch vergraben und sich einige schwarze Depots damit anlegen können, von denen er nachher lebte. Nein, er läßt es laufen. Er wendet es Leuten zu, die es nötig haben. Gewiß, er betrügt. Aber er tut ein barmherziges Werk damit und macht sich Freunde. Er steht jedenfalls über dem Gelde und gehört ihm nicht. Und er zwingt das Geld, einen Dienst zu tun. Das Geld wird ihn einmal verlassen. Aber die, denen er damit geholfen hat, werden ihm treu bleiben und ihn aufnehmen. Und gerade das will uns Jesus zum Gleichnis für unser eigenes Leben machen. Das meint er mit den Worten: »Machet euch Freunde mit dem ungerechten Mammon, auf daß, wenn ihr nun darbet, sie euch aufnehmen in die ewigen Hütten.«

Was heißt das? Auch hier müssen wir wieder das »wieviel mehr« heraushören, das so oft in den Gleichnissen Jesu gesprochen wird: Wieviel mehr gilt das für die Kinder des Lichtes! Wieviel mehr gilt dieses Dienen mit dem Gelde, das der Mann des Gleichnisses auf so fragwürdige Weise betreibt, von euch, die ihr euer Geld vor dem Angesichte Gottes dienen lassen sollt. Es soll uns also klargemacht werden: Wir werden alle einmal darben. Wir werden einmal nackt und bloß vor Gott stehen und ihm auf tausend nicht eins antworten können. Wir werden aller Dinge beraubt sein, auf die wir uns hier unten verließen. Wir werden keine Titel und kein Geld, keine Wohnung und kein Renommee mehr haben, sondern arm in der Ewigkeit vor Gottes Thron stehen. Und an dieser Stelle, wo man nicht freit und nicht gefreit wird, wo man kein Geld empfängt und kein Geld ausgibt und wo die Werte alle umgewertet sind, an dieser Stelle wird

Gott fragen: »Wer kann für dich zeugen?« Vielleicht wird dann aus der Schar der Verklärten einer vortreten, vielleicht werden auch aus der untersten Hölle einige rufen: »Er hat mir einmal von seinem Letzten gegeben. Er hat einmal – damals beim Kommiß oder in der Gefangenschaft – die letzte Zigarette mit mir geteilt. Er hat mir einmal, obwohl es ihm schwerfiel und obwohl er arg an seinem bißchen Vermögen hing, als Flüchtling wieder auf die Beine geholfen.«
Dann mag vielleicht der Teufel, falls er dann überhaupt noch da ist und ein Wörtchen mitzureden hat, einen zornigen Zwischenruf machen: »Hört, hört! Selbst im Himmel kann man noch Geschäfte mit dem verfluchten Mammon machen. Aber ich, der Teufel, habe dafür gesorgt, daß Blut und Tränen an euren schäbigen Moneten kleben – und jetzt im Himmel wollt ihr das böse, nach mir und meinem Schwefel stinkende Geld, jetzt wollt ihr den höllischen Mammon zum Zeugen für diesen da aufrufen? Meint ihr, das würde vor dem Chef des Himmels gelten?« So fragt der Teufel.
Aber dann wird Gott den Verkläger hinwegweisen und wird sagen: »Ich habe wohl gehört, was diese hier *für* dich zeugen, und daß sie dich bei sich haben wollen in ihren ewigen Hütten. Wohl dir, du Kind der Treue. Du hast den ungerechten Mammon gerecht gemacht, indem du die Armen und Hungrigen damit speistest und die Nackten bekleiden halfst. Gehe ein zu deines Herrn Freude!«

So ist das also mit dem ungerechten Mammon. Ist es wirklich dasselbe Geld, muß man nun fragen, das ein Schieber aus der Brieftasche nimmt, um ein Sektgelage damit zu finanzieren, und jenes andere Geld, das in den Opferbüchsen der Kirchen ruht oder das auf einem Teller liegt, den man in irgendeinem Betriebe herumreicht, um für einen kranken Kollegen zu sammeln? Ich frage, ist es wirklich dasselbe Geld: einmal die Beträge, die von einem unpersönlichen Bankkonto abgezweigt werden, um eine Weihnachtsgratifikation zu gewähren, und jenes andere Geld, das ich aus der körperwarmen Börse meiner Tasche nehme, in der lauter versteuertes Geld ist – Geld, das mir vielleicht, wenn ich es für andere gebe, dann selber abgeht? Ist es wirklich dasselbe Geld? Dient das Geld in der Büchse oder im Teller nicht einem ganz anderen Herrn? Und ist es nicht dadurch geheiligt und von dem Schmutz gewaschen, der auch an *ihm* geklebt haben mag, als es von der Notendruckerei durch mancherlei dunkle und anständige, aber eben auch durch dunkle Geschäfte bis in die Opferschale und schließlich bis in die ewigen Hütten wanderte? Gilt es nicht auch von dem Gelde genau wie von uns Menschen, daß es so etwas wie eine »fremde Gerechtigkeit« gibt?

Es ist schon vorgekommen, daß mir jemand, der selber nicht viel hatte, einen Geldschein für irgendeine Not gab. Ich hätte mir eher mit einem Tausendmarkschein, den ein Schieber achtlos liegen ließ, eine Zigarette angezündet, als daß ich diesem kleinen Schein, diesem armseligen Papier, ein Leids hätte geschehen lassen. So lebendig und so kostbar war mir das arme Papier, weil die »fremde Gerechtigkeit« der Liebe es geheiligt hatte.

So laßt uns denn den ungerechten Mammon heiligen durch den Dienst, in den wir ihn stellen. Laßt uns keinen Götzen, sondern einen Diener aus ihm machen. Es geht schließlich im Leben doch nur um eines: um die Geborgenheit, um die ewigen Hütten, die uns das Kreuz unseres Herrn besorgt hat. Denn nur durch das Kreuz gibt es diese »fremde Gerechtigkeit«. Wir sind von *uns* her wahrhaftig keine teuren und kostbaren Leute, über die Gott sich freuen könnte und die er hoch eintaxieren müßte. Aber wir sind »teuer erkauft«. Wir sind in die ewigen Hütten eingekauft. Alles vergeht, das aber bleibt. »Was ihr getan habt einem unter diesen meinen geringsten Brüdern, das habt ihr mir getan.« Das habe ich dann auch für die ewigen Hütten und für mich getan. Unsere Geldbörse kann mehr mit dem Himmel und auch mit der Hölle zu tun haben als unser Gesangbuch. Wer Ohren hat zu hören, der höre!

DAS GLEICHNIS
VON DEN BÖSEN WEINGÄRTNERN

Es war ein Hausvater, der pflanzte einen Weinberg und führte einen Zaun darum und grub eine Kelter darin und baute einen Turm und tat ihn den Weingärtnern aus und zog über Land. Da nun herbeikam die Zeit der Früchte, sandte er seine Knechte zu den Weingärtnern, daß sie seine Früchte empfingen. Da nahmen die Weingärtner seine Knechte; den einen stäupten sie, den andern töteten sie, den dritten steinigten sie. Abermals sandte er andere Knechte, mehr denn der ersten waren; und sie taten ihnen ebenso.

Danach sandte er seinen Sohn zu ihnen und sprach: Sie werden sich vor meinem Sohne scheuen. Da aber die Weingärtner den Sohn sahen,

sprachen sie untereinander: Das ist der Erbe; kommt, laßt uns ihn töten und sein Erbgut an uns bringen! Und sie nahmen ihn und stießen ihn zum Weinberge hinaus und töteten ihn.
Wenn nun der Herr des Weinberges kommen wird, was wird er diesen Weingärtnern tun? Sie sprachen zu ihm: Er wird die Bösewichter übel umbringen und seinen Weinberg andern Weingärtnern austun, die ihm die Früchte zu rechter Zeit geben. Jesus sprach zu ihnen: Habt ihr nie gelesen in der Schrift: »Der Stein, den die Bauleute verworfen haben, der ist zum Eckstein geworden. Von dem Herrn ist das geschehen, und es ist wunderbar vor unsern Augen«? Darum sage ich euch: Das Reich Gottes wird von euch genommen und einem Volke gegeben werden, das seine Früchte bringt.

MATTHÄUS 21, 33-43

Wenn wir einmal die Gleichnisse Jesu in ihrer Gesamtheit überblicken, können wir eine merkwürdige Beobachtung machen: Alle Gleichnisse, die von der Natur handeln – von den Lilien auf dem Felde, den Vögeln unter dem Himmel, von dem Hirten und seinen Schafen –, atmen so etwas wie Frieden und bergende Ordnung. Dort aber, wo die Gestalt des Menschen im Mittelpunkt steht – ganz gleich, ob es um den Schalksknecht, den ungerechten Haushalter, den reichen Mann oder um wen immer geht –, da kommt es zu dramatischen Verwicklungen, zu Konflikten und immer wieder zum Scheitern.
So ist es auch in diesem Gleichnis von den bösen Weingärtnern. Hier taucht Christus nicht in der segnenden Gebärde der Thorwaldsenschen Christusplastik auf und auch nicht als der Hirte mit seiner Ausstrahlung von Wärme und Geborgenheit. Hier geht es um die Geschichte eines Zusammenpralls von Gott und Mensch. Diese Geschichte ist wie ein Drama in einzelne Akte gegliedert. Ihre wichtigsten Stationen werden durch einige holzschnittartige Bilder angedeutet.
Der historische Hintergrund, auf den Jesus dabei anspielt, ist leicht zu erkennen. Es handelt sich um Schuld und Schicksal des rätselhaftesten

aller Völker, nämlich Israels. Mit diesem »ungeschliffensten und sprödesten Volke« (wie Lessing es einmal genannt hat) nimmt Gott Verbindung auf, um damit sichtbar zu machen, daß er nicht die Renommierexemplare der Humanität, daß er nicht den Menschen in seiner Größe, sondern daß er den Menschen in seiner Fragwürdigkeit sucht und daß er dem menschlichen Geschick an seinen dunkelsten Stellen begegnen will. Er sendet diesem Volke seine Propheten und Gottesmänner. Er geht ihm mit einem Nachdruck und einer Eindringlichkeit nach, daß dadurch das Gleichnis fast gesprengt wird und geradezu unwahrscheinliche Züge gewinnt. Denn wo gäbe es einen Weinbergbesitzer, der es dulden würde, daß seine Pächter solches Schindluder mit seinen Leuten trieben, und der, statt als Chef mit der Faust auf den Tisch zu schlagen, immer neue Versuche mit immer neuen Sendboten machte?

Gerade diese Unmöglichkeit, diese grobe Verzeichnung des Gleichnisbildes ist beabsichtigt. Denn sie soll im strengen Sinne die »unbegreifliche« Bemühung Gottes veranschaulichen, dem Menschen trotz seiner Verranntheit und Verblendung auf der Spur zu bleiben und den Kontakt mit ihm durchzuhalten. Wir mögen uns so verrückt und so störrisch anstellen, wie wir wollen, Gottes Treue ist größer als unser Wahn. Wir mögen uns tot stellen wie ein Tier und Gott als nichtexistent behandeln, wir mögen ihn blasiert übersehen: Gott bleibt dennoch bei uns stehen und läßt uns nicht aus dem Auge.

So sendet Gott seine mahnenden und aufrüttelnden Propheten, er läßt sie von den Menschen umbringen und wirft immer neue Reserven in die große Gottesschlacht. Sein Nachschub scheint unerschöpflich. Zuletzt sendet er seinen Sohn. Ihm gegenüber wird es wohl, so sollte man meinen, so etwas wie respektvolle Scheu geben. Vor der Erscheinung Jesu werden sie zurückzucken, wie das Rollkommando bei seiner Verhaftung es einen Augenblick tat. Wenn Jesus von Nazareth, wenn der »Heiland« kommt, müssen sie doch schließlich merken, daß Gott sie sucht und sein Teuerstes an sie wagt. Aber auch der Sohn findet weder Heimat noch gastliche Aufnahme in dem, was doch schließlich *ihm* gehört. Schon als Säugling wird er nicht aufgenommen, wird aus den Heimstätten der Menschen zu den Tieren abgedrängt, muß auf den Flüchtlingstreck und auf fremde endlose Straßen. Und ehe sie ihn vollends umbringen – ihn, der verzweifelt um ihre Seelen ringt und dabei in immer dunklere Einsamkeiten stürzt –, ruft er noch aus: »Jerusalem, Jerusalem! Wie oft habe ich deine Kinder versammeln wollen, wie eine Henne versammelt ihre Küchlein unter ihre Flügel; und ihr habt nicht gewollt.« Dann wird der Galgen auf dem Hügel Golgatha errichtet.

Ja, so ist es: Gottes Aktionen scheitern alle. Die Aufständischen behalten das Feld. Und dieses Feld ist mit Trümmern und Opfern, es ist mit dem übersät, was Gott für uns aufgewendet hat. Keine Sentimentalität und keine symbolische Verklärung sollte uns darüber hinwegtäuschen, daß das Kreuz eben das Zeichen der Niederlage Gottes ist – ein ragendes Zeichen, das uns zuruft: Hier ging Gott zugrunde, hier scheiterte er, denn »wer am meisten liebt« (Thomas Mann sagt das im Tonio Kröger), »ist immer der Unterlegene und muß am meisten leiden«. Auch hier ist Gott der Unterlegene, weil er am meisten geliebt hat. Hier also scheitert Gott, und hier triumphiert der Mensch. Hier hat er die Souveränität über seine Erde erkämpft. Seine Philosophen und Dichter werden die Männer verherrlichen, die Geschichte machen, und sie werden von der Autonomie singen und sagen, die das Würdezeichen dieses Menschen sei, der sich von Gott freigekämpft hat.

Wenn diese Geschichte an den Nerv des Christentums rühren sollte – und dieser Nerv wird hier doch wirklich bloßgelegt –, wie kann man dann das Christentum als eine bloße »Religion« bezeichnen? Hier ist mehr von der Ausdünstung des Blutes als vom Aroma des Weihrauchs zu spüren. Hier werden keine Liturgien zelebriert, sondern hier geht es um den Klamauk des Hohnes. Und hier geht es nicht um Andacht, sondern um den Schrei: Gott ist tot!

Es ist also gut, wenn wir uns über eines klar sind:
Unter dem Eindruck dieser Geschichte kann man nicht so leicht in weihevolle Stimmung kommen. Mit dieser Geschichte wird man nur fertig, wenn man sich selbst in sie verwickelt sieht und seine Rolle

übernimmt. Die sogenannte »Religion« hat es mit dem Sonntag und den Feierstunden zu tun. Darum geht sie uns im allgemeinen auch so wenig an, wenn die frommen Stimmungen verflogen sind. Denn normalerweise sind wir nicht in dieser Stimmung. Wir sind sehr nüchtern. In unserem Betrieb, in unserem Büro und in unserer Werkstatt geht es hoch her. Da muß man sich ranhalten und seine Gedanken zusammennehmen. Und abends hat man eine Verpflichtung oder sinkt müde zusammen. Zu Sentimentalitäten und besinnlichen Gedanken ist wenig Zeit.

Mir ist es immer ein Trost, daß fast alle Geschichten mit Christus, in die die Menschen verwickelt wurden, an solchen nüchternen Werktagen passieren, wo man sich ranhalten muß. Die Jünger erwischt's beim Fischen und also bei einem ziemlich harten Geschäft, die Zöllner an ihren Zollschranken. Und wenn es nicht die Arbeit ist, dann ist es eine Not. Wenn man Aussatzgeschwüre hat, wenn die kleine Tochter gestorben ist wie bei Jairus, wenn man blind und lahm ist und auf irgendeinem Jahrmarkt um ein paar Pfennige schnorren muß, ist man auch nicht feierlich aufgelegt. Man ist eher deprimiert oder »wurstig«. Und immer dann kommt Jesus. Wenn dieser Jesus einen im Bereich unseres größten Zeitkontingentes, nämlich eben im Routinebetrieb unseres Alltags, nichts angeht, wenn er *hier* nicht der Erlöser ist, dann nützen einem die Sonntage auch nichts. Und selbst die Stimmen des Michaelischores sind schon am Montag durch Geräusche verdrängt, die aus ganz anderen Ecken kommen.

Darum tut es uns gut, daß mit den Weingärtnern die Situation unserer Arbeit und unseres Alltags angesprochen wird. Gott will immer in die elementaren Bezirke unseres Lebens. Von dem religiösen Komfort eines frommen, gleichsam geistlich genießenden Lebens schweigt das Neue Testament.

Was ist nun eigentlich mit den Weingärtnern los, wenn sie so sauer reagieren, als der Herr des Weinberges seine Hand auf den Ertrag ihrer Arbeit legt? Um das zu verstehen, muß man zunächst ganz einfach wissen, daß der Weinberg für die Sprache der Bibel ein feststehendes Bild, eine Art stenographisches Sigel für alles das ist, was dem Herrn als Eigentum gehört. Die Weingärtner sind also nicht selbständige Unternehmer, sondern Angestellte oder Pächter. Sie arbeiten nicht (oder jedenfalls nicht *nur*) in die *eigene* Tasche. Aber sie tun so, als ob das doch so wäre. Denn sie beanspruchen das, was ihnen nur geliehen ist, für sich selbst. Und was ihnen als eine bloße Funktion übertragen wurde, fassen sie als eine Arbeit auf, über deren Ertrag sie selbst verfügen können. Kein redlicher Angestellter würde sich normalerweise zu solchen Ideen versteigen. Denn natürlich arbeitet er für seine *Firma*. Und hier wird uns nun gesagt: Diese Leute behandeln Gott schlechter, als ein Angestellter seine Firma behandelt. Was man sich keinem irdischen Chef gegenüber herausnehmen würde, das ist diesen Leuten Gott gegenüber eine Selbstverständlichkeit.

Das ist natürlich eine ziemlich drastische Behauptung. Aber immerhin stammt diese Feststellung von Jesus Christus. Wir müssen also versuchen herauszufinden, was er damit gemeint hat. Ist es denn wirklich so, daß wir normalerweise Gott gegenüber Unterschlagungen begehen, das heißt, daß wir das, was sein Eigentum ist, für uns beschlagnahmen und in die eigene Tasche wandern lassen? Daß es so ist, möchte ich an einem sehr alltäglichen, fast banalen Beispiel verdeutlichen.

Ich befinde mich etwa in einer Gesellschaft von mehreren Autobesitzern. Unwillkürlich kommen sie alle ins Renommieren hinein: »Meiner macht spielend 150 Sachen auf der Autobahn.« Der andere fällt ihm schon ins Wort: »Und meiner geht im dritten Gang auf den Großglockner. Das macht ihm nichts.« Der dritte mischt sich ein: »Und die Beschleunigung des meinen sollten Sie erst einmal sehen!« Die Leidenschaft, mit der diese Leute ihren Motor rühmen, stammt zweifellos daher, daß sie sich selbst mit ihrem Motor identifizieren. Ich bin es, der diese Beschleunigung hat! Ich bin es, der steile Berge erklimmt! Wir haben die Neigung, uns stets mit allem Positiven, worüber wir verfügen, zu identifizieren. Vor einiger Zeit sagte ich einem meiner Studenten einmal: »Sie sind ein begabter Knabe.« Daraufhin errötete er und schielte links unten in die Ecke. Er war deshalb so geniert, weil er das Gefühl hatte, ich hätte ihn gerühmt und ihm eine großartige Eigenschaft beigemessen. Dabei hatte ich das doch gar nicht getan, sondern hatte im Gegenteil zum Ausdruck gebracht, er sei »begabt«, das heißt, ihm seien Gaben von einem anderen anvertraut. Aber auch er identifizierte sich damit.

Es lassen sich aber nun auch Beispiele nach der entgegengesetzten Richtung finden. Ich gehe etwa durch die Zellen eines Zuchthauses und spreche mit den zum Teil langjährig Verurteilten. Es ist merkwürdig, wie der eine mir sagt: »Hören Sie, daß ich hierhergekommen bin, das lag an dem Milieu, aus dem ich stamme.« Der andere sagt: »Es lag an meinen Eltern.« Der dritte: »Es lag an bösen Freunden.« Der vierte: »Es lag an meiner neurotischen Veranlagung.« Hier sieht man also, wie der Mensch sich nicht mit seiner Schuld identifiziert, sondern wie er sich gerade von ihr distanziert, also das Gegenteil tut von dem, was der Autobesitzer und der begabte Student taten.

Wenn wir versuchen, den Sinngehalt dieser ganz einfachen Beobachtung, die jeder von uns nachvollziehen kann, auf eine Formel zu bringen, können wir folgendes feststellen: Alles, was in unserem Leben positiv, was beachtlich und ehrenvoll ist, das betrachten wir als unser Eigentum. Mit so etwas identifizieren wir uns, ganz gleich, ob es sich um unser Auto oder um unsere Begabung handelt – obwohl das alles uns doch nur anvertraut und geschenkt ist, und obwohl alle diese Dinge und Gaben doch auf keinen Fall »wir selbst« sind. Alles aber, was uns belastet und kompromittiert, das schieben wir von uns ab. Davon distanzieren wir uns und schreiben es zu Lasten unserer Erziehung, unserer Umwelt, unseres Schicksals – und schließlich zu Lasten der letzten Instanz, die dafür verantwortlich ist, nämlich Gottes selbst.

Mit dieser Beobachtung haben wir zunächst den Schlüssel zu unserem Gleichnis gefunden. Denn die Weingärtner machen es genauso. Sie beanspruchen alles: ihre Arbeitskraft, ihre Leistung und schließlich auch den ganzen Raum ihrer Arbeit und ihres Lebens, eben den Weinberg selbst, als Eigentum für sich. Am Ende schreiben sie sogar Sonnenschein und Regen und gutes Klima auf ihr Konto: »Oh, wir sind es, die diesen guten Tropfen produziert haben!« Und wenn der

eine oder andere von ihnen auch sehr genau weiß, daß er doch nicht der unmittelbare Urheber von alledem ist und daß Gott Glück und Gedeihen und günstige Witterung geschickt hat, so sagt er doch: Es ist eben *mein* Glück, das sich in meinem Erfolge gezeigt hat. Ich bin eben ein Sonntagsjunge, und die Sterne lachen mir aus ihren Planetenhäusern zu. Auch Glück ist eine Tugend, die eben nicht jeder hat!
Machen wir es so nicht alle? Haben wir nicht alle miteinander diesen »Herr-im-Haus-Standpunkt«, wir Leute, die wir vielleicht Erfolgsmenschen sind? Haben die Leute um den Babylonischen Turm herum es nicht auch so gemacht? Sie haben es schnell vergessen, daß Gott ihnen die Erde anvertraute. Sie haben flugs den großen Bunker des Diesseits gebaut, sie wollten Gott aus dem Himmel evakuieren, um bei allem, was sie schufen und leisteten, wie Prometheus zu sagen: »Hast du nicht alles selbst vollendet, heilig glühend Herz?« Welcher Chef, der ein Jubiläum feiert und der nun mit Festreden eingedeckt wird, welcher Arzt, dem ein geheilter Patient seine Dankbarkeit ausspricht, welcher Arbeiter, der es durch Treue und Sparsamkeit zu einem Häuschen gebracht hat und nun sein Richtfest feiert, welcher Prediger, dem man nachher in der Sakristei für seine Worte dankt – welcher von allen denen denkt denn nicht heimlich oder ist jedenfalls versucht zu denken: Ich bin schon ein Mordskerl, und eigentlich muß der liebe Gott seine helle Freude an mir haben, und die Mitmenschen haben ganz recht, wenn sie sagen: Donnerwetter, das ist ein Kerl! Wer von allen denen denkt denn etwa im Sinne des Wandsbeker Boten: »Es ging durch unsere Hände«, was wir geleistet haben. Wir haben diese Hände wahrhaftig gerührt! – Ja, »es ging durch unsere Hände, kommt aber her von Gott«. Wer denkt denn so?
Wir haben im Westen den Glauben an die Humanität. Wir haben Ideale und singen: »Freiheit, die ich meine«. Uns laufen vor Ergriffenheit Schauer den Rücken herunter, welch noble Traditionen wir haben, über welchen Fundus an seelischen Kräften wir verfügen, daß wir solche Ideale hervorbringen können. Haben wir vergessen, woher diese (weiß Gott schon etwas angeschlagenen) Ideale eigentlich stammen? Haben wir den vergessen, in dem das Bild des Menschen, in dem

sein göttlicher Entwurf rein erhalten war und der mitten unter uns weilte in unserem Fleisch und Blut? Haben wir den vergessen, der uns gerade *nicht* liebte, weil wir so liebenswert gewesen wären und weil er Gegenliebe erwartete, sondern der mich und dich gerade in unserer Not und Schuld liebte, weil er in mir das verirrte Kind seines Vaters erkannte? Wollen wir das, was wir unsere westliche Humanität nennen, wirklich wie die Weingärtner für uns beanspruchen, so als ob dieses Ideal unser Eigentum und unser geistiges Produkt wäre? Dann wird dieses Ideal in unseren Händen verwesen und degenerieren. Dann wird der Mensch zum Material, dann wird die Gemeinschaft zum Apparat, und dann wird die Nächstenliebe zur »human relation«. Und ist das alles nicht schon so geworden? Wo stehen wir Weingärtner eigentlich? Wie viele Treuhänder unseres Herrn, die er uns irgendwann im Leben einmal über den Weg schickte, haben wir nicht schon überhört und zum Teufel gejagt?

Bei Jesus ist das alles ganz anders: Hier lernen wir für alles, was wir empfangen haben, zu danken. Wenn wir gesunde Kinder haben, wenn uns Erfolge in unserem Beruf beschieden sind, wenn wir eine glückliche Ehe führen, dann sagen wir nicht: »Das bin ich«, sondern: »Darin ist deine segnende und überschwenglich schenkende Hand spürbar.« Und umgekehrt: Wenn wir schuldig geworden sind, wenn unser Gewissen uns verklagt, dann sagen wir: »Herr, das habe *ich* getan. An dir allein habe ich gesündigt. Verwirf mich nicht von deinem Angesicht. Es ist dein Verdienst und deine Treue, wenn ich dennoch vor dir bestehen darf.«

Nur weil wir Menschen eben vergessen haben, daß wir trotzdem bestehen dürfen, daß es eben so etwas wie Vergebung *gibt* und daß etwas für uns auf Golgatha geschehen ist, nur deshalb nehmen wir die krampfhafte Abwehrhaltung der Weingärtner ein, darum geben wir uns den verrückten Verdrehungskünsten und Verdrängungsmanövern hin, daß wir alles Positive auf unser Verdienstkonto und alles Negative auf das Schuldkonto Gottes notieren. Wie verkrampft, wie mühsam und verlogen ist das alles! Und welche Befreiung, welcher beglückende Durchbruch passiert in unserem Leben, wenn wir es umgekehrt machen: wenn wir nämlich für das Große in unserem Leben danken und es nicht als unser eigen, sondern nur als uns anvertraut betrachten. Und wenn wir umgekehrt das Schlimme auf uns nehmen, weil ein anderer *uns* auf sich genommen hat. Ich kann es mir eben leisten, ehrlich und realistisch gegen mich selbst zu sein; ich kann es mir leisten, den Krampf von mir zu schütteln. Denn ich bin ein freies, ein entkrampftes Kind Gottes. Einer ist dagewesen, der das zuwege gebracht hat. Es ist gar nicht zu beschreiben, wie das ist, im Namen dieses Einen leben zu dürfen. Hier wird mir erst klar, was das Wort Leben überhaupt heißen kann.

Die Weingärtner, diese im Grunde armen Tröpfe, wissen von alledem nichts. Sie verneinen ihren Herrn und bejahen sich selbst und leben so im Krampf.

An dieser Stelle scheint es nun wichtig, eine kurze Überlegung darüber anzustellen, *wie* die Weingärtner den Herrn ablehnen, oder etwas aktueller gesagt: In welcher Form lehnen *wir* eigentlich die Knechte und schließlich den Sohn selber ab? Etwa in der Weise, daß wir aus der Kirche austreten? Oder daß wir den Gottesdienst meiden wie der Teufel den Weihwasserkessel? Oder daß wir religiöse Skeptiker sind, daß wir uns mit Zweifeln herumschlagen und diese Zweifel noch manchmal liebevoll kultivieren und mit ihrer Hilfe unsere Intelligenz bestätigen?

Meist sind das alles nur Symptome viel tiefer liegender Vorgänge. Die Art und Weise, wie wir über Gott denken und wie wir auf die Kirche ansprechen oder auch nicht ansprechen, hängt nämlich meist von heimlichen Vorentscheidungen ab, die an einer ganz anderen Stelle unseres Lebens, in einer Zone tief unterhalb alles intellektuellen Denkens, gefällt werden.

Statt darüber lange zu philosophieren, möchte ich lieber ein Beispiel aussuchen, an dem dieser Vorgang besonders deutlich festzustellen ist. Ich möchte einmal eine These aufstellen, die beim ersten Hören ein wenig juristisch klingen mag, und sie durch ein Beispiel belegen.

Die These lautet: Wir lehnen Christus ab, wenn wir Gerechtigkeit statt Liebe üben. Und da wir das eigentlich dauernd in unserem Leben tun, lehnen wir ihn auch dauernd ab. Weil diese Vorentscheidung, meist ohne daß wir es merken, in unserem Herzen immer schon gefallen *ist*, werden wir *dann* auch in unserem Kopf und mit unseren Gedanken nicht mehr mit der Gottesfrage fertig.

Das muß ich nun im einzelnen zeigen, und das geschieht am besten durch ein Beispiel der engsten persönlichen Gemeinschaft. Ich denke dabei an die Ehe. Meine jungen, unverheirateten Leser müssen sich das folgende jetzt sinngemäß auf die Freundschaft oder auch auf ihr Verhältnis zu Schul- und Arbeitskameraden, auf Verwandte und Nachbarn übertragen. Da gilt es auch.

Vielleicht ist eine Ehe oder auch eine Freundschaft von tiefen Krisen bedroht. Vielleicht hat der andere die Ehe sehr handfest gebrochen. Vielleicht hat er sich, womöglich schon seit langem, unmöglich und ehewidrig benommen. Es ist dann recht und billig, das heißt, es entspricht also der »Gerechtigkeit«, daß ich mich scheiden lasse oder mich zum mindesten zurückziehe und die menschlichen, vielleicht sogar die diplomatischen Beziehungen abbreche. Jeder Rechtsvertreter – ob es nun der Eherichter, der Rechtsanwalt oder ein rechtlich denkendes Familienmitglied ist – würde mir das bestätigen und mir eben »recht« geben.

Es gibt nun tatsächlich Fälle, wo es keinen anderen Ausweg gibt. Das ist aber eine viel seltenere Ausnahme, als man im allgemeinen denkt. Sehr häufig ist es so, daß ich zwar »gerecht« handle, wenn ich meinerseits die Konsequenzen ziehe und mich von meinem Partner absetze, daß ich aber zugleich »lieblos« handle, wenn ich das tue. Ich gebe ihn dann ja möglicherweise preis. Vielleicht bin ich sein letzter Halt. Vielleicht bin ich die einzige Bremse auf der schiefen Ebene, der einzig feste Punkt in dem schlüpfrigen und vielleicht ekelhaften Gelände, in dem er einsam und hilflos herumvagabundiert. Und vielleicht lasse ich ihn nun fallen.

Keine irdische Instanz könnte mir einen Vorwurf machen, kein Richter und kein Anwalt und vielleicht nicht einmal mehr Frau Irene*,

---

* Frau Irene unterhält in einer sehr verbreiteten Wochenzeitung einen Leserbriefkasten, in dessen Rahmen sie die Leser in menschlichen Nöten berät.

obwohl die doch eine sehr menschliche, weise und auch gütige Frau ist. Denn ich handle ja wirklich »gerecht«. Ich bin im Recht. Aber ob *Gott* meine Gerechtigkeit billigt, wenn ich einen Menschen preisgebe, um den er trauert und um den Christus gelitten hat? Wenn Paulus gegen das Gesetz und die Gesetzlichkeit der Menschen wettert, dann hat er dieses Problem im Auge.

Das alles klingt im ersten Augenblick schrecklich dogmatisch. Aber hier geht es um lauter menschliche und sehr elementare Dinge. Ich riskiere in diesem Zusammenhang einmal einen gefährlich zugespitzten Satz: Die Gerechtigkeit verdirbt unser Leben viel mehr als die Ungerechtigkeit.

Diese massive These, die ich da gewagt habe, gilt gewiß nicht vom allgemeinen Zivil- und Strafrecht. Aber sie gilt ganz bestimmt von allen persönlichen, intimen und mitmenschlichen Bereichen. Hier ist Gerechtigkeit immer wieder ein Stichwort, hinter dem sich der Wille zum eigenen Recht versteckt und mit dem man eine Lieblosigkeit tarnt, die den anderen preisgibt. Nur von da aus erklärt sich auch eine sehr eigenartige und sonst rätselhafte Beobachtung: daß Jesus mit den Ungerechten, mit Dirnen und Zöllnern so milde verfährt, während er mit den Fanatikern der Gerechtigkeit (ganz gleich, ob sie als Pharisäer in seinem Leben oder ob sie als symbolische Figuren in seinen Gleichnissen auftauchen) so hart umspringt.

Das scheint mir die große Überraschung zu sein, auf die wir hier stoßen: Längst ehe wir in unserem Bewußtsein die religiöse Frage überhaupt gestellt haben, *ist* Christus schon von uns abgelehnt worden – einfach dadurch, daß wir ihn an unserem Nächsten verleugnen und daß wir den, der ihm ans Herz gewachsen ist, preisgeben (und zwar im Namen der Gerechtigkeit, im Namen des moralischen Menschen preisgeben). Können wir dann aber noch gedanklich das »Christusproblem« bewältigen, können wir dann noch mit der Gottesfrage fertig werden, wenn wir immer schon von dieser falschen Weichenstellung herkommen? *Alle Dinge um Gott werden in ganz weltlichen, ganz menschlichen Bereichen vorentschieden.* Der sogenannte religiöse Sektor in unserem Leben tritt demgegenüber völlig zurück. Darum sollten wir aufpassen, was wir auf höchst menschliche und weltliche Art mit unserem Nächsten tun.

Wir sollten dem anderen gegenüber nicht in erster Linie »gerecht« sein, sondern wir sollten ihn lieben und ihn halten. Das kann man nur, wenn man zur Vergebung bereit ist. Und man kann nur zur Vergebung bereit sein, wenn man erfahren hat, daß Jesus Christus mir ja auch *meine* Sünde vergibt und mir eine neue Chance einräumt.

Dieses Vergeben ist gar nicht so einfach. Es ist nicht deshalb so schwer, weil wir uns grundsätzlich dagegen sperrten. O nein, so stur sind wir ja gar nicht. Sondern es ist so schwer, weil wir so gerecht sind und weil wir in unserem Gerechtigkeitswahn auch die Last der Vergebung wieder auf beide Partner verteilen und mit der Vergebung nun abermals »gerecht« umgehen möchten. Wir sagen nämlich: »Nun gut, wenn der andere in sich geht und mich um Verzeihung bittet, dann will auch ich ihm vergeben, dann ziehe ich nach.« Wir machen die Vergebung zu einem Gesetz der Gegenseitigkeit. Und das klappt nie. Denn nun denkt jeder: »Der andere muß anfangen«, und paßt höllisch auf, ob der andere ein kleines Blinksignal mit seinen Augen zu mir sendet oder ob zwischen den Zeilen seines Briefes ein ganz kleiner Hinweis zu erkennen ist, daß er bereut. Ich stehe immer auf dem *Sprunge*, zu vergeben (denn ich weiß auch als ganz säkularer Mensch: es geht im Leben nun einmal nicht ohne Vergebung; die Gesellschaftsmaschine würde sich sofort heißlaufen ohne dieses Öl); aber ich springe dann doch nie. Ich bin viel zu gerecht.

Vergebung – das ist ihr Geheimnis – ist nämlich niemals ein Nachziehen, wenn der andere mit seiner Reue vorangegangen ist; sondern Vergebung ist immer Initiative. Sie ist Initiative, oder sie ist nicht. Das Leben verläuft im allgemeinen ja nach dem Echogesetz: Ein Nachbar spielt laut Radio. Ich klopfe an die Wand. Er schimpft; ich brülle. Er grüßt mich nicht mehr. Ich sehe ein Loch in die Luft, wenn er an mir vorbeikommt. Das ganze Leben ist ein einziges Reagieren und Echo-Geben im guten und im bösen Sinne. Das ist fast ein Naturgesetz. Nun heißt Vergebung, daß dieses Naturgesetz durchbrochen, daß in dieses verstrickende Netz an *einer* Stelle ein Loch gerissen wird.

Das geht nur durch Initiative, das heißt wörtlich: dadurch, daß einer einen neuen Anfang macht und nicht mehr bloß verfahrene Anfänge immer weiter fortsetzt.

Damit habe ich auf menschliche Weise das Geheimnis des Evangeliums beschrieben. Denn das Evangelium ist gar nichts anderes als die Nachricht von der göttlichen Initiative. Der Herr des Weinberges fährt eben nicht wie ein Donnerwetter dazwischen, als die Weingärtner den ersten und den zweiten Knecht mißhandeln. Er wagt einen neuen Anfang. Wollte Gott auf das, was wir tun, nur »reagieren«, so hätte es keinen Regenbogen über der Sintflut gegeben, dann würden wir niemals mehr Weihnachten oder Neujahr oder Ostern feiern können. Evangelium heißt, daß Gott das Gesetz von Schuld und Sühne, daß er die tragische Verstrickung der Welt zerreißt und einen neuen Anfang mit uns macht. Wenn Paulus von der Gerechtigkeit Gottes spricht, dann heißt das eben nicht mehr: Gott reagiert auf mich als ein Richter, er gibt mir, was mir zukommt; sondern es heißt: Gott der Herr will mir als seinem *Kinde* gerecht werden. Wir leben im Namen dieses Wunders, dieser Initiative Gottes.

Wenn wir alles das, was Gott so an uns tut, nun auch an unserem Nächsten tun, wenn wir es sozusagen nachvollziehen, dann kommt ein neuer, belebender und schöpferischer Hauch in unser Leben. Denn eines steht fest: Jeder, der Menschenantlitz trägt, möchte ja gerade und immerfort *lieben*. Wenn man einen Ehegatten, einen Nachbarn, einen Kollegen hat, der einem gegenüber voller Ressentiments ist, der einen vielleicht beneidet oder einen schikaniert oder aus dessen Augen einen Haß und Verachtung anfunkeln, dann können wir sicher sein, daß er sich nicht wohl fühlt in seiner Haut, daß er darunter leidet und daß er glücklich wäre, wenn er statt dessen lieben könnte: ja, daß er *uns* dankbar wäre, wenn wir ihm die Chance verschafften, aus seinem dunklen Loch herauszukommen. Denn Lieben und Geliebtwerden ist ein Naturvorgang wie Einatmen und Ausatmen. Es ist einfach unnatürlich, wenn es anders ist. Aber der andere findet den Dreh nicht, es bedarf eben einer Initialzündung, sonst bleibt er in seiner Lähmung, sonst verkümmert er in seinem Haß. Wer nicht mehr liebt, bei dem hat die Haut seines inneren Menschen die Atmung aufgegeben. Der erstickt. Darum muß ich durch mein Lieben diese Initialzündung vollziehen. Ein einziges gutes Wort durchbricht oft den trüben Zauber. Ein Händedruck kann Fesseln sprengen. Will ich wirklich nur gerecht sein und den anderen im eigenen Safte schmoren lassen?

Vincent van Gogh schreibt einmal an seinen Bruder Theo: »Mancher hat ein großes Feuer in seiner Seele, und es kommt keiner, sich daran zu wärmen, und die Vorübergehenden gewahren oft nur ein klein wenig oben über dem Schornstein, und sie gehen ihres Weges von dannen...«

Merke ich nicht, daß auch mein Nächster, dieser rätselhafte, mir so fremd gewordene Mensch, dieses Feuer in sich hat, daß er gern möchte, daß einer sich an seiner Liebe wärmt? Aber die Ofenklappe seines inneren Menschen ist zugefallen. Das Feuer wird immer kleiner. Nur beißender Qualm kommt aus den Ritzen, und er quält damit seine Mitmenschen. Er bekommt die Klappe nicht mehr alleine hoch. Soll ich ihm nicht helfen, daß er einen neuen Luftzug bekommt, bin ich wirklich nur entschlossen, wie van Gogh sagt, meines Weges einfach von dannen zu ziehen? Ich würde den verleugnen, der für diesen unglücklichen Mann mit dem eingesperrten Feuer gestorben ist. Ich wäre gerecht, gewiß. Kein Mensch könnte mir einen Vorwurf machen. Aber ob ich diesem Einen noch unter die Augen treten könnte, der dann für diesen Mann vergeblich gestorben wäre?

Nutzt man das nicht aus, was Christus an uns getan hat, ergreift man also die Chance nicht, ein Träger von neuen Anfängen sein zu dürfen, so wird das Christentum zu einer Last und zu einem Gericht. Und mit diesem Ausblick auf das Gericht schließt ja das Gleichnis.

Wie sieht diese Last aus? Sie zeigt sich etwa darin, daß mich die Frage bedrückt: Kann ich überhaupt je ein Christ werden? Kann ich die Kraft zu dieser Initiative aufbringen? Und ob ich außerdem an diese dogmatischen und übernatürlichen Absonderlichkeiten glauben kann? Wie soll ich denn über meine intellektuellen Hemmungen so einfach hinwegkommen? Es steht wie ein Berg vor einem. Aber man muß an *einer* Stelle einmal anfangen. Wir sahen ja, daß jene Hemmungen nur

eine sekundäre Sache sind, die zu ihrer Stunde *auch* ihr Recht erfahren werden. Aber vielleicht fangen wir einmal mit dem Vergeben und also mit dem an, was ich die Initiative nannte.
Der Augenblick, bis wir so weit sind, gleicht dem Anflug bis zur Durchbrechung der Schallmauer. Erst wenn der kritische Punkt überwunden ist und es den großen Knall getan hat, ist man im freien Gelände, und die Widerstände nehmen jäh ab. Riskiert man das nicht – riskiert man es nicht im Namen dessen, der uns gegenüber ja zuerst mit *seiner* Initiative herausgerückt ist –, so wird einem das Christsein zur Belastung, weil wir die Gnade verkommen lassen. »Was man nicht nützt, ist eine schwere Last«, heißt es im »Faust«. Darum ist es dann auch kein Wunder, wenn man dem Christsein nun überhaupt aus dem Wege geht und die Zonen solcher Entscheidungen meidet. »Wer ist unter uns, der bei einem verzehrenden Feuer wohnen möchte? Wer ist unter uns, der bei der ewigen Glut wohne?« sagt Jesaja (33, 14). »Bei der ewigen Glut« – darum geht es: Wenn sie einen verzehrt, weicht man ihr aus; wenn sie einen wärmt, sucht man sie. Die Weingärtner haben ihre Entscheidung getroffen. Sie wollten einfach die Herren ihres Lebens sein. Darum mußten sie die ewige Glut austreten.

Sind wir vielleicht die längste Zeit ein Volk von Christen gewesen? Luther sprach von dem Platzregen des Evangeliums, der schnell vorüberziehe; und das Gleichnis schließt: »Das Reich Gottes wird von euch genommen und einem Volke gegeben werden, das seine Früchte bringt.« Gott lebt nicht von uns abendländischen westlichen Weingärtnern. Aber wir leben von Gott. Um Kontinente, über die er seinen Platzregen schickt, ist er nicht verlegen. Asien wartet ja auch noch. Europa hat keine Privilegien. Es hat nur Gnaden zu verlieren. Aber reden wir nicht von Erdteilen. Jesus Christus hat nicht in welthistorischen Perspektiven, sondern er hat in Menschenseelen gedacht. Und obwohl seine Hand über den Erdkreis gereckt war – »Mir ist gegeben alle Gewalt im Himmel und auf Erden« –, nahm er den blinden Mann am Wege und das alte Weiblein und die kleinen Kinder ernst. Die Hand, die die Erdkugel hält, winkte den Armen und segnete die Geängsteten. »Gottes ist der Orient, Gottes ist der Okzident« – gewiß, das ist wahr. Aber viel größer ist es, daß Gott nicht nur das Große, sondern auch das Kleine sucht, daß er für dich und für mich da ist und auf uns wartet – und auch auf den einen Menschen, der uns solche Not macht und den *wir* nicht preisgeben dürfen.

DAS GLEICHNIS
VON DEN ARBEITERN IM WEINBERG

Da antwortete Petrus und sprach zu ihm: Siehe, wir haben alles verlassen und sind dir nachgefolgt; was wird uns dafür?
Jesus aber sprach zu ihnen: Wahrlich ich sage euch: Ihr, die ihr mir seid nachgefolgt, werdet in der Wiedergeburt, da des Menschen Sohn wird sitzen auf dem Stuhl seiner Herrlichkeit, auch sitzen auf zwölf Stühlen und richten die zwölf Geschlechter Israels. Und wer verläßt Häuser oder Brüder oder Schwestern oder Vater oder Mutter oder Weib oder Kinder oder Äcker um meines Namens willen, der wird's hundertfältig nehmen und das ewige Leben ererben. Aber viele, die da sind die Ersten, werden die Letzten, und die Letzten werden die Ersten sein.

Das Himmelreich ist gleich einem Hausvater, der am Morgen ausging, Arbeiter zu mieten in seinen Weinberg. Und da er mit den Arbeitern eins ward um einen Groschen zum Tagelohn, sandte er sie in seinen Weinberg. Und ging aus um die dritte Stunde und sah andere an dem Markte müßig stehen und sprach zu ihnen: Gehet ihr auch hin in den Weinberg; ich will euch geben, was recht ist. Und sie gingen hin. Abermals ging er aus um die sechste und neunte Stunde und tat gleich also. Um die elfte Stunde aber ging er aus und fand andere müßig stehen und sprach zu ihnen: Was steht ihr hier den ganzen Tag müßig? Sie sprachen zu ihm: Es hat uns niemand gedingt. Er sprach zu ihnen: Gehet ihr auch hin in den Weinberg, und was recht sein wird, soll euch werden.

Da es nun Abend ward, sprach der Herr des Weinbergs zu seinem Schaffner: Rufe die Arbeiter und gib ihnen den Lohn und heb an bei den letzten bis zu den ersten. Da kamen, die um die elfte Stunde gedingt waren, und empfing ein jeglicher seinen Groschen. Da aber die ersten kamen, meinten sie, sie würden mehr empfangen; und sie empfingen auch ein jeglicher seinen Groschen. Und da sie den empfingen, murrten sie wider den Hausvater und sprachen: Diese letzten haben nur eine Stunde gearbeitet, und du hast sie uns gleich gemacht, die wir des Tages Last und die Hitze getragen haben. Er antwortete aber und sagte zu einem unter ihnen: Mein Freund, ich tue dir nicht unrecht. Bist du nicht mit mir eins geworden um einen Groschen? Nimm, was dein ist, und gehe hin! Ich will aber diesem letzten geben gleich wie dir. Oder habe ich nicht Macht zu tun, was ich will, mit dem Meinen? Siehst du darum scheel, daß ich so gütig bin?

Also werden die Letzten die Ersten und die Ersten die Letzten sein. Denn viele sind berufen, aber wenige sind auserwählt.

MATTHÄUS 19, 27–30; 20, 1–16

Die Leute und Dinge, die in diesem Gleichnis vorkommen, sind uns alle vertraut und nah. Die Szenerie, vor die uns das Gleichnis stellt, ist wieder sehr weltlich, und die Kulissen sind unserem Alltag entnommen.

Nichts Religiöses und Überweltliches wird uns erzählt. Es ist weder die Rede von Weihrauch noch von Wundern. Es wird vielmehr berichtet von einem Arbeitsmarkt. Da gibt es Arbeiter und Arbeitslose; da ist ein Unternehmer, und da ist von Stundenlohn, Arbeitsverträgen und Tarifauseinandersetzungen die Rede.

So weit wäre alles klar. Höchst unklar aber sind nun die Spielregeln des ganzen Lohnverfahrens. Ich möchte einmal den Pressekrawall erleben, wenn ein Betriebsführer in unseren Tagen solche Sitten und Gebräuche einführen wollte; wenn er den Leuten, die gerade noch eine Stunde vor Feierabend ein bißchen zulangen, genau so viel gäbe wie denen, die sich den ganzen Tag über abgerackert haben. Auch in den Gewerkschaften würde man ganz bestimmt – und sicherlich mit Recht – die Trommel rühren.

Und wenn dieser seltsame Unternehmer, der durch das Wort »Hausvater« sogar noch einen gewissen patriarchalischen Akzent erhält, dann immer noch stur bliebe, würde er sicher in der kommenden Woche durch Erfahrung klug werden. Denn ganz bestimmt wäre da kein Mensch noch einmal so dumm, schon im Morgengrauen zur Arbeit anzutreten, wenn man doch so viel billiger und einfacher seine Lohntüte vollkriegen kann. Die Leute würden es zweifellos vorziehen, nur noch im Dämmerstündchen fleißig zu sein. Man wird doch nicht so hirnverbrannt sein und für das gleiche Geld die zehnfache Arbeit leisten! Kurz und gut: Dieser Mann ist ein Narr und bringt die ganze Ökonomie durcheinander.

Auch wenn man sich den Zusammenhang klarmacht, in den das Gleichnis eingefügt ist, wird die Sache zunächst nicht plausibel. Petrus hat den Herrn nämlich gefragt: »Siehe, wir haben alles um deinetwillen verlassen«; wir haben unsere Existenz eingesetzt für dich, unseren Beruf aufgegeben, wir haben Familie und Heim geopfert; »was wird uns dafür?« Sollen wir, so fährt er in Gedanken fort, auf derselben Stufe stehen wie die Leute, die erst einmal ihr Leben ungeniert und ungehemmt genießen, im Alter aber, wenn sie physisch zu ausgepumpt sind, um sich noch wie einst amüsieren zu können, plötzlich fromme Anwandlungen bekommen, so eine Art religiöser Tor-

schlußpanik erleben und sich dann noch schnell bekehren? Auch du, Jesus von Nazareth, bringst die ganze Ökonomie durcheinander – wenn du es mit deinen Leuten so halten solltest! Jesus antwortet auf diesen Einwand mit unserem Gleichnis und vertritt darin die These: Genauso, wie ihr es *nicht* wollt, so mache ich es in der Tat. Wer in der letzten Stunde kommt, den zahle ich voll aus.
Auch das will uns zunächst nicht in den Kopf. Der große norwegische Dichter Jens Peter Jacobsen erzählt in seinem Roman »Niels Lyhne« von einem Manne, der Gott ablehnt, obwohl er sich heimlich nach dem Trost des Glaubens und nach Frieden sehnt. Aber er will ehrlich vor sich selbst sein und lieber die Trostlosigkeit eines nihilistischen Lebens bis zuletzt durchstehen als knieweich und aus Schwäche »religiös« werden. Er wird vom Schicksal hart hergenommen. Der Tod bricht furchtbar in seine geliebte Familie ein, und manchmal geht ein tiefes Trostbedürfnis, geht so etwas wie Sehnsucht nach Geborgenheit und Heimkehr durch sein Herz. Aber er bleibt hart und lehnt auch in der letzten Stunde seines Lebens den Seelsorger ab, obwohl er dessen Tröstungen heimlich begehrt. Da sagt der Hausarzt, der diesen Patienten liebgewonnen hat und der von der Tapferkeit seines trostlosen Herzens bewegt ist: »Wenn ich Gott wäre, so würd' ich doch weit eher den selig machen, der im letzten Augenblick sich nicht bekehrt.«
So ein Ausspruch geht einem nahe; und wir alle sind von Natur geneigt, diesen Niels Lyhne, der bis zuletzt konsequent und kompromißlos lebt und angesichts der schwarzen Wand des Nichts aushält, höher zu schätzen und sympathischer zu finden als einen anderen, der im letzten Augenblick noch die Chance der ewigen Seligkeit zu erwischen versucht und die Notbremse der Frömmigkeit zieht. Und Jesus Christus, unser Herr, sollte hier anders denken? Er sollte diesen Niels Lyhne *hinter* dem Schächer rangieren lassen, der sich auch noch im letzten Augenblick durch die Himmelstür zu quetschen suchte?
Wahrhaftig, dieses Gleichnis ist ein chiffriertes Telegramm. Man versteht es nicht, wenn man den Code nicht kennt. So ist es im Grunde mit allen Gleichnissen Jesu: Es gibt – wir beobachteten das wiederholt – immer nur *einen* Punkt, von dem aus sie sich erschließen. An diesem

Punkt will uns der Herr haben. Wo mag dieser Punkt für unser Gleichnis liegen? Wir wollen versuchen, ihn zu finden, und dann einmal genau hinhören.

Das ganze Gleichnis gewinnt nur unter einer einzigen Bedingung Sinn: wenn wir uns nämlich von ihm sagen lassen, daß die Arbeit im *Weinberge* stattfindet, daß sie also ein Dienst für den Herrn sein soll und eben darum gar nicht als »Ver«-Dienst aufgefaßt werden kann, daß diese Arbeit vielmehr *selber* schon ein Geschenk ist und ihren Lohn in sich trägt. Denn sie verschafft den Arbeitenden die Nähe und die Fürsorge ihres väterlichen Herrn.

Man versteht dieses Gleichnis nur, wenn man sich klarmacht, daß Jesus hier gegen die Front der gesetzlichen Religion, daß er gegen *alle* Religion spricht, wie sie von Natur aus in unserem Herzen wohnt. Es ist gut, sich einmal klarzumachen, wie hier – im religiösen »Sektor« – die Menschen von jeher für den Himmel geschuftet haben und schuften, wie sie Opfer auf die Altäre schleppen, wie sie Rosenkränze beten, wie sie gute Werke tun – bis hin zu jenen seltsamsten aller Heiligen, die sich ein ganzes Leben lang auf eine hohe Säule stellen und in Wind und Wetter aushalten, die alt und grau dabei werden, nur um Verdienste für den Himmel zu erwerben. Man muß sich einmal klarmachen, daß diese Menschen das alles nicht als Kinder tun, die sich im Hause des Vaters frei und fröhlich bewegen, sondern daß sie das als Knechte tun, daß sie es voller Angst tun, daß ihnen das alles weniger aus dem Herzen kommt, als daß es ihnen ein Mittel ist, sich damit »himmelreif« zu machen. Hätten diese Menschen recht – *wäre* also die Gemeinschaft mit Jesus eine geschäftliche Angelegenheit mit ganz bestimmten Leistungen und Gegenleistungen, mit Rechnungen, die wir Gott über unsere Verdienste ausstellen dürfen, und mit Quittungen, die zum Eintritt in den Himmel berechtigen –, dann wäre es ja in der Tat entsetzlich und himmelschreiend ungerecht, wenn jemand, der am Abend seines Lebens noch in den Dienst des Herrn tritt, das gleiche bekäme wie alle die, die sich mächtig abgerackert, die geschwitzt haben und denen am Abend ihres Lebens alle Knochen wehtun.

Es ist nun wichtig zu sehen, daß unser Gleichnis diese ganze »religiöse« Sicht der Dinge, die keineswegs nur den alten Juden oder auch unseren katholischen Mitchristen, sondern die uns allen im Blute liegt, als schlechterdings falsch bezeichnet. Das muß man zuerst verstanden haben, sonst wird das Gleichnis zur Karikatur.

Wenn wir für unseren Herrn etwas tun, wenn wir wirklich Ernst damit machen, ihn in den ärmsten unserer Brüder zu ehren, wenn wir zu ihm beten, wenn wir ihm unser Leben mit seinen Freuden und Kümmernissen, seinen Leidenschaften und Verzagtheiten übergeben, dann ist das nicht Mittel zum Zweck – zu dem Zweck nämlich, uns einen Anspruch auf die ewige Seligkeit zu erwerben, oder auch zu dem irdischen Zweck, dem Abendland eine Ideologie zu verschaffen, weil die Menschen nun einmal so etwas wie Religion brauchen –, sondern dann ist das selber Zweck, dann ist das selbst schon »Seligkeit«.

Warum denn? Wer sich mit der Gnade beschenkt weiß, Gott lieben zu dürfen – das wird jeder bestätigen, der etwas davon versteht –, dem ist das ein Glück und eine unerhörte Lebenserfüllung. Dem ist nämlich alles, was er für Gott tut, selbst schon ein seliger Dienst und also das gerade Gegenteil einer harten Fron, die erst mit Seligkeit belohnt werden müßte. Kommt denn nicht alle Qual unseres Lebens: der Ehrgeiz, an dem wir uns zerreiben, die Sorge, die uns den Schlaf nimmt, das unruhige Gewissen, das uns mit seiner Anklage überfällt, die Lebensangst, die uns alles als hoffnungslos, leer und grau in grau erscheinen läßt, kommt das alles nicht gerade daher, weil wir eben aufgehört haben, Gottes Mitarbeiter zu sein, und weil wir nun auf eigene Faust umherstreunen, weil wir darum vaterlos geworden sind und weil uns deshalb das Leben immer unheimlicher, herrenloser und eben auch sinnloser erscheint?

Wer dagegen Gottes Mitarbeiter ist und ihn lieben gelernt hat, der steht mit einem Schlage ganz anders im Leben da. Der sieht sein kleines Leben und in ihm wieder seinen kleinen Alltag, der sieht alle Pflichten, die er zu erfüllen hat, und alle Menschen, die ihm begegnen, eingefügt in ein überlegen geplantes und souverän durchgeführtes Programm, in dem es keine Zufälle, keine Kunstpausen und keine leeren Nummern gibt. Der darf es einfach glauben – auch wenn er es nicht sieht –, daß er genau an die Stelle gestellt ist, wo der Weinberg ihn braucht, und daß Gott mit allem, was er uns schickt, pünktlicher und planvoller ist als der Fahrplan der Bundesbahn.

Oft begreift man es zwar nicht, während man so von Gott angelernt wird, warum er denn gerade so und nicht anders führt, warum wir dies und das durchmachen müssen. (Kein unreifer Lehrling, kein Schüler und auch kein Student begreift zunächst den Lehrplan, nach dem er gebildet und geschult wird. Im Gegenteil, die Lehrlinge, die Schüler und Studenten mucken oft genug auf und fragen: »Warum müssen wir uns mit all diesem sinnlosen Kram abgeben? Warum quält man uns mit diesem und jenem?«) Erst wenn man den kennt, der einen in Dienst genommen hat, wenn man sein Herz, seine Weisheit und seine Barmherzigkeit kennt, dann ist es ein seliger Dienst, sich von ihm anstellen zu lassen, dann bekommt unser Leben so etwas wie Linie und Ordnung, dann hat es einen Sinn; einfach deshalb nämlich hat es einen Sinn, weil wir geliebt werden und weil er es schon recht machen wird und weil er sich bei allem, was er uns schickt, etwas *denkt*.

Dann sehen auch »des Tages Last und Hitze« plötzlich ganz anders aus. Wer einmal an der Hand Jesu Schweres hat durchmachen müssen, wer ihn zum Gefährten und Genossen seiner Qual hatte, als er Bitterstes im Gefangenenlager auszuhalten hatte, als er von Haus und Hof vertrieben wurde, als man ihn aus einem berstenden Keller zog, der möchte das alles ja nicht mehr missen. Der sagt doch gar nicht – ich habe es jedenfalls noch von niemandem gehört –: »Gott muß mich wegen all des Schweren, was ich durchzumachen hatte, im Jenseits einige Plätze höher setzen.« Sondern er sagt umgekehrt: »Erst in den Tiefen des Hungers, der Angst, der Einsamkeit, da habe ich die Nähe meines Herrn erfahren, da habe ich erst ganz gelernt, wer Jesus ist und wie er zu retten, zu trösten und zu halten versteht. Mein Leben lang zehre ich von den Segnungen dieser Stunden der ›Last‹ und der ›Hitze‹. Ich *mußte* einmal auf die rauhen Wege geschickt werden, um zu sehen, daß er wirklich Stege baut. Ich mußte einmal durchs dunkle

Tal, um den Hirten kennenzulernen. Sonst hätte ich dies alles ja nie erfahren.«

Vielleicht verstehen wir jetzt, warum die Leute des Gleichnisses auf dem Holzwege, warum sie arme Dilettanten des Glaubens sind, wenn sie ihren Dienst im Weinberg zusätzlich und höher belohnt haben wollen und wenn Petrus fragt: »Was wird uns dafür, wenn wir alles um deinetwillen verlassen?« Petrus hat überhaupt nicht begriffen, worum es geht.

Gibt es denn überhaupt ein erfüllteres Leben als das eines Jüngers, eines Mitarbeiters Gottes? Je entschiedener er das ist und je mehr er verläßt, um so größer wird der, an dessen Herz er sich mit alledem wirft. Denn Gott läßt sich nicht lumpen. Daß Petrus, daß die Arbeiter im Weinberge das noch nicht verstanden haben, zeigt, daß sie dem Geheimnis und der Herrlichkeit Jesu noch nicht nahegekommen sind und daß sie *den* für einen Fronherrn und Tyrannen halten, der Reichtum und Freude in ihr Leben bringen und sie als seine Mitarbeiter ehren will.

Wie ist es nun mit denen, die zuletzt in den Dienst traten, als schon die Abendsonne herniedersank, als die Dämmerung der Nacht ihr Leben zu umhüllen begann? Wie ist es mit diesen Spätheimkehrern, mit diesen Christen des letzten Augenblicks? Auch dieser zweiten Gruppe von Menschen, die in unserem Gleichnis eine Rolle spielt, müssen wir unsere Aufmerksamkeit zuwenden.

Sind diese Spätheimkehrer des Glaubens wirklich so verächtlich im Vergleich zu Niels Lyhne, weil ihr Leben gerade *nicht* in einer Geraden verläuft, sondern weil es einen Knick erfährt oder eine Kurve beschreibt?

Ist Niels Lyhne, der so konsequent lebt und sich der Kapitulation vor der höchsten Instanz versagt, nicht ein sehr armer Mensch? Hat seine Konsequenzmacherei und Starre ihn nicht um die Pointe, um den Sinn seines Lebens betrogen? Darf man wirklich sagen: »Selig sind die Konsequenten«? Oder müßte man nicht besser sagen: »Selig sind, die offen bleiben für den Ruf des Vaters, offen also auch für Revisionen ihres Kurses; selig sind, die sich nicht versagen, wenn Gott uns abholen, engagieren und führen will«?

Dürrenmatts viel diskutiertes Schauspiel »Der Besuch der alten Dame« stellt uns unter den Eindruck eines anderen sehr konsequenten Lebens, an dem wir uns das Problem unseres Gleichnisses verdeutlichen können.

Da ist eine alte, steinreich gewordene Frau, die an ihren Heimatort zurückkehrt, um sich an dem Geliebten ihrer Jugend zu rächen. Denn der hat sie vor Jahrzehnten sitzenlassen, verraten und schließlich in ein Bordell in St. Pauli gebracht. Ihr ganzes Leben gehört nur noch dieser ihrer Haßliebe. Sie ist gleichsam durch diesen einen Punkt ihrer unerledigten Vergangenheit fixiert, festgenagelt, und sie lebt konsequent im Namen dieses einen Haßmotivs. Ihr Leben ist nichts anderes mehr als der einzige, fanatische Versuch, dieses Thema Haß konsequent durchzuspielen. Und eben dadurch degeneriert nun ihr Leben zur Starre eines Rechenexempels. Sie hat sozusagen keine »Geschichte« mehr, sondern gewinnt die zeitlose Maske einer Erinnye. Sie läßt sich scheiden und schließt neue Ehen am laufenden Band. Aber es ist immer dasselbe, und auch die wechselnden Ehemänner werden immer durch denselben Schauspieler dargestellt. Es passiert nichts mehr. Ihr Haß macht sie zu konsequent. Die Zeit steht still. Aber ihr einstiger Liebhaber Ill, diese schamlose kleine Krämerseele, kehrt um. Ihn erreicht der Ruf der Reue und der Sühne. Und sein armseliges, schuldbeladenes Leben wird noch im letzten Augenblick neu. Er hat noch eine »Geschichte«, oder besser: er gewinnt sie wieder. Für ihn gibt es so etwas wie eine Zukunft, obwohl er sterben muß.

Ist dieses nicht die Größe des Hausvaters, die Größe Gottes, daß er uns nicht dazu zwingt, unser Leben einfach abzuspulen (so wie das die alte Dame tut), dieses Leben immer so weitergehen zu lassen, im Sinne der einmal gestellten Weichen immer weiterzufahren und alles Falsche und Schuldbeladene in unserem Leben konsequent auszubaden? Ist dies nicht Gottes Größe, daß er uns eine neue Chance gibt und daß er uns dazu aufruft, nicht mehr auf dem Marktplatz unseres Lebens herumzulungern, sondern in seinen Dienst zu treten und unser Leben auf eine ganz neue Ebene zu stellen, eine Geschichte mit *ihm* zu haben?

Wenn die Leute, die in unserem Gleichnis zuletzt kommen, wenn die Spätheimkehrer des Glaubens wirklich begriffen haben, wer der ist, der sie da in ihren Dienst holt, dann werden sie gar nicht auf die Idee kommen, die anderen zu belächeln, weil diese vom Morgengrauen an und in der Hitze des Mittags gearbeitet haben, während sie selber so »leicht« davongekommen sind. Sie werden ganz bestimmt nicht den anderen ihren billig verdienten Groschen mit einer gewissen Spottlust unter die Nase halten. Nein, sie werden im Gegenteil jede Stunde bedauern, in der sie unnütz herumlungerten und noch nicht zum Sinn ihres Lebens, zur großen Heimkehr hindurchgefunden hatten.

Sie werden am Abend plötzlich merken, daß diese sinnlose Freiheit, die sie außerhalb des Weinberges verbrachten, keine gute Zeit war, daß sie auch nicht glücklich dabei waren, sondern daß die Angst vor dem Nichts ihr ständiger Begleiter war. Sie werden jede Stunde bedauern (und vielleicht sogar beweinen!), in der sie diesen Herrn noch nicht kannten, in der sie ihr Glück übersahen und in der sie das für Sklavendienst hielten, was als seliger Dienst, ja, was als Seligkeit selbst ihr Leben reich machen wollte. Sie werden nicht sagen: »Gottlob, daß wir so billig zu unserem Groschen gekommen sind, daß eine Bekehrung im letzten Augenblick ›genügte‹!« Sondern sie werden singen und sagen:

> Ach, daß ich dich so spät erkennet,
> du hochgelobte Schönheit du,
> und dich nicht eher mein genennet,
> du höchstes Gut und wahre Ruh;
> es ist mir leid, ich bin betrübt,
> daß ich so spät geliebt.

Unser Gleichnis hat noch viele Hintergründe und birgt manches Gedankenlabyrinth. Man kann diese Räume nicht in einer einzigen Rede durchmessen. Aber ich darf nicht schließen, ohne wenigstens noch einen Gedanken anzusprechen, der – hat man ihn begriffen – einem besonders nahegehen und auch behilflich sein kann, mit einigen

Dingen in unserem Leben fertig zu werden, mit denen man ohne diesen Gedanken *nicht* fertig wird.

Ich meine diese merkwürdige Frage des Hausvaters an die mürrischen Tarifkritiker: »Seht ihr etwa scheel, weil ich so gütig bin?« Das heißt, in unser heutiges Deutsch übertragen: Habt ihr, die ihr den ganzen Tag gearbeitet habt, etwa deshalb Komplexe und Neidgefühle, weil ich es mir leiste, dem und dem eurer Mitmenschen ein Maß von Güte und Großmut zuzuwenden, auf das er keinen Anspruch hat? Bitte: Ich gebe doch *euch*, die ihr des Tages Last und Hitze getragen habt, deshalb nicht *weniger*, als euch zukommt! Ich lasse euch doch in keiner Weise darunter leiden, daß ich gegenüber den Kurzarbeitern so großzügig bin. Tarifordnung ist Tarifordnung. Aber wollt ihr *mir* nun die Freiheit absprechen, einem anderen *mehr* zu geben, als ihm zukommt?

Natürlich ist das eine ironische Frage. Es ist eine fast raffinierte Fangfrage. Denn selbstverständlich kann man darauf nur antworten: Keinesfalls wollen wir dir das verbieten. Es liegt uns ganz fern zu sagen, deine Güte sei unsittlich, weil sie zu groß ist. O nein, ganz im Gegenteil: Man kann gar nicht gütig genug sein! Es ist sogar sehr schön zu wissen, daß da einer ist, der so grenzenlos gut und großzügig sein kann wie du.

Aber nun ist es eben merkwürdig: Wenn der Hausvater diese Art unbegrenzter Güte, die man theoretisch und religiös so gern anerkennt, nun wirklich einmal praktisch »exerziert«, dann ist es einem auch wieder nicht recht. Dann streiken wir. Warum eigentlich? Wenn wir den Grund dafür richtig herausbekommen, haben wir ein ganz wesentliches Stück unseres Lebens verstanden.

Die Langarbeiter in unserem Gleichnis hätten bestimmt nichts gegen die Güte des Herrn gehabt, wenn sie ihnen *selbst* zugute gekommen wäre, etwa in Form einer freiwilligen Sozialleistung des Hausvaters, also einer Erhöhung des Stundenlohns oder einer anderen Prämie. Dann wären sie vermutlich dankbar und froh gewesen. Welcher Mensch würde denn anders reagieren? Im Grunde ist jeder gern und spontan dankbar. Wir schicken hier und da alle einmal einen Dank zum Himmel, wenn wir eine gütige, segnende Hand über unserem Leben spüren, wenn wir beruflich weiterkommen und wenn wir gesunde Kinder haben. »Gott sei Dank!« sagt doch jeder einmal, wenn ihm ein gnädiges Gelingen geschenkt wird. O nein, undankbar sind wir nicht. Wir haben durchaus ein Gefühl für die Güte Gottes, und manchmal, vielleicht am Geburtstag oder am Weihnachtsabend, kann es geradezu über einen kommen.

Aber sobald ich dann auf den »lieben« Nächsten sehe und mir klarmache, daß der ja nun *auch* von der göttlichen Güte bedacht und von ihr mitversorgt wird, dann merke ich leichte Stiche in der Herzgegend. Da sage ich mir: Ja, Gottes Güte in Ehren; ich persönlich kann sie unbegrenzt konsumieren. Wenn diese Güte mich zu einem Millionär oder zu einem berühmten Mann oder zu einem vergötterten Mittelstürmer macht – oh, nur her damit! Ich habe einen breiten Rücken, und ein paar Zentner Segen sind mir nicht zuviel.

Wenn ich aber sehe, daß Gott meinem Konkurrenten, meinem Kollegen, vielleicht sogar meinem Freunde etwas Besonderes zukommen läßt, dann schnappe ich hörbar ein und beginne, die verschiedenen Segenskontingente nachzurechnen und den Verteilungsschlüssel zu prüfen.

Wenn Gottes Güte so einem *anderen* Prämien gibt und ich dann scheel sehe, dann pflege ich natürlich nicht zu sagen: O ich verfluchter Neidhammel! (Nein, so etwas sagt man nicht zu sich selber. Man muß doch auch zu sich selbst ein bißchen nett sein und darf seine Selbstachtung nicht verlieren.) Dann sage ich auch nicht: O wie großzügig, wie unbegrenzt gütig kann Gott sein! (Denn so etwas sage ich immer nur, wenn das Care-Paket Gottes an *meiner* Tür abgegeben wird.) Sondern ich sage: Diese Güte Gottes ist ungerecht. Hat der andere denn mehr Güte, hat er mehr Zuwendungen verdient als ich? *Ich* habe mein Leben lang gespart; Inflation und Währungsreform haben es mir dann wieder genommen. Aber der andere dort um die Ecke ist immer wieder auf die Füße gefallen, und heute fährt er einen schweren Wagen und raucht dicke Zigarren. Oder auch: Ich habe mein ganzes Studium über gearbeitet und habe alles getan, um das

Brett vor meinem Kopf wenigstens etwas dünner zu hobeln. Aber der andere, mein Kommilitone, der hat eben vom lieben Gott ein »Köpfchen« mitbekommen und geht elegant durch alle Examina, obwohl er keine Tanzerei ausläßt und in den Ferien nach Madeira fährt, während ich mit meinen viel geringeren geistigen PS noch Werkstudent sein muß. Der andere ist »begabter« – er hat eben mehr Gaben mitbekommen als ich. Ist das gerecht?

Wir kennen das ja. Wir kennen es sogar sehr gut. Viele Stunden unseres Lebens versauern wir uns mit solchen Gedanken; man kann ein Neurotiker dabei werden. Und dieses betrübte Lied hat immer denselben Refrain, und der heißt so: Die Güte Gottes hat den Falschen erwischt, weil sie *mich* nicht erwischt hat. Das ist es!

Die Leute waren mit dem Hausvater sehr zufrieden, solange sie mit ihm *allein* zu tun hatten und solange sie am frühen Morgen die Lohnabmachungen mit ihm trafen. Erst als die *anderen* dazukamen, ging das Feilschen um die richtige Zuteilung los. Da fing der Neid an, und da schürzten sich die Komplexe zusammen.

Man muß nun freilich zugeben: Diese Frage nach der Gerechtigkeit und nach den richtigen Proportionen des Lohnes ist in menschlichen Verhältnissen durchaus berechtigt. Natürlich muß man da Lohn und Leistung in ein angemessenes Verhältnis zueinander bringen. Daß ein Hilfsarbeiter nicht so viel bekommen kann wie der Chef eines Großbetriebes, ist klar. Aber ebenso klar ist es, daß zwei Männer, die in demselben Betrieb dieselbe Arbeit leisten und dieselbe Ausbildung haben, auch ungefähr dasselbe verdienen müssen. Da kann man jemandem, der nur vier Stunden arbeitet, unmöglich dasselbe geben wie jemandem, der acht oder zehn Stunden am Fließband steht oder auf seinem Büroschemel hockt. Das sind übersehbare und klare Verhältnisse.

Aber nun dürfen wir nicht vergessen, daß es sich hier um ein *Gleichnis* handelt. Beachten wir das, dann ergibt sich sofort die Frage, ob denn in unserem Verhältnis zu Gott die Dinge ebenfalls so schön übersehbar sind und ob wir uns da die richtigen Proportionen ebenso leicht ausrechnen können. Denken wir darüber einmal nach, so wird uns sehr bald klar, daß wir das gerade *nicht* können. Denn da, wo wir es mit Gott zu tun haben, geht es nicht nur um meßbare Arbeitsleistungen, sondern da geht es um alle Bereiche unseres Lebens, auch um jene Bereiche unseres intimsten und persönlichsten Lebens, die wir weder bei uns selbst noch gar bei unserem Nächsten übersehen können.

Das läßt sich durch ein ganz einfaches Experiment feststellen. Dieses Experiment rate ich jedem an, der von Neidgefühlen gequält wird: Du meinst vielleicht, der andere – also dein hochbegabter Kommilitone oder dein einstiger Kollege, der eine so tolle Karriere gemacht hat, oder deine Vorzimmerkollegin von damals, die später ihren plutokratischen Chef heiratete, während du dir weiter die Finger wund tippen mußt, – du meinst, diese alle seien die Schoßkinder der göttlichen Güte und mit einem bombigen Glück beschenkt worden. Weißt du das wirklich? Ob du (das ist die kleine Experimentalfrage, die ich vorschlage) mit ihnen tauschen würdest, dann aber in *allem* tauschen würdest? Nicht nur dein Fahrrad gegen ihren Mercedes, sondern vielleicht auch ihre eheliche, sehr verborgene Not gegen deine Unabhängigkeit? Nicht nur deine Mansarde gegen ihre Villa, sondern auch ihre Langeweile, ihre Lebensangst, ihren Leerlauf gegen dein vielleicht einfaches, aber doch klares Leben? Vielleicht klafft im Leben des reichen Mannes, den du beneidest, eine tiefe Wunde, weil er keinen Erben hat oder weil der liebste Mensch an einer tödlichen Krankheit leidet. Vielleicht schlägt sich dein junger Mitarbeiter, den du als gehetzter, zerrissener, managerkranker Chef so um sein einfaches, fröhliches Temperament beneidest, daheim mit einer Lebensnot herum, von der du keine Ahnung hast. Möchtest du wirklich tauschen – dann aber in allem? Möchtest du Gott wirklich den Ertrag deines Lebens vor die Füße werfen und sagen: »Du hast eine Fehlentscheidung getroffen, du hast mit deiner Güte Schindluder getrieben; du hast mir nichts gegeben und dem anderen alles nachgeworfen«? Kannst du denn den ganzen Lebensraum deines Mitmenschen mit allen seinen Kellern, Hintergründen und geheimen Winkeln übersehen, so wie Gott das tut, wie er es täglich tun muß? Du siehst doch nur die Fassaden. Er aber sieht in die Nächte und in die Einsamkeiten. Er sieht in das hadernde Herz auch des anderen. Möchtest du wirklich noch den totalen Tausch? Darum sei dies die letzte Botschaft unseres Gleichnisses (ich fasse sie in zwei Gedanken zusammen):

Erstens: Mit einem schielenden Blick können wir die Güte Gottes nie zu sehen bekommen. Viele Zweifel an dieser Güte, viele Gefühle der Angst, des Preisgegeben- und Vergessenseins steigen nicht aus dem Reservoir unserer intellektuellen Zweifel auf, sondern sie kommen daher, daß ich ein falsches Verhältnis zu meinem Nächsten habe. Wer mit dem einen Auge nach dem Segen Gottes Ausschau hält und mit dem anderen kontrollieren will, ob auch der Nächste keinen Deut *mehr* Segen erhält, der kommt in jenes Schielen hinein, das ihn unfähig macht, sowohl den Segen zu erkennen wie auch seinen Mitmenschen noch zu verstehen. Ich werde dann ein sehr armer und unglücklicher Mensch. Gott wird mir auf diese Weise zu einem blinden Schicksal; und meinem Nächsten gegenüber bekomme ich Komplexe, die mir den Schlaf rauben. Schließlich bin ich mit allem zerfallen, ja, bin ich mir selbst nicht mehr gut.

Und das *Zweite:* Die selige Gewißheit – es geht wirklich um eine Seligkeit! –, daß Gott gut ist, daß er *mir* gut ist, zieht nur dann in mein Herz ein, wenn ich vertraue, daß er über all mein Bitten und Verstehen für seine Kinder sorgt und daß auch ich in dieser Güte geborgen bin. Darum müßte ich, wenn der Neid mich überfällt, einmal mit dem zermürbenden Rechenexempel aufhören, ob Gott dem anderen mehr gegeben habe als mir. Ich sollte ihm statt dessen danken für das, was er mir schenkte, und ihn bitten, daß er auch dem anderen beistehen möge in jenen geheimen Nöten, von denen ich ja keine Ahnung habe.

Jesus Christus hat, als er am Kreuze hing, die Henkersknechte und die betrunkene Soldateska, die da auf Golgatha herumlungerte, nicht beneidet. Und doch hätte er, menschlich gesehen, Grund genug dazu gehabt. Denn er krümmte sich vor Schmerzen und Durst und hing am Marterpfahl. Aber diese rüden Burschen da um das Kreuz herum liefen frei umher, und sie waren unkompliziert genug, sich das alles nichts angehen zu lassen. Sie waren frei und voller Leben und stillten auch beschwingt ihren Durst. Sie waren die Überlegenen. Aber Jesus Christus beneidete sie nicht, sondern betete für ihre Seelen: »Vater, vergib ihnen, denn sie wissen nicht, was sie tun.« Der Vater wußte um das Elend dieser »Überlegenen«. Und als sein Sohn so für sie gebetet hatte, leuchtete ihm das Antlitz des Vaters entgegen, und er konnte sagen: »Vater, in deine Hände befehle ich meinen Geist.« Hier war einer, der nicht schielte, sondern der den Nächsten so erblickte, wie ihn auch sein Vater sah: trauernd, suchend und sehnsüchtig. Darum war er mit dem Vater eins und neigte sein Haupt in einem tiefen Frieden.

DAS GLEICHNIS
VOM PHARISÄER UND ZÖLLNER

Er sagte aber zu etlichen, die sich selbst vermassen, dass sie fromm wären, und verachteten die andern, ein solch Gleichnis:
Es gingen zwei Menschen hinauf in den Tempel, zu beten, einer ein Pharisäer, der andere ein Zöllner. Der Pharisäer stand und betete bei sich selbst also: Ich danke dir, Gott, daß ich nicht bin wie die andern Leute, Räuber, Ungerechte, Ehebrecher oder auch wie dieser Zöllner. Ich faste zweimal in der Woche und gebe den Zehnten von allem, was ich habe. Und der Zöllner stand von ferne, wollte auch seine Augen nicht aufheben gen Himmel, sondern schlug an seine Brust und sprach: Gott, sei mir Sünder gnädig!

Ich sage euch: Dieser ging hinab gerechtfertigt in sein Haus vor jenem. Denn wer sich selbst erhöht, der wird erniedrigt werden; und wer sich selbst erniedrigt, der wird erhöht werden.

LUKAS 18, 9–14

Dieses Gleichnis ist so schlicht, es scheint so sehr die schöne Selbstverständlichkeit zu besitzen, wie sie Dingen eignet, die uns von Jugend auf vertraut sind, daß man sich fast scheut, überhaupt noch ein Wort darüber zu verlieren. Warum soll man als Erwachsener das zergrübeln und zergliedern, was ein Kind versteht? Sollten wir das Gleichnis nicht einfach in seiner monumentalen Einfalt stehen lassen und es nur in ehrfürchtiger Gebärde grüßen wie einen alten Bekannten, an dem wir schon als Jungen und Mädel hinaufsahen und der zu dem wenigen in unserem Leben gehört, was auch für den älter und skeptischer Werdenden nichts von seiner Größe, seinem Glanz und von der Frische ewiger Jugend verloren hat?
Aber gerade bei den vertrautesten Dingen ist es manchmal so, daß man ihre inneren Geheimnisse übersieht, weil sie einem gleichsam zu nahe sind. So mag es uns auch mit dieser Geschichte gehen.
Die beiden Gestalten, von denen der Herr hier in stiller Einfachheit erzählt, sind in unserer Phantasie längst zu bestimmten Typen vereinfacht und verfälscht, und man kann die ursprünglichen Züge kaum noch an ihnen erkennen. Wir meinen immer, es ginge hier um eine ziemlich drastische Schwarz-Weiß-Malerei.
Ja, wenn der Pharisäer wirklich jener eitle Fant wäre, der mit geschwollenem Pathos immerfort seine eigene Großartigkeit verherrlicht, der keine Unterhaltung und nicht einmal ein Gebet vorübergehen läßt, ohne in versteckter Weise oder auch offen seine sämtlichen Vorzüge wie ein Geschmeide glitzern zu lassen, und der mit wollüstigem Behagen jede Verehrung einschlürft, die ihm entgegengebracht wird, – wenn der Pharisäer wirklich dieser eitle Fant wäre, dann hätte dieses Gleichnis eine Pointe von geradezu banaler Selbstverständlichkeit. Aber so ist der Pharisäer eben nicht.

Und wenn der Zöllner wirklich von jener ergreifend sentimentalen Demut wäre, wie er in unserer Phantasie lebt, dann enthielte diese Geschichte ebenfalls keine Probleme. Aber so ist der Zöllner eben nicht. Er ist vielmehr ein ziemlich brutaler Bursche, der im Dienste der Besatzungsmacht steht und der zugunsten der eigenen Tasche sein Volk aussaugt, der sozusagen ein Kollaborateur ist.

Und umgekehrt ist der Pharisäer ein Mann, der seinen Gottesdienst blutig ernst nimmt. Ob nämlich jemand mit seinem Herzen bei einer Sache ist, erkennt man ja sofort, wenn es um die Magenfrage und um den Geldbeutel geht. Da hört bei vielen Leuten die Gemütlichkeit und auch das Christentum auf. Bei dem Pharisäer aber nicht! Er hungert und opfert und schraubt also für den lieben Gott seinen Lebensstandard herunter. Darum ist ihm Gott mindestens so real wie die klingende Münze in seinem Portemonnaie.

Man sollte das wirklich nicht einfach übersehen. Und wenn man es nicht übersieht, begreift man, daß der Pharisäer ein sehr angesehener Mann ist. Die Leute spüren eben, daß er im Tempel keine frommen Phrasen drischt, daß er nicht einfach sagt: »Die Sammlung am Ausgang wird eurer Liebe herzlich empfohlen«, und sie dann selber einkassiert, wie das der Zöllner vielleicht tun würde, sondern daß er selber als erster gibt. Das Volk hat eben einen feinen Instinkt, ob es jemandem Ernst ist. Und während der Zöllner nur zersetzend in seinem Volke wirkt, arbeitet der Pharisäer aufopfernd daran, ihm seine heiligen Traditionen, seinen Glauben zu erhalten. Das Volk spürt, daß die letzten Fundamente seines Lebens bei ihm in guten Händen sind.

Wenn man sich das alles klarmacht, ist es nicht mehr so selbstverständlich, daß Jesus den Zöllner lobt und daß er den Pharisäer durchfallen läßt. Man darf wohl annehmen, daß diese Abwertung einer geachteten und in vielem ehrwürdigen Gestalt aus einer großen Trauer des Herzens geschah. Offenbar sieht von Gott her eben alles anders aus als vom Menschen her.

Aber das ist sehr leicht gesagt und steckt doch voll schwerer und lastender Fragen. Ist denn das Urteil der Menschen, auch sehr ernsthafter und sittlich reifer Menschen, so gar nichts wert? Ist in den Augen Gottes denn immer nur das Gegenteil richtig? Dürfen wir uns denn gar nicht auf unseren Verstand und darf sich das einfache Volk denn überhaupt nicht auf seinen Instinkt verlassen? Wertet Gott immer nur alles um, macht er immer nur einen roten Strich durch unsere Wertsysteme? Hat Gott und hat hier sein Sohn denn gar kein Gefühl dafür, daß der Zöllner ein Lump und daß der Pharisäer ein sehr ernster und darum auch ernst zu nehmender Mann ist? Man sollte es nicht leicht nehmen, wenn Gott immer anderer Meinung ist als die Menschen, auch als sehr seriöse und kluge Menschen. Was ist das für ein merkwürdiger Gott, der den Zöllner annimmt und den Pharisäer zurückweist?

Wir wollen diesen Gott, der so merkwürdig handelt und denkt, zu verstehen suchen und uns bemühen, einmal diese beiden Gestalten so anzuschauen wie sie vor Gottes Auge erscheinen.

Man kann das freilich nur mit einem tiefen Erschrecken tun, denn beide Gestalten sind ein Stück von uns selber. Wie viele sind unter uns, die im Leben etwas vor sich gebracht haben, die als Chefs oder als Arbeiter in ihrem Betriebe mit Achtung genannt werden, die auch dann einen geraden Weg gegangen sind, als es leichter gewesen wäre, das Mäntelchen nach dem Winde zu hängen! Ob nicht auch sie vielleicht vor der letzten Instanz eine klägliche Figur machen und durchfallen? Und es käme doch alles darauf an, *hier* zu bestehen.

Vielleicht sind aber auch einige unter uns, die von schwerer Gewissenslast bedrückt sind. Sie werden vielleicht mit ihren Trieben nicht fertig, sie haben vielleicht einen anderen Menschen unglücklich gemacht, sie haben gekniffen, wo alles darauf angekommen wäre hinzustehen, sie sind vielleicht unerträglich eitel und haben einen verzehrenden Ehrgeiz; sie ekeln sich vor sich selber, aber sie werden damit nicht fertig. Ob so jemand nun als Gerichteter weggehen muß, dem seine Selbstsicherheit zerschlagen wurde, in der er sich heute früh noch als biederen und einigermaßen satuierten Kirchenchristen sah? Oder ob er den Trost empfangen darf, daß Gott die Trauer und die Scham über sich selbst, die ihn manchmal bis an die Grenze des

Selbstmordes treiben mag, anerkennt, daß er ihn nicht zurückstößt, sondern gerade deshalb liebhat und willkommen heißt?
Nur eines geht auf gar keinen Fall: daß er sich einen Zöllner-Hochmut zulegt und daß er die Freundlichkeit Gottes, mit der er das erschrockene Gewissen eines Sünders heilt und tröstet, zu einem Ruhekissen macht, daß er sich selber recht schlecht macht und herunterreißt, daß er ewig von seinen Sünden und seinem Versagen schwatzt – so wie das manche Frommen tun in der Meinung, daß so etwas dann Gott imponieren würde und daß ihm damit die Lust am Richten verginge.
Es gibt auch Schuldbekenntnisse und Schwarzmalerei als Trick. Das ist immer dann der Fall, wenn die Leute aus ihrer Demut nun eine Leistung machen wollen. Dann ist das Schlagen an die eigene Brust nichts anderes als die allerraffinierteste Koketterie. Man schnalzt dann heimlich mit der Zunge vor Wonne bei dem Gedanken, welche Freude Gott an einem so zerschlagenen Gewissen, an solcher Selbsterniedrigung haben müsse. Aber man hat dann gerade kein zerschlagenes Gewissen, sondern der Teufel hat einen mit Zöllner-Hochmut geschlagen.
Wie viele von uns gleichen weniger dem Pharisäer mit seinem erhobenen Haupte und seinem moralisch gefestigten Charakter als dem Zöllner – aber einem etwas anderen Zöllner, als er hier im Gleichnis beschrieben wird. Sie vielleicht gleichen einem Zöllner, der nun seinerseits sagt: »Ich danke dir, Gott, daß ich nicht so hochmütig bin wie dieser Pharisäer da; ich bin ein Räuber und Ungerechter und Ehebrecher. So ist nun einmal der Mensch, und ich bin auch so, aber ich bin mir wenigstens darüber klar und darum immerhin ein Quentlein besser als die sonstige Rasselbande. Ich treibe zweimal in der Woche Unzucht, und höchstens ein Zehntel meines Besitzes ist auf ehrliche Arbeit zurückzuführen. Nicht wahr, lieber Gott, ich bin doch ein anständiger Mann, daß ich mir nichts vormache. Laß deine Engel ein Halleluja singen über den einen Sünder, der so ehrlich ist wie ich und der mit so strahlender Wahrhaftigkeit seinen Schweinehund offen spazierenführt und ihn nicht wie dieser verlogene Spießbürger von Pharisäer in den Falten seines Gewandes verbirgt!«

Dieser Zöllner-Hochmut, an dem Gott *keine* Freude hat, ist eine wahre Epidemie, die unter den Frommen grassiert. Wie vielen Weltmenschen, die vielleicht schüchtern zu fragen begannen, ob Jesus Christus wohl der rechte Mann für sie sei, hat sie den Glauben verekelt, weil diese kokette Demut sie unanständiger dünkte als ihr vielleicht hohes und hochmütiges Streben nach Idealen.

Aber ich erwähne das nicht nur als ein Wort des Gerichtes über uns als christliche Gemeinde, sondern vor allem auch deshalb, weil hier eine Grundwahrheit unseres Glaubens sichtbar wird; folgende Wahrheit nämlich: Ob man Zöllner oder Pharisäer ist, ob man Gott lieb ist oder aber von ihm abgewiesen wird, das liegt nicht an bestimmten Eigenschaften, das liegt auch nicht daran, ob man äußerlich demütig ist oder nicht, ob man sich etwas vormacht oder ob man ehrlich ist. Alles, was wir tun und denken, kann nämlich vom Teufel benutzt werden, und auch die frömmsten Wasser kann er auf seine Mühlen leiten. Man kann auch mit der göttlichen Vergebung Schindluder treiben und sie zum Deckel der Bosheit machen. Man kann zum Beispiel, wenn man Theologe ist – und warum sollte ich meine eigene »Branche« hier schonen! – als ungerechtfertigter, hartgesottener Pharisäer mit einem bösen und hochmütigen Orthodoxie-Fanatismus eine korrekte und legitime Rechtfertigungslehre vertreten. Man kann von der Liebe Gottes so predigen und lehren, daß man dabei die verachtet, die sie noch nicht oder nur halb verstanden haben oder zu haben scheinen. Gerade unter uns Theologen ist die Krankheit des Zöllner-Hochmutes verbreitet: Unter uns ist nicht selten dann, wenn wir von der Liebe Gottes reden und schreiben, mehr Rechthaberei als Rechtfertigung.

So müssen wir gerade die frommen Augenblicke in unserem Leben beachten. Kein Sündenbekenntnis sichert uns vor dem Hochmut. Auch die Demut ist keine Tugend, die gegenüber dem Teufel immun wäre. Im Gegenteil: Gerade in solche Nester legt er am liebsten die Kuckuckseier des Hochmuts und freut sich dann königlich, wenn sie ausgerechnet von den Frommen ausgebrütet werden.

Damit entsteht für uns die Frage: Wo sitzt denn nun eigentlich der tiefste Unterschied zwischen diesen beiden Gestalten, wenn der Zöllner hochmütig und der Pharisäer demütig sein kann, wenn also offenbar alles relativ ist, wenn Gott bei den Lumpen wohnen und wenn der Teufel den Frommen im Pelz sitzen kann?

Sehen wir uns darum die Szene genauer an, die uns hier im Gleichnis vorgeführt wird.

Zunächst zeigen sich viele Parallelen.

Beide Männer wollen vor Gott stehen und suchen seine Gemeinschaft; beide sind im Tempel. Sie suchen Gott nicht einfach draußen in der Natur. Die Leute, die das tun, wollen meist nur einen religiösen Schauer erleben, aber im übrigen so bleiben, wie sie sind. Der Gott in der Natur tut ihnen nämlich nichts. Der richtet sie nicht, der gibt ihnen keine Befehle, an dem brauchen sie nicht zu sterben, der läßt sich nur ein bißchen genießen. Der Natur-Gott ist in seiner Erhabenheit auch erhaben über unser Privatleben.

Die beiden Gestalten unseres Gleichnisses aber wollen und tun mehr: Sie treten vor das heilige Angesicht Gottes. Sie setzen sich seinem Willen, seinem Anspruch aus. Sie wollen nicht in der Zone einer billigen Unverbindlichkeit leben, sondern sie stellen sich Gott. Das ist immerhin eine erhebliche Sache.

Aber ihr Gottesdienst zeigt eine noch tiefere Verwandtschaft: Beide treten mit einem Dankgebet vor Gott. Der *Zöllner* dankt ihm dafür – auch wenn er äußerlich in der Form einer Bitte spricht –, daß es so etwas wie Gnade Gottes überhaupt gibt, daß so jemand wie er sich überhaupt nahen darf, daß man in das Heiligtum auch als Unwürdiger hineingehen kann und nicht nur winselnd und heimwehkrank wie um das verlorene Paradies außen herumschleichen muß. Auch der *Pharisäer* dankt Gott – ja, wofür dankt er ihm eigentlich? Dafür, daß Gottes Geist an seinem Leben ein großes Werk getan hat, daß die große Befreiungstat Gottes ihn aus den Ketten der Triebe, des Egoismus herausgerissen und ihn würdig gemacht hat, dem Reiche Gottes erhobenen Hauptes entgegenzugehen. Er sagt ja nicht einfach: »Sieh mal, lieber Gott, was ich für ein feiner Kerl bin; du mußt doch deine helle Freude an mir haben.« – Das wäre eine böse Karikatur, wenn man so vom Pharisäer spräche. Falls er sich wirklich für einen feinen Kerl halten sollte, dann dankt er immerhin Gott dafür, daß er ihn dazu gemacht hat. Auch der Pharisäer preist also die göttliche Gnade. Was sollte man dagegen sagen können?

Schon daß also beide mit einem Dankgebet vor Gott hintreten, zeigt, daß sie tiefer in die Geheimnisse Gottes eingedrungen sind. Anfänger und Gelegenheitschristen pflegen sich ja auf das Bitten zu beschränken, vor allem wenn sie in Not sind. Im nächsten Augenblick haben sie Gott dann wieder vergessen. Es war nur eine vorübergehende Gebetspanik. Wer Gott dankt, zeigt damit immer, daß es ihm nicht nur um eine momentane Hilfe geht, für die er Gott als Mittel zum Zweck gebraucht, sondern daß es ihm um ihn selber, daß es ihm um Gemeinschaft mit Gott und um seinen Frieden geht. Warum wird dann aber das Dankgebet des Zöllners angenommen und das des Pharisäers abgelehnt? Dann muß doch etwas am Danken des Pharisäers nicht in Ordnung sein. Wir müssen also noch tiefer graben, um den kritischen Punkt beim Pharisäer und – bei uns selber zu finden.

Beide üben hier im Tempel einen Akt der Selbsterkenntnis, beide bekennen etwas über sich: Der Zöllner bekennt, daß er vor Gott mit seinem belasteten Gewissen nicht bestehen kann. Er hat damit sicherlich recht. Der Pharisäer meint, daß er *doch* bestehen kann. Er ist ja auch wirklich aus anderem Stoff als der fragwürdige Geselle dort an der Tempelsäule. Darf er es dann aber nicht auch offen sagen? Wäre es nicht eine heuchlerische und eine übertriebene Demut, wenn er abstrakt dogmatisch alle Unterschiede nivellieren und einfach bekennen wollte: Vor Gott sind wir beide gleich? Der Pharisäer würde diese Gleichmacherei leidenschaftlich zurückweisen. Nicht nur, weil ihm das persönlich gegen die Ehre ginge, sondern vor allem, weil er darin einen Angriff auf Gottes Gebote sähe.

Er sagt sich nämlich folgendes: Entweder die heiligen Gebote Gottes gelten. Dann ist es nicht egal, ob man sie so peinlich erfüllt wie ich oder ob man ein solches Schindluder mit ihnen treibt wie dieser Zöllner. Oder aber die Gebote Gottes sind nicht ernst gemeint: Dann allerdings ist der Zöllner-Lump fein heraus. Denn dann ist alle Selbstzucht, alles Opfer, aller sittliche Kampf plötzlich entwertet, dann wird der Dreck nach oben gewirbelt, dann habe ich mich vergeblich angestrengt und bin plötzlich mit jedem Spitzbuben auf die gleiche Stufe gestellt. Das kann aber nicht Gottes Wille sein. Denn das hieße, Gottes heiligen Willen und seine Gebote zum Gespött machen. Nicht um meiner persönlichen Honorigkeit willen, nein, um der Ehre Gottes willen kann und darf es keine Gemeinschaft und keine Gleichheit mit dem Zöllner geben.

Ist also das, was der Pharisäer bei seinem Gebete denkt, nicht sehr ernsthaft? Will er nicht wirklich Gottes Ehre – zumal er sich dabei selbst gar nicht die entscheidenden Verdienste zumißt, sondern sie der göttlichen Gnade zuschreibt, die ihn bewahrt, gerettet und gestärkt hat und die er darum preist?

Wir sehen, diese Geschichte hat ihre Abgründe. Es ist gar nicht so einfach, das Urteil Jesu zu verstehen. Wir fragen deshalb am besten, wie beide zu ihrer Selbsterkenntnis und zu ihrem verschiedenen Bekenntnis kommen. Und tatsächlich: Hier stoßen wir auf den springenden Punkt.

Wenn man sich selbst erkennen will, muß man ja einen Maßstab haben. Und an diesem Maßstab brechen die Unterschiede zwischen beiden Gestalten auf.

Der Pharisäer mißt sich »nach unten«, als er seinen Rang vor Gott bestimmen will. Er wählt sich den bösen Zöllner zum Maßstab. Die Unterschiede drängen sich ja wahrhaftig auch drastisch genug auf. Zwar weiß auch der Pharisäer sicherlich um die Wölfe, die in seinem Keller heulen; er weiß um Gedanken und Begehrungen, die ihn erschrecken lassen. Aber immerhin, er ist mit ihnen fertig geworden. Der Zöllner aber hat sich hemmungs- und disziplinlos von diesen Wölfen treiben lassen.

So wahr das alles ist – und es ist wirklich wahr! –, so sehr entsteht bei diesem Sich-Messen nach unten immer der Hochmut. Man kann sich das an der Klatschsucht verdeutlichen. Warum nehmen wir denn, wenn wir unter uns sind, die lieben Mitmenschen so gern zwischen die Zähne, warum tun das die Kollegen so gern, wenn sie am Stamm-

tisch, und die Damen, wenn sie beim Kaffeeklatsch sitzen? Woher stammt diese eigenartige Freude, die manchmal geradezu Wollust ist, die privaten Schwächen und vielleicht die heimlichen Amouren der Großen dieser Welt tuschelnd und mit gespieltem Entsetzen aufs Tapet zu bringen? Ganz einfach daher kommt das, weil man sich in solchen Augenblicken so unglaublich viel besser vorkommt und weil man sich mit unbeschreiblichem moralischem Behagen sagen kann: »So etwas kommt bei mir nicht vor!« Oder doch wenigstens: »So etwas kommt bei mir *auch* vor, aber bei einer Frau Generalstaatsanwalt oder bei einem Herrn Minister dürfte so etwas eben nicht vorkommen!« Klatschsucht – auch jene Klatschsucht, wie sie sich in der Enthüllungsliteratur unserer illustrierten Zeitungen und Groschenblätter austobt – beruht immer auf einer Art Selbstschutzmaßnahme: Man möchte sich gern in seiner eigenen Vorzüglichkeit bestätigen, indem man sich über andere entsetzt und über sie erhebt. Wer sich nach unten orientiert und sich an den Schwächen seiner Mitmenschen mißt, wird sofort hochmütig, oder besser: Es geht ihm primär nicht um das Schlechtmachen der andern, sondern es geht ihm darum, daß er sich durch dieses Schlechtmachen selber *gut* vorkommen möchte.
Wir stoßen hier auf ein Geheimnis, das sich keineswegs nur im Privatleben des einzelnen, sondern auch in der Politik auswirkt: Es gibt Politiker von machiavellistischer Hemmungslosigkeit, die einfach sagen: »Die Politik ist immer gemein, sie ist immer ein ›garstig Lied‹ gewesen. Solange die Erde besteht, hat nun einmal die Gewalt immer wieder über das Recht gesiegt, und das Recht hat die Gewalt nachträglich legalisieren müssen. Weil denn der Wald der Welt voller Wölfe ist«, so sagt man dann, »laßt uns mit den Wölfen heulen. Wer es als Politiker anders macht, wird bald als weltfremder Idealist gelten, und außerdem kommt er eins-zwei-drei unter die Räder.« Es ist noch nicht lange her, daß in Deutschland solche Gedanken offen und programmatisch ausgesprochen wurden. Heute werden sie mehr im stillen gedacht. Und die Welt, die sich so nach unten mißt und orientiert, die sich die Wolfsgesetze zum Maßstab nimmt und die Politik amoralisch macht – wie das wissenschaftlich so schön heißt –, diese

Welt stürzt dann über die Angst und den Größenwahnsinn, den sie selber großgezogen hat.

Für diese falsche Haltung, für dieses Sich-Messen nach unten ist hier der Pharisäer ein Musterbeispiel. Er macht sich den Zöllner zum Maßstab. Er blickt nach unten. Dadurch wird alles, was er sagt – trotz der Wahrheiten im einzelnen – falsch und sogar verlogen. Dieser Maßstab verdirbt dann auch die Ehrlichkeit seines Dankgebetes. Gewiß, er dankt *Gott* dafür, daß er ihn zu dem gemacht hat, was er nun ist. Er weiß genau, daß es nicht *sein* Verdienst ist, und er sagt das ja auch. Aber nachdem er einmal der falschen Blickrichtung verfallen ist, nachdem er einmal sich selbst und den Zöllner ins Auge gefaßt und die böse Leidenschaft des Vergleichens über sich Herr hat werden lassen, beginnt plötzlich sein Blick mit Wohlgefälligkeit auf sich selber zu ruhen: Gewiß, dies alles hat Gott aus mir gemacht, aber das bin ich nun auch.

Unwillkürlich denke ich dabei an viele Bekehrungsgeschichten, wie sie die Frommen und wie sie auch manche moralischen Bewegungen heute zu erzählen belieben. Da wird mit der schwärzesten Tusche ein Bild von dem gemalt, wie man früher war. Man steigert sich geradezu in einen Masochismus der Selbstbezichtigung hinein. Dann erzählt man, wie man mit dem Geiste Gottes in Berührung kam, als man einer bestimmten Gemeinschaft begegnete, und nun hat man glänzende Augen, kann den ganzen Tag jubeln und ist ein befreites Gotteskind.

Eine solche Geschichte mit Gott gibt es wirklich. Und wer sie erlebt hat, wird Gott immer wieder dafür danken. Aber je mehr man davon spricht und je öfter man diese Novellen mit Gott in die Welt hinausposaunt, um so mehr richtet sich der Blick dabei auf einen selbst, und plötzlich hat der Teufel dann eine fromme und eitle Autobiographie daraus gemacht. Ich muß doch immerhin ein beachtliches Rohmaterial gewesen sein, daß er mich so »hin«-gekriegt hat. Gott muß schon etwas Besonderes an mir gefunden haben, sonst hätte er sich nicht in dieser Weise mit mir eingelassen, sonst hätte er mich nicht vor so vielen anderen privilegiert.

Auf diese Weise hat der Teufel wieder sein Kuckucksei in ein frommes Nest gelegt. Wer etwas mit Gott erlebt hat, der hüte sich vor den Menschen, er hüte sich vor Vergleichen. Der Schwefelgestank der Hölle ist nichts gegen den üblen Geruch, wie ihn die in Fäulnis übergegangene Gnade Gottes erregt. Die Gnade Gottes kann tatsächlich durch die Fäulnis der geistlichen Eitelkeit verdorben werden. Das spüren dann die sogenannten Weltkinder ganz genau und werden abgestoßen. Wie mancher Nicht-Christ, für den doch Jesus Christus genauso gestorben ist wie für dich und für mich, hat die Gnade Gottes nur in dieser stinkenden, in dieser nach Hochmut stinkenden Form kennengelernt und hat sich schaudernd abgewandt, um lieber seinem ehrlichen Nihilismus zu frönen.

In der Gestalt des Pharisäers wird erschütternd die Schuld der Christenheit, wird deine und meine Schuld bloßgelegt, die wir unseren Christenstand heimlich zu einem Tugendzeichen machten und ihm den unangenehmen Beigeschmack der Privilegierung gaben. Der Zöllner-Hochmut ist eine der schrecklichsten und auch ansteckendsten Krankheiten der Christenheit

Und eben hier, nur hier und an dieser Stelle betet der Zöllner anders. Wo man wirklich mit einem belasteten Gewissen vor Gott tritt, sind einem die anderen Menschen ganz gleich. Da ist man völlig einsam und allein mit Gott. Dem Zöllner wäre nie der Gedanke gekommen, zu sagen: »Dieser Pharisäer da hat zwar ein anderes Format als ich. Aber er wird schon *auch* seinen Dreck am Stecken haben! Auch er ist ein Sünder.« Das wäre gewiß richtig und wahr gewesen. Aber wenn man mit Gott in der letzten Einsamkeit ist und wenn man es nur mit ihm zu tun hat, sind einem manche Wahrheiten völlig gleichgültig. Man hat an etwas anderes zu denken. Darum ist die Situation des Zöllners ganz echt und radikal ehrlich. Er mißt sich »nach oben«. Nur Gott *selbst* ist sein Maßstab. Und von ihm weiß er plötzlich, daß er in einer großen Ferne ist. Aber gerade darum ist Gott ihm nun ganz nahe. Er wagt nicht zu sagen: »Lieber Gott!«, weil das für ihn und seinen großen Schmutz eine unerlaubte Vertraulichkeit wäre. Aber nun sagt Gott: »Du mein liebes Kind!«

Wir Deutschen haben nach dem Zusammenbruch etwas von unserer Schuld gewußt, und viele von uns haben ähnlich wie der Zöllner gesprochen: »Gott, sei mir Sünder gnädig! Zieh deine Gnade nicht ab von unserem gesunkenen Volke.« Es war einer der furchtbarsten Augenblicke in der inneren Geschichte unseres Vaterlandes, als wir plötzlich sagten: »Die anderen sind genauso schlimm.« Da war die Einsamkeit mit Gott plötzlich weg, da war die Buße und die innere Erneuerung verwehrt, da begann das verhängnisvolle Messen »nach unten«, da blickte man auf die scheinheiligen demokratischen Pharisäer unter den Siegern.

Zwei Gesichtspunkte sind am Schluß noch zu bedenken.
Einmal: Wir wissen, daß sich auch der Apostel Paulus gelegentlich seinen Gegnern gegenüber rühmte (1. Kor. 15, 10; 2. Kor. 11, 16 ff.; Apg. 13, 1). Aber offenbar war das doch anders gemeint als bei dem Pharisäer. Paulus blieb doch dabei der große Lehrer der göttlichen Barmherzigkeit; er rühmte sich seiner Schwachheit. Schon daß er bei diesem Rühmen sagte, daß es Torheit sei, zeigt uns deutlich, daß er hier keine letzten Bewertungen vor Gott aussprechen wollte, daß er also sein Rühmen sofort relativierte und in die Ecke verwies, daß dieses Rühmen etwas Vorletztes sein und nur unter Menschen gelten sollte. Damit gibt uns Paulus einen wichtigen Fingerzeig für das Verständnis unseres Gleichnisses.
Wir würden nämlich unsere Geschichte ganz falsch verstehen, wenn wir aus ihr den Schluß zögen, es solle zwischen den Menschen überhaupt keinen Unterschied mehr geben. Es wäre doch grotesk, wenn ein Chef einen Stellenbewerber überhaupt nicht mehr fragen dürfte, ob er bisher etwas geleistet habe oder aber ein Taugenichts gewesen sei, oder wenn ich einen treuen, angesehenen Handwerksmeister im Namen Gottes einem siebzehnmal Vorbestraften gleichstellen und ihm dieselben Rechte einräumen sollte. Auf der menschlichen Ebene muß es Rangunterschiede und da muß es auch die Teilung in Böse und Gute geben. Man soll sich aber hüten, so zu tun, als ob diese menschlichen und gesellschaftlichen Rangunterschiede auch vor jener

letzten Instanz Geltung besäßen, vor der wir allzumal Sünder sind. Wer an den Abendmahlstisch tritt, darf nicht erschrecken, wenn da plötzlich der siebzehnmal vorbestrafte Zöllner aus dem gleichen Kelche trinkt. Er wird im Gegenteil nur Gott preisen können für das gnadenvolle Werk, das er an diesem Armen ebenso getan hat wie an ihm selber, und er wird die Lobgesänge der Engel über diesem einen Menschen hören, dem die Freude der Vergebung ins Herz zu ziehen beginnt.

Ich trat einmal zu einer Familie ins Zimmer, in dem ein sogenannter »verlorener Sohn« am Klavier saß und Choräle spielte. Er hatte seiner Mutter durch viele Schandtaten das Herz gebrochen. Er spielte so, daß es einen ergriff, weil er mit innerer Bewegung spielte. Ich glaube, es war das Lied: »Befiehl du deine Wege«. Seine Schwester warf einen bösen Blick auf ihn und zischte durch die Zähne: »Dieser Heuchler!« Sie, die eine treue Martha in ihrem Hause war und gearbeitet hatte, während der andere praßte, hätte auch sagen können: »Ich danke dir, Gott, daß ich nicht bin wie dieser da!« Aber war es trotzdem nicht ein böses Wort – genauso böse wie das des frommen Pharisäers? Wie mochte *Gott* wohl diesen Bruder anschauen? Sah Gott in ihm einen Menschen, der in bösen und egoistischen Genüssen schwelgte und der nun auch noch einen Choral für eine religiöse oder ästhetisch-genießerische Gemütsbewegung ausschlachtete, – oder sah Gott in ihm einen Menschen, den in solchen Stunden die Sehnsucht und der Überdruß der Schande in den Tempel trieb und der sich mit alledem das Gebet: »Gott, sei mir Sünder gnädig!« vom Herzen spielte? Wer war dieser Mann überhaupt, worin kam sein Eigentliches zum Ausdruck? War er im letzten Grunde nicht vielleicht gerade dieser Mann, der hier ergriffen spielte? War *das* nicht vielleicht sein Eigentliches, war *das* nicht das göttliche Original, das auf einmal die bedeckende Schmutzschicht durchbrach, – oder war der Choral seinerseits nur religiöser Kitsch, mit dem sich diese schwarze Seele verhüllte? Wer wüßte das zu beurteilen? Aber vor Gott war es offenbar.

Was wissen wir Menschen eigentlich voneinander? Was wissen wir davon, wie du und ich uns vor dem Jüngsten Gericht ausnehmen

werden? Was hat der Pharisäer vom Zöllner gewußt? Wir leben zwischen den Fehlurteilen, die wir jetzt fällen, und zwischen den Überraschungen, die das Jüngste Gericht einmal bringen wird.
Darum sollten wir ehrfürchtig vor dem letzten Geheimnis des anderen Menschen stehenbleiben, vor dem Geheimnis, das er mit Gott hat und von dem nur sein himmlischer Vater, aber niemals ein Mensch weiß. Wir sind alle von diesen königlichen Augen erkannt; aber wir selbst kennen niemand. Der Zöllner erfuhr das große Wunder, daß er von diesen Augen erkannt und durchschaut war und daß sie sich dennoch nicht vor dem Dunklen in seinem Leben schlossen, sondern ihm ein barmherziges Willkommen zuwinkten. Aber der Zöllner hatte eben auch nur in *diese* ewigen Augen geblickt und sich nicht verleiten lassen, auf den Pharisäer zu sehen und sich mit ihm zu messen.

Damit kommen wir zu dem Zweiten und Letzten.
Wie mag der Zöllner weggegangen sein? Hat er wohl gesagt: »Nun kann ich ja weitermachen und weiter schieben und weiter schmuggeln, nachdem ich ausprobiert habe, daß Gott einem doch nicht kündigt und daß man ihm auch als Lump recht ist«? Oder wird er nicht in strahlender Dankbarkeit für diese unermeßliche Güte von dannen geschritten sein und es einfach nicht mehr übers Herz gebracht haben, diesem Vater einen Schmerz zuzufügen und ihn durch eine Sünde zu enttäuschen?
Vielleicht ist er auch einer geworden, der ein Jahr später sagen konnte, was der Pharisäer heute im Tempel für *seine* Person andeutete: »Siehe, Herr, nun habe ich nicht mehr die Ehe gebrochen und mich nicht mehr bereichert. Ich hätte es nicht übers Herz gebracht, dir wehezutun. Ich danke dir, daß du mir durch dein Vergeben, durch deine Barmherzigkeit Mut gemacht und eine neue Chance gegeben hast und daß ich so sichtbar von dir geführt wurde.« Haben wir die ganz feinen Unterschiede, die fast unmerkbaren Nuancen herausgehört zwischen der Art, wie der Pharisäer betet und wie in einem Jahr hoffentlich der Zöllner beten wird? In diesen ganz kleinen Unterschieden liegt das Schicksal der Ewigkeit beschlossen. Ein falscher, hochmüti-

ger Blick auf unseren Nächsten kann uns alles verderben und kann die Gnade unseres Gottes in Verwesung übergehen lassen.

Vielleicht mag nun der eine oder andere fragen, wie einst die Jünger den Herrn am Ende einer ernsten Stunde fragten: »Wer kann dann überhaupt selig werden, wenn uns die Gnade so in den Händen verfaulen kann? Wer von uns ertappt sich denn *nicht* immer wieder bei jenem hochmütigen Blick?« – Dann könnte ich nur erwidern mit der Antwort, die Jesus selber gab: »Bei den Menschen ist's unmöglich, aber bei Gott sind alle Dinge möglich.«

Wenn wir nur lernten, recht am Ende zu sein, so wie der Zöllner am Ende war. Dann könnte Gott mit uns anfangen. Wenn wir nur lernten, Gott nicht dazwischen zu pfuschen und uns vor ihm zu produzieren. Dann könnte er endlich unser Vater werden. Und wir – wir könnten dann neue und befreite Menschen sein.

DAS GLEICHNIS
VON DEN ANVERTRAUTEN PFUNDEN

Da sie nun zuhörten, sagte er weiter ein Gleichnis, darum dass er nahe bei Jerusalem war und sie meinten, das Reich Gottes sollte alsbald offenbart werden, und sprach:
Ein Edler zog ferne in ein Land, daß er ein Reich einnähme und dann wiederkäme. Dieser forderte zehn seiner Knechte und gab ihnen zehn Pfund und sprach zu ihnen: Handelt, bis daß ich wiederkomme! Seine Bürger aber waren ihm feind und schickten Botschaft ihm nach und ließen sagen: Wir wollen nicht, daß dieser über uns herrsche.
Und es begab sich, da er wiederkam, nachdem er das Reich eingenommen hatte, hieß er dieselben Knechte fordern, welchen er das

Geld gegeben hatte, daß er wüßte, was ein jeglicher gehandelt hätte. Da trat herzu der erste und sprach: Herr, dein Pfund hat zehn Pfund erworben. Und er sprach zu ihm: Ei, du frommer Knecht, dieweil du bist im Geringsten treu gewesen, sollst du Macht haben über zehn Städte. Der andere kam auch und sprach: Herr, dein Pfund hat fünf Pfund getragen. Zu dem sprach er auch: Und du sollst sein über fünf Städte.

Und der dritte kam und sprach: Herr, siehe da, hier ist dein Pfund, welches ich habe im Schweißtuch behalten. Ich fürchtete mich vor dir, denn du bist ein harter Mann: Du nimmst, was du nicht hingelegt hast, und erntest, was du nicht gesät hast. Er sprach zu ihm: Aus deinem Munde richte ich dich, du Schalk. Wußtest du, daß ich ein harter Mann bin, nehme, was ich nicht hingelegt habe, und ernte, was ich nicht gesät habe? Warum hast du denn mein Geld nicht in die Wechselbank gegeben? Und wenn ich gekommen wäre, hätte ich's mit Zinsen erfordert. Und er sprach zu denen, die dabeistanden: Nehmet das Pfund von ihm und gebet's dem, der zehn Pfund hat. Und sie sprachen zu ihm: Herr, hat er doch zehn Pfund.
Ich sage euch aber: Wer da hat, dem wird gegeben werden; von dem aber, der nicht hat, wird auch das genommen werden, was er hat.

LUKAS 19, 11-26

Die Jünger meinten: Jetzt ist es so weit. Jetzt kommt das Reich Gottes. Sie waren mit diesem erstaunlichen Mann aus Nazareth kreuz und quer durch die Geographie gewandert, hatten unerhörte Dinge erlebt, die sich ihre Schulweisheit niemals träumen ließ. Es war wie ein Generalangriff auf das Elend der Welt gewesen, auf die feindliche Front von Schuld und Tod. Wo immer dieser Nazarener auftrat, da wichen Besessenheiten, da wurde der Schuldbann zerrissen. Selbst der Tod mußte kapitulieren. Sie konnten die dankbaren Augen derer nicht vergessen, denen dieser Meister die Fesseln zerrissen, denen er die Nacht von ihren armen blinden Augen genommen und die er mit einem neuen Lebenstag beschenkt hatte.

So gewannen die Jünger den Eindruck, daß dieser Mann allenthalben, wohin er auch trat, tiefe Einbrüche in die Front der Todeswelt erzielte und daß er diese Front nun vollends aufzurollen im Begriffe war. In einem gewaltigen Crescendo würden die Erlösungskräfte dieses Mannes den alten Äon überrennen, dann würde binnen kurzem die neue Welt Gottes auf den Ruinen der alten errichtet werden: Die Mütter würden ihre vermißten Söhne wieder in den Armen halten; es würde keine Witwen und Waisen mehr geben, weil der Tod selbst interniert wäre; und dort, wo das Meer des Blutes und der Tränen wogte, würden sich goldene Ährenfelder wiegen.

Das Signal für diesen Umsturz aller Dinge war der Aufbruch nach Jerusalem. So dachten die Jünger.

Durch das Herz Jesu mochte tiefe Trauer ziehen, wenn er die Jünger in ihren Träumen und in ihren frommen Utopien beobachtete. Er wußte, daß sein Aufbruch nach Jerusalem nicht der Start in ein traumhaftes Reich des Friedens, sondern vielmehr das Signal einer neuen Nacht, der großen Finsternis um die sechste Stunde auf Golgatha sein würde. Er wußte, daß er viel werde leiden müssen, ehe er zur Herrlichkeit einging, und daß ihn alle verlassen würden. Jesus wußte in beklemmender Einsamkeit, daß die bisherige Welt jetzt nicht einfach, wie die Jünger meinten, untergehen, sondern daß diese bisherige Welt – menschlich gesprochen – über ihn siegen und ihn wie eine giftige, feindliche Substanz abstoßen würde und daß dann Tod, Leid und Schuld weiterhin, bis zum Jüngsten Tage, das Antlitz dieser unglücklichen Erde prägen würden. Er hörte die anklagenden Stimmen derer, die noch nach zweitausend Jahren fragen würden: »Was ist denn anders geworden durch diesen Nazarener, der ein Feuer anzünden wollte auf Erden und der aus der Lohe ihrer Untergänge eine neue Welt erstehen lassen wollte? Es wird ja *doch* immer weiter gestorben, massakriert und terrorisiert; den Lumpen und Bestien geht es relativ gut, ›die einen sind im Dunkeln, die andern sind im Licht‹, wie es in der Dreigroschen-Oper heißt. Was ist denn anders geworden?«

Jesus wußte dies alles. Es würde nun in Jerusalem so etwas wie einen Weltuntergang geben, aber nicht die bisherige Welt würde untergehen, sondern die Welt der Träume in den Herzen der Jünger würde versinken. Die Jünger würden das Geheimnis der Passion begreifen müssen oder auch an diesem Geheimnis scheitern.

Jesus muß sie nun auf diese Art des Weltunterganges, auf die Golgatha-Katastrophe, vorbereiten. Wie tut er das? Macht er das vielleicht in Form schonender Eröffnungen – etwa so wie ein Arzt, der einem Kranken vorsichtig beibringt, daß er an Krebs oder Multipler Sklerose leidet, und ihn langsam in seinen Plänen und Zukunftshoffnungen ernüchtert?

Jesus macht es ganz anders. Er stellt seine Jünger an die Arbeit. Er gibt uns, während er weg ist und alles so entsetzlich still um ihn wird, klare Aufgaben: »Wuchert mit euren Pfunden!«, sagt er.

Warum wählt er wohl diesen Weg? Nun – wenn ich für jemanden arbeite, wenn ich sein Werk verantwortlich mittrage, dann *denke* ich auch an ihn. Das kommt sozusagen ganz von allein. Wenn mich Jesus an die Arbeit des Glaubens stellt – und es ist tatsächlich eine Arbeit, wenn ich täglich neu mit meinen Anfechtungen fertig werden und mich durchringen muß –, dann habe ich auch täglich Kontakt mit ihm. Wenn er mich an die Arbeit der Nächstenliebe stellt, dann rückt er sein Bild täglich vor meine Seele. Denn niemand als er selbst begegnet mir ja in meinem Bruder und in meiner Schwester.

So werden wir also in diesem Gleichnis vor den Herrn zitiert, um unsere Aufgaben und unser Arbeitspensum zu empfangen. Wir alle gehören zu diesen Menschen, auch du, auch Luther, auch der Apostel Paulus. Denn alle – der sogenannte unbekannte Christ und der prominente Reich-Gottes-Mann – erhalten bei diesem letzten Befehlsempfang genau das gleiche. Jeder bekommt das gleiche Betriebskapital seines Christenstandes, und jeder erhält den gleichen Auftrag, damit zu handeln.

Ganz gewiß gibt es in der Gemeinde Jesu auch verschieden große Gaben und Begabungen. Und es ist sicher keine Menschenverherrlichung, wenn wir sagen: Paulus und Augustin und Luther waren besondere Leute. Die haben viel empfangen, und mit denen können wir uns nicht messen.

Aber unser Gleichnis macht es nun unmöglich, uns einfach mit unserer kleinen Kraft herauszureden und etwa zu sagen (wie man es immer hören kann): Wir sind doch als einzelne nur hilflose Atome in der allgemeinen Weltmaterie. So sehen wir etwa, wie der eigengesetzliche, unserer Initiative entnommene Prozeß der technischen Entwicklung immer mehr auf die Automatisierung zudrängt und wie damit die Freizeit zu *dem* menschlichen Problem der kommenden Gesellschaft wird. Die leeren Zeiträume, die sich hier ergeben, sind teils soziale Wunschziele, teils Angstgespenster. Was kann ein Mensch mit seiner Zeit und seiner Freizeit anfangen, wenn er mit sich selbst nichts mehr anfangen kann? Aber was kann man tun, *daß* er wieder etwas mit sich anfangen kann? Man müßte den Menschen von innen her und total erneuern können, um ihn für diese kommende Entwicklung auszurüsten und um ihn nicht hilflos an Langeweile und Angst, an Tingeltangel und hohlem Amüsierbetrieb zugrunde gehen zu lassen. Aber wie *können* wir ihn denn von innen her erneuern? Wer sind wir denn, daß wir so große Worte in den Mund zu nehmen wagen? Wir sind doch selbst nur Öltröpfchen in der großen Maschinerie. Hier würde es schon der Vollmacht eines Luther oder eines Jesaja bedürfen, um die Fundamente umzustülpen und radikale Wandlungen in Gang zu bringen. Wir sind zu klein und zu unbegabt dazu.

Gerade so aber können wir nicht mehr sprechen, wenn wir unser Gleichnis recht hören. Hier sagt uns der Herr doch, daß wir letzten Endes alle das gleiche bekommen. Hier erhalten Hinz und Kunz dasselbe Kapital, das Paulus und Luther *auch* bekommen haben. Gott hält im Entscheidenden eben alle seine Kinder gleich. Und jene Großen haben gerade in dem, worauf es schließlich ankommt, nichts vor uns voraus. Ein kleines Mädchen, das sein Abendgebet spricht und dem lieben Gott seine Puppen ans Herz legt, hat genausoviel davon wie Luther, wenn er in Worms ein Stoßgebet zum Himmel schickt, oder wie Bodelschwingh, der mit Gott um das Leben seiner diphtheriekranken Kinder ringt.

Was sollen wir uns denn unter diesem Pfunde vorstellen, das bei allen Knechten das gleiche ist?

Ich will versuchen, das, worum es hier geht, an einem literarischen Beispiel zu erläutern: Knut Hamsun sagte einmal in einer verzweifelten Stunde seines Lebens zu seiner Frau (und spielte dabei auf eine Seemannsgeschichte an): »Ein Mann über Bord! So, so – sagt der liebe Gott. Dann verunglückt irgendwo noch ein Mensch. So, so – sagt der liebe Gott. So bedeutungslos ist das Ganze. Und das Leben ist so kurz. Man darf es eben nicht zu ernst nehmen.«

Hier erscheint wie an einem photographischen Negativ das Pfund, das uns verliehen ist. So spricht der liebe Gott eben *nicht*. Nein, wir alle, du und ich – nicht nur die Großen im Reiche Gottes – haben einen Namen, bei dem wir gerufen werden. Wir sind ernst genommen und sind keine unbekannten Niemande mehr, seit Jesus Christus für uns gestorben und auferstanden ist. Wenn man für jemanden sein Blut hergibt, dann kennt man ihn auch. Dann ist er einem unendlich wert. So sind wir eben doch keine namenlosen kleinen Leute, sondern sind Kinder, die geliebt und gekannt werden. Dieser Kindesname, den wir tragen – *der* ist das große Pfund. Und wenn ich nur ein Dachstübchen im Armenhause habe oder verlassen im sibirischen Bergwerk schmachten sollte: einen größeren Namen, als ich ihn habe, können auch die hohen Patriarchen und ehrwürdigen Propheten nicht haben.

Damit hängt nun ein Weiteres zusammen: Wer es einmal erfährt, daß er einen solchen adligen Namen hat und bei Gott wert gehalten ist, der weiß zugleich, daß sein Nächster, daß sein Kollege, daß seine Waschfrau, daß der Ostvertriebene diesen Namen auch hat. Auch an alle diese, die sich einsam und im Schatten herumschlagen, hat einer gedacht, als er rief: »Es ist vollbracht!« Auch sie tragen einen königlichen Namen.

Ob ich meinen Nächsten nicht mit ganz anderen Augen ansehen muß, wenn ich das weiß? Ob es mir nicht auf einmal wie Schuppen von den Augen fällt und mir ein Licht über ihn aufgeht?

Dieses Wissen um die adligen Kinder Gottes zu meiner Rechten und zu meiner Linken, das ist ein solches Pfund, mit dem ich zu wuchern habe. Hier wachsen mir Aufgaben über Aufgaben zu, die mir mein Herr in seiner Abwesenheit stellt. Hier werde ich auch schuldig. Es zieht ja ein ganzer Heerbann von Menschen im Laufe meines Lebens an mir vorüber, die alle eine Frage an mich richten, die alle eine Aufgabe für mich sind. Da sind Leute mit einer heimlichen Not: mein kranker Nachbar, der Lehrling meiner Firma, der Rowdy in meiner Schulklasse, der mich zur Verzweiflung bringt; auch mancher Tangojüngling und Fan mit seiner faden, pomadebestrichenen Leere; und mancher Schmetterling von freudehungrigem Mädchen, der gegen das Fenster seines armen, grauen Lebensgefängnisses fliegt, um ein Sonnenstrählchen dürftiger und zweifelhafter Freuden zu erhaschen; oder die Sündenböcke unserer satten und hohl gewordenen Gesellschaft: die »Halbstarken«. Sie alle tragen Ketten, heimlich oder offen; sie alle schreien nach Erlösung, und in allen – auch in den kläglichen Figuren, über die ich christlicher Pharisäer mich allzu leicht erheben möchte – erscheint mir auf einmal der hungernde, frierende, gefangene, bloße Heiland. Er schämt sich nicht, ihr Bruder zu sein.

Ist dieses Wissen um den anderen Menschen nicht ein unerhörtes Pfund, das ich heute noch aktivieren muß? Kann mich dieser gestochene Star, kann mich dies enthüllte Geheimnis meines Nächsten noch einen Augenblick ruhig lassen?

Das also ist das Pfund, das uns der Herr zum Handeln und Wuchern gegeben hat. Damit sollen wir nun mitten in die Welt hineinspringen und dieses Anvertraute arbeiten, wirken und zum Zuge kommen lassen. Was haben wir bisher mit diesem unserem Pfund gemacht?

Wir werfen nun einen Blick auf die verschiedenen Arten von Knechten und tun das wieder mit der heimlichen Frage, in welchem von ihnen ich selbst wohl abgebildet bin. Denn man liest ja die Gleichnisse nur recht – wir haben das wiederholt beobachtet –, wenn man sie wie ein Stück Autobiographie liest.

Da sind zunächst die *guten* Knechte, die ihre Arbeit getan und viel hinzugewonnen haben. Es scheint charakteristisch, daß diese braven Leute nicht an Lohn und Geschäfte denken, wenn sie sich so einsetzen. Der Herr hat ihnen ja auch nichts versprochen. Aber auch ihr gesunder Menschenverstand kann unmöglich auf hohen Lohn spekuliert haben. Was kann man schon mit einem Pfund (das sind, sage und schreibe, 125 Mark) für große Sprünge machen? Dabei *gehört* ihnen noch nicht einmal dieses bißchen Kapital, und ebensowenig gehören ihnen die etwaigen Gewinne, die sie damit erzielen. Der Herr wird ihnen, so müssen sie doch erwarten, den Ertrag ihrer Arbeit wieder abnehmen. Sie sind ja nicht selbständig und nicht »autonom«, sondern sie sind Angestellte. Der Herr will doch mit Hilfe seiner Knechte keine Lebensversicherung gründen, die ihnen *selbst* zugute kommen soll und an der sie als Nutznießer beteiligt wären. Sondern er will sein Reich bauen, er will dieses Reich durch ihre Arbeit sozusagen finanzieren.

Der törichte Knecht hat also durchaus richtig gesehen: Alle Gewinne werden in die Weltpolitik dieses Herrn investiert. Es geht da um ein sehr uneigennütziges Unternehmen, wenn die Knechte ihre Arbeit daranwagen. Für die eigene Tasche kann unmöglich viel dabei herausspringen. Und außerdem muß man immer die geheime Angst haben und wird den Alpdruck nicht los, daß dieses sogenannte »Reich des Herrn« nur ein Traumgebilde, nur ein Hirngespinst und eine Utopie ist und daß man also »für die Katz'« gearbeitet hat.

Und dennoch *gehen* sie eben an die Arbeit. Warum eigentlich? Sie tun das ganz einfach aus Treue. Dieses Handeln und Arbeiten der Knechte, dieser ihr »Einsatz« ist nur verständlich, wenn man annimmt, daß sie mit der Treue ihres Herrn rechnen und daß sie sich schlicht und entschieden sagen: »Dieser Herr, den wir kennen, der wird uns schon nicht sitzenlassen.« Darum sind sie selber treu.

Ich glaube, hier haben wir allen Grund, die Ohren zu spitzen, weil das unsere eigene Situation berührt. Denn um Geschäfte zu machen, ist ja wohl noch niemand ein Christ geworden. Man könnte ohne Christus oft viel größere Geschäfte machen, weil man ein weiteres Gewissen hätte. Man könnte das Leben gewissermaßen ganz anders genießen. Man könnte sich ungeniert wie der reiche Mann des früher besprochenen Gleichnisses in Purpur und köstliche Leinwand kleiden. Man könnte alle Tage herrlich und in Freuden leben, und kein Lazarus dürfte uns verklagen und uns mit der Frage in Verlegenheit bringen, warum wir Luxus trieben, statt ihm das Nötigste abzugeben. Denn wir hätten ja in Lazarus und dem Ostflüchtling, wir hätten in dem Bewohner des Bunkers und den verwahrlosten Kindern noch nicht das bleiche Antlitz unsres Heilandes gesehen, das unser Blut erstarren läßt. Nein, ohne diesen Herrn darf das Blut lustig rauschen!

Aber gerade diesen Leuten gegenüber, die einfach auf Treu und Glauben handeln und nichts für sich selber wollen, zeigt sich nun die fürstliche Großzügigkeit des Herrn. Für 1250 Mark verdientes Geld werden sie über zehn, für 625 Mark über fünf Städte gesetzt. Das alles ist freilich »nur« ein Gleichnis. Aber es mag uns eine Ahnung dabei überkommen, wie man bei diesem Herrn »auf seine Kosten kommt«. Er hat den Knechten, er hat uns allen ja nicht gesagt: »Dies und das wird euch dafür.« Er hat nicht auf den Eigennutz der Knechte spekuliert und ihnen gesagt: »Ihr bekommt Spitzenstellungen in meinen Städten. Ich werde für euer moralisches und soziales Prestige als christliche Persönlichkeiten sorgen. Oh, ich werde schon nicht knauserig sein!« Von alledem steht nichts da. Es geht nur um den Auftrag, die Sache dieses Herrn ohne alle Nebenabsichten zu vertreten und nicht in die eigene, sondern in die Tasche eben dieses Herrn zu wirtschaften.

Das muß man sich wieder ganz praktisch vorstellen. Auf unsere Situation angewandt heißt das: Wir Knechte sollen schon am Morgen, wenn wir aufstehen, unserem Herrn den anbrechenden Tag übergeben. Wir sollen ihm dienen, indem wir den Entschluß fassen, an diesem Tage, nicht zu hassen, sondern zu lieben, in unseren Mitarbeitern kein Menschenmaterial, sondern unsere Nächsten zu sehen, nicht unser Prestige zu suchen, sondern sachlich zu handeln.

Aber gerade dann, wenn die Knechte so im Auftrage, im Dienste, also in einem *fremden* Namen handeln und leben, werden sie die Großzügigkeit ihres Herrn zu spüren bekommen. Dann – also erst später gleichsam nachträglich – wird ihnen klar werden, daß es sich auch *gelohnt* hat, in seinem Dienste zu stehen. Dann werden ihnen ganz neue Formen des Glückes aufgehen, die dieser Herr zu schenken weiß: neue Freundschaften, Seligkeiten des Herzens und ein neues Klima ihres Lebens. Sie werden merken, daß es ganz einfach »schön« ist, diesem Herrn nahe zu sein und in der Verbindung mit ihm auch ganz neue Perspektiven des Lebens zu empfangen.

Darum wird ihnen die Pracht der verliehenen Städte gar nicht so wichtig sein wie die Tatsache, daß sie als des Herrn Statthalter nun die nächsten unter ihm sind, daß sie darum immer Zugang zu ihm haben werden und jederzeit mit ihm sprechen und in seiner Nähe weilen können. Das ist ihr Lohn, daß der Herr sie am Ende in Ehren annehmen wird, daß sie »ewig, ewiglich mit Jesus sprechen« und unter seinen Augen leben dürfen. Denn der Himmel besteht nicht in dem, was wir bekommen (ob es nun weiße Gewänder und himmlische Kronen oder ob es Ambrosia und Nektar sind), sondern der Himmel besteht in dem, was wir sein werden – nämlich die Gefährten unseres Königs, die ihn nun immer sehen und ihm brüderlich nahe sein dürfen, denen der dunkle Spiegel zerschlagen, das Kreuz zerbrochen ist und die nun am Ende Gott preisen dürfen, ohne dabei Tränen in die Augen zu bekommen.

Da ist endlich noch der dritte Knecht, der Mann also, dem das Leben mißlungen ist und der an seinem Herrn scheitert. Bei einer Abstimmung an meinem Familientisch meinten eigentlich alle, von den Kindern bis zu den Erwachsenen, daß dieser Mann in unserem Gleichnis allzu schlecht wegkomme. Einer meinte: »Für mich hat diese Figur immer etwas Rührendes an sich gehabt. Er ist eben der Mann der Resignation, eine schwermütige Natur, einer, der sich sagt, es hat ja doch mit diesem Herrn keinen Zweck.« Aber seine Verläßlichkeit habe doch einen ergreifenden Zug. Wie er die anvertraute Gabe da in seinem Schnupftuch immer so bei sich trüge, das sei doch auch etwas. Und der Herr springe schon allzu hart mit ihm um.

In der Tat ist diese Gestalt nicht leicht zu deuten. Sie ist von den dreien sicher die interessanteste, aber auch die komplizierteste Figur. Wenn ich recht sehe, sind es vor allem zwei Züge, die das Wesen dieses Mannes bestimmen.

Einmal ist er der typische Beobachter, ein Mann, der alles von außen sieht. Er beobachtet und analysiert den Weltlauf und stellt fest: Gott ist hart und ungerecht; er ist nur die Personifizierung des unberechenbaren Geschickes. Er will ernten, wo er nicht gesät hat. Er will zum Beispiel *Glauben* ernten. Aber was gibt er mir denn, damit so etwas wie Glauben überhaupt in mir wachsen kann? Wenn ich so das Leben ansehe – denkt er –, fällt es mir schwer zu glauben, daß über uns höhere Gedanken gedacht werden und daß es einen Gott der Liebe gibt. Wenn vier kleine Kinder ihre Mutter durch einen angetrunkenen Fahrer verlieren: Wo ist da eine sinnvolle Steuerung, wo klingt da das Thema der Liebe auch nur im leisesten Piano an? Und wie ist es mit der großen Geschichte? Regiert da nicht das brutale Interesse oder auch die Eigengesetzlichkeit von Prozessen, wie etwa die der technischen Entwicklung? Oder ist etwa der Zustand der *Kirche* mit ihren menschlichen Fragwürdigkeiten und ihrer ohnmächtigen Phraseologie ein glaubenstärkender Anblick? Wie kann Gott Glauben ernten wollen, wenn er so erbärmlich wenig *Grund* zum Glauben sät? »Ja, woher nehmen und nicht stehlen?«, sagt die heilige Johanna der Schlachthöfe in Bert Brechts Drama. »Meine Herren«, sagt sie, »es gibt auch eine moralische Kaufkraft. Heben Sie die moralische Kaufkraft, dann haben Sie auch die Moral.«

So denkt auch der dritte Mann unseres Gleichnisses und winkt resigniert ab: Dieser Herr sollte erst die religiöse Kaufkraft heben, er sollte uns Beweise des Geistes und der Kraft in die Hand geben, dann hätte er auch die Religion, dann hätte er auch unseren Glauben.

Aber diese Resignation ist nicht sein einziges Motiv. Er ist »kein ausgeklügelt Buch – er ist ein Mensch mit seinem Widerspruch«. Denn ohne daß das sehr konsequent wäre, läßt er sich noch von einem zweiten Gesichtspunkt bestimmen. Er *verwahrt* nämlich das Empfangene. Er hebt es sorgfältig auf. Er erkennt also die Existenz und das Recht seines Herrn irgendwie an.

Wenn wir die Gleichnissprache auf das wirkliche Leben anwenden, heißt das offenbar: So etwas wie Gott (eben diesen Herrn) gibt es schon. Er existiert. Man muß ein höheres Wesen anerkennen. Die Beziehung von Herr und Knecht, Gott und Mensch hat im Leben ihren berechtigten Platz. Ohne Religion und Glauben geht es nicht. Es muß so etwas wie metaphysische Fundamente geben, wenn der Mensch nicht seinen bestialischen Instinkten preisgegeben werden soll. Was sollen wir denn dem Osten (so würde jener Mann vielleicht sagen, wenn er heute lebte) entgegensetzen, wenn wir nicht wenigstens eine christliche Weltanschauung hätten? Ich persönlich kann zwar mit diesem Herrn nichts anfangen. Aber der christliche Betrieb muß zweifellos weitergehen. Die Institution der Kirche ist unentbehrlich. Christliche Ideologie muß man haben. Ich selbst kann natürlich bei einer Sache, mit der ich nichts anfangen kann, für meine Person nicht aktiv werden. Aber ich kann mich wenigstens konservativ verhalten. Ich kann die christliche Überlieferung bewahren. Ich kann eine kirchliche Trauung über mich ergehen lassen und meine Kinder in den Religionsunterricht schicken. Ich kann mich also auf einen christlichen »Standpunkt« stellen und kann die Religion in mein Schnupftuch wickeln und sie da konservieren.

Es ist merkwürdig, wie Jesus nun gerade diese Position radikal ablehnt und mit welchen Argumenten er das tut. Er sagt nämlich: »Aus deinem Munde richte ich dich, du arglistiger Genosse!« – »Aus deinem Munde«, das heißt offenbar: Ich stelle mich jetzt einmal auf deinen Standpunkt und begegne dir auf deiner eigenen Ebene. Du sagst nämlich, du hättest den Herrn gefürchtet, du hättest ihn also ernst genommen. (Denn was man fürchtet, pflegt man ja doch ernst zu nehmen!) Aber das hast du gerade nicht getan, du konservativer Christ du! Wenn du den Herrn, wenn du *mich* ernst nähmest, dann hättest du mich bekämpft. Mein unglücklicher Knecht Nietzsche hat mich ernst genommen, wenn er allein durch Nacht und Eis seiner entgötterten Lebenslandschaft zu wandern wagte. Und auch Gottfried Benn hat mich ernst genommen, wenn er sich von den Trompeten des Nichts umtönt wußte und in seiner Trostlosigkeit ausharrte. Hättest du mich ernst genommen, so würdest du dein Pfund von dir geschleudert haben. Dann hättest du gerufen: »Ich protestiere gegen den Herrn, der ernten will, wo er nicht gesät hat! Ich protestiere gegen den Herrn, der meine religiöse Kaufkraft vernachlässigt, aber Glauben von mir erwartet!« Aber du konservativer Christ wolltest beides: Du sagtest nein zu mir und wolltest dir doch die Brücke nicht abbrechen, wolltest die letzte Eventualversicherung mir gegenüber nicht preisgeben. Du hast halbe Sachen gemacht, du bist lau gewesen. Sieh, darum hast du mich eben *nicht* ernst genommen.

Denn es gibt nur zwei Formen des Ernstes: entweder die Absage oder den Einsatz, entweder das Wegschleudern des Pfundes oder das Wuchern mit diesem Pfund. Ein Drittes gibt es nicht. Das konservative Christentum und der berühmte christliche »Standpunkt« – die wollen eben dieses Dritte sein, das es nicht gibt. Werft euer Christentum auf den Schindanger, oder aber laßt Gott den *Herrn* eures Lebens sein, laßt ihn den blutigen Ernst dieses Lebens sein, laßt ihn jemanden sein, von dem ihr jeden Tag Sinn und Trost, Lebensziel und Marschbefehl empfangt, aber – wickelt ihn nicht in euer Schweiß- und Taschentuch! Ihr könnt nicht etwas konservieren wollen, was mit dem Adel und dem Untergang eures Lebens zu tun hat. Hier darf man nur fluchen, oder man muß auf die Knie sinken.

Es ist sehr merkwürdig, daß nach den Worten Jesu gerade bei den konservativen Christen diese Karikatur Gottes entsteht, so wie der dritte Knecht sie sich zurechtgemacht hat. Unfreiwillige Karikaturen beruhen auf einem Verlust an Erkenntnis.

Damit stoßen wir auf das letzte Geheimnis, das sich in diesem Gleichnis verbirgt.

Wenn wir nur wie dieser Knecht das Weltgeschehen und die Rolle Gottes in diesem Geschehen *beobachten* wollen, kommen wir nicht weiter. Wenn eines feststeht, so ist es dies: Es ist unmöglich, durch Beobachtung des Lebens, durch Analysen der Geschichte und ähnliches Gott »erkennen« zu wollen, um ihn dann für den Fall, daß wir ihn auf diese Weise finden sollten, auch ernst zu nehmen, für ihn aktiv zu werden und ihn zum Maßstab unseres Lebens zu machen. Es ist vielmehr genau umgekehrt: Nur wer ihn ernst nimmt, der erkennt ihn überhaupt. Niemand sonst.

Aber wie soll man ihn denn ernst nehmen, wenn man nichts von ihm weiß?

Nun, ich würde sagen: Man soll mit Gott genauso verfahren, wie der Herr mit seinem Knechte verfährt. Der Herr sagt zu ihm: »Aus deinem Munde richte ich dich.« Er sagt also: »Ich begegne dir und diskutiere mit dir auf deiner eigenen Ebene.« Ganz entsprechend sollten wir unsererseits zu Gott sagen: »Aus deinem Munde will ich dich richten. Deine eigenen Worte sollen es sein, die mich entweder überwältigen oder mit denen ich dich schlagen und ad absurdum führen will. Diese deine Worte sagen mir: ›Alle eure Sorgen werfet auf mich, denn ich sorge für euch.‹ Gut, so will ich das denn einmal tun und ausprobieren. Ich habe nämlich solche Sorgen; ich habe Angst vor morgen und vor der nächsten Woche. Aber nun will ich einmal nicht mein Tages- und Wochenhoroskop lesen, sondern will diese meine Angst vor dir ausbreiten. Ich will dich einmal ausprobieren, Gott. Du sollst mir ein Experiment wert sein. Ich will sehen, ob du mich wirklich an deiner (imaginären oder wirklichen) Hand über das Morgen hinweg und in die nächste Woche bringst. Ich will einmal ausprobieren, ob du mir wirklich auf rauhen Wegen Stege baust, ob du mir in finsteren Tälern Stecken und Stab in die Hand drückst und ob ich in den dunkelsten Augenblicken, wo ich weder Brücken noch Weg, weder Hirten noch Stecken bemerke, das Vertrauen zu deiner führenden Hand nicht verliere.«

Gott ernst nehmen, das heißt: ihn so beim Worte nehmen und ihm die Möglichkeit geben, so zu reagieren, wie er es in seinem Worte gesagt hat. Mit geschlossenen Fäusten oder mit herabhängenden Händen können wir nichts empfangen. Wir müssen schon unsere Hände versuchsweise einmal ausstrecken und »unsern Mantel weit auftun« (Luther). Vielleicht müssen wir bitten: »Herr Gott (falls es dich gibt), auf Grund deines Wortes (falls du es gesagt hast) bitte ich dich (falls du hören kannst), daß du mir meine Schuld vergibst, daß du mir in meiner Angst beistehst, mich in meiner Einsamkeit tröstest, mir meinen Nächsten zeigst, mein Herz in Liebe entbrennen läßt und mich bei allem Schönen und Schweren, bei allen Höhepunkten und auch bei allem Leerlauf meines Lebens deine *Hand* spüren läßt, die nach mir greift und mich geleitet, die meine Lasten trägt, die mir im Kummer über die Stirne streicht und mir das Sterben leicht macht, weil mein Kopf in ihr ruhen kann. Ich will morgen aufstehen und mit meinen Pfunden dann *so* für dich wuchern und meinem Nächsten *so* dienen, *als ob es dich gäbe*. Dann wirst du die große Stille um dich zerbrechen und wirst plötzlich bei mir sein. Dann wirst du sagen: Ei, du frommer und getreuer Knecht, gehe ein zu deines Herrn Freude!«

So ist das also mit Gott. »Wenn wir horchen, redet Gott; wenn wir gehorchen, handelt Gott.«
So laßt uns ihm die Chance geben, daß er sich meldet und das wahr macht. »Wer zu mir kommt, den will ich nicht hinausstoßen«, sagt Jesus Christus. Für dieses Wort ist er gestorben. So ernst hat er uns genommen. Er verdient es, daß wir ihm eine Chance geben.

DAS GLEICHNIS
VON DEN KOSTEN FÜR DEN TURMBAU

Es ging aber viel Volks mit ihm; und er wandte sich und sprach zu ihnen:
So jemand zu mir kommt und haßt nicht seinen Vater, Mutter, Weib, Kinder, Brüder, Schwestern, auch dazu sein eigen Leben, der kann nicht mein Jünger sein. Und wer nicht sein Kreuz trägt und mir nachfolgt, der kann nicht mein Jünger sein.
Wer ist aber unter euch, der einen Turm bauen will, und sitzt nicht zuvor und überschlägt die Kosten, ob er's habe hinauszuführen? auf daß nicht, wo er den Grund gelegt hat und kann's nicht hinausführen,

alle, die es sehen, fangen an, sein zu spotten, und sagen: Dieser Mensch hob an zu bauen, und kann's nicht hinausführen.
Oder welcher König will sich begeben in einen Streit wieder einen andern König und sitzt nicht zuvor und ratschlagt, ob er könne mit zehntausend begegnen dem, der über ihn kommt mit zwanzigtausend? Wo nicht, so schickt er Botschaft, wenn jener noch ferne ist, und bittet um Frieden.
Also auch ein jeglicher unter euch, der nicht absagt allem, was er hat, kann nicht mein Jünger sein.

LUKAS 14, 25-33

Man kann diesen merkwürdigen und in vieler Hinsicht harten Bericht wohl nicht anhören, ohne in eine gewisse Verwirrung zu geraten. Wie oft hat man alle die Geschichten gehört: die Erzählung von dem Sünder-Heiland, dem helfenden Arzt, dem Wundertäter, dem Seelsorger. Wie oft meint man, ihn wirklich zu kennen, und wie leicht stellen sich die entscheidenden Stichworte und Formeln ein, mit denen man sein Wesen beschreibt: Liebe, Güte, Barmherzigkeit, endlose Geduld – und wie diese frommen Vokabeln alle heißen. Plötzlich stößt man dann auf irgendein Wort, auf irgendeine Szene in diesem Leben, die so fremd und so sperrig sind, daß man sie auf keine dieser geläufigen Formeln bringen kann, und die einen so seltsam berühren, als ob man noch nie von ihnen gehört hätte. Dieses Leben ist wie ein Diamant, der nicht nur in vertrautem, sondern immer wieder auch in fremdartigem Lichte aufschimmern kann und der geheimnisvolle Strahlen in immer neuen Brechungen in unser verwundertes Auge schickt.
Etwas von dieser Fremdartigkeit hat auch dieses Gleichnis.
Sonst wirkt Jesus auf uns als der Lockende, als der Mann mit der Hirtenstimme, der das Verlorene ruft und der nicht müde wird, die Herrlichkeit alles dessen zu beschreiben, was uns bei ihm erwartet: Geborgenheit, Friede, neues und befreites Leben. Sonst ruft er: »Kommt her zu mir!« – und jetzt sagt er: »Wer zu mir kommt und

haßt nicht seinen Vater, Mutter und alles, was ihm lieb ist, der kann nicht mein Jünger sein.« Wer mich zum Vertrauten wählt, muß allem anderen sein Mißtrauen aussprechen, er muß allem sonst Vertrauten gegenüber argwöhnisch werden. Statt zu locken, stößt er ab und warnt geradezu vor sich. Statt zu sagen: Ich gebe euch das *ewige* Leben –, sagt er hier: Denkt an die Kosten, die ihr in *diesem* Leben aufbringen müßt, und überlegt euch, ob ihr meiner Nachfolge gewachsen seid. Statt anzufeuern, kühlt er ab. Statt Mut zu machen, mein bisheriges Leben dranzugeben, flößt er mir Angst und Sorge ein, den großen Sprung zu tun. Wie soll man das alles miteinander zusammenreimen?

Dieser dauernde Wechsel von vertrauter Nähe und befremdlichem Rätsel hat zweifellos einen tieferen Sinn, über den jeder, der schon länger im Umgange mit Jesus steht, einige erstaunliche Dinge zu berichten weiß.

Wir Menschen neigen ja dazu, uns immer wieder bestimmte Lieblingsideen zu bilden. Zum Beispiel sind wir durchaus damit einverstanden, daß das Christentum eine Religion der »Liebe« und der »Humanität« sei. Es tut uns gut, inmitten der geschichtlichen Machtkämpfe, inmitten der Auseinandersetzung mit unserer Konkurrenz, inmitten der Nüchternheit der täglichen Tretmühlen davon zu wissen, daß es eine Instanz in der Welt gibt, in der Milde statt Härte, Liebe statt Leistung, Herz statt Verstand gilt. Wie viele Menschen brauchen so etwas wie Religion als Ausgleich für die Trostlosigkeit ihres Alltags, und wie vielen ist jene stille und ferne Gestalt des Heilandes eine tröstliche Erinnerung, die sie aus Kindertagen in ihr nüchtern und leer gewordenes Erwachsenenleben hinüberretten möchten: eine Erinnerung, die etwa zu Weihnachten mit elementarer Gewalt aufbrechen kann.

Warum lieben wir einen Dichter wie Wilhelm Raabe so? Wohl deshalb, weil hier in einer ganz modern gesehenen Welt der Angst, der Langeweile und Leere immer wieder solche tröstenden, mütterlichen, von innen erleuchteten Gestalten auftauchen wie die Mutter Claudine in »Abu Telfan«, wie die Base Schlotterbeck im »Hungerpastor«, wie die alte Frau aus dem Siechenhause im »Schüdderump« oder wie die Phöbe in den »Unruhigen Gästen«. Daß es solche Gestalten in dieser oft so beklemmenden Welt, solche Lichtpunkte in der grauen Lebenslandschaft überhaupt gibt, das ist eine Tröstung und eine Quelle der Kraft. So ist auch für viele dieser Jesus von Nazareth eine Gestalt, die zwar nicht ihr Leben trägt, die sie aber doch froh werden läßt darüber, daß es so jemanden überhaupt gibt. Es ist *einmal* ein Mensch dagewesen, der nur geliebt hat. Es war einmal jemand da, in dem unsere Sehnsucht Gestalt gewann.

Aber das, was unser Herz so an Wünschen und Träumen aus sich hervorbringt, das *ist* ja gar nicht Jesus von Nazareth, sondern das sind eben Träume und Schäume, die im Ernstfall zerrinnen. In wie vielen Bombenkellern ist dieser Traum von Jesus zu einer faden Sentimentalität zerronnen und hat dem schreckvollen Todesgespenst Platz machen müssen. In wie vielen Fällen hat das schauerlich schöne Denkmal auf dem Ohlsdorfer Friedhof mit seinen Bildern vom Fährmann im Hades und den verzweifelten, leeren Blicken derer, die er auf seinem Kahn über den dunklen Strom entführt, die Situation und die Haltung der Menschen deutlicher und wahrer ausgedrückt als das Kreuz des Nazareners.

Weil das alles nun einmal so ist, darum reißt uns Jesus immer wieder aus dieser selbstgemachten Bilder- und Traumwelt heraus, darum wird er uns wieder und wieder zum Rätsel, damit wir auf ihn selbst hören, uns vielleicht an ihm ärgern, aber dann *in* diesem Hören und Ärgern immer tiefer in sein Geheimnis eindringen. Wir sollen keine Träumer bleiben, sondern Realisten werden, die den *wirklichen* Jesus finden. Denn nicht unsere Träume machen uns frei und neu, sondern nur dieser wirkliche Jesus. Darum brauchen wir immer das Erstaunen, häufig sogar das Erstarren vor dieser Gestalt, die so ganz anders ist als alles, was unser Träumen und Phantasieren uns vorstellen kann. Jedes Rätsel an seiner Gestalt, mit dem wir fertig werden, bringt uns deshalb ein Stück weiter von uns weg und ein Stück näher zu ihm hin. Das ist wohl auch das Geheimnis dessen, daß Jesus den Stil der Rätselrede liebt. So wollen wir heute über jenes Rätsel nachdenken, das hinter den Gleichnisworten über den Turmbau steckt – hinter jenen Worten, die warnen, statt zu locken, und die scheiden, statt zu verbinden.

Zunächst ist es in der Tat verwunderlich, daß Jesus die Masse der Menschen, die ihm da gefolgt ist, förmlich vor den Kopf stößt. Schließlich ist er doch dazu aufgebrochen, um die Welt für Gott zurückzugewinnen und um die Menge der Verirrten und Gescheiterten, der untreu und darum auch unglücklich Gewordenen seinem Vater zurückzubringen. Und indem er dazu aufbricht, hat er so etwas wie Erfolg. Die Menschen drängen sich massenhaft um ihn, sie hängen an seinen Lippen, er packt sie, und in vielen verzweifelten Augen und in vielen verhärmten Gesichtern flammt eine Schein neuer Hoffnung auf. Wenn es gelänge, diese Massen an diesen Mann zu binden, würde das entzündete Feuer sich wie ein Steppenbrand über sie alle und noch zu vielen anderen hin ausbreiten. Dann könnte die alte, verlorene Welt in Schutt und Asche gelegt werden, und über den Ruinen könnte die neue und erlöste Welt Gottes entstehen.

Aber merkwürdig, Jesus verzichtet auf jede Massenwirkung, wie sie unserer Zeit so nahelegte. Er verzichtet auf die Suggestion des großen Augenblicks und auf die Brandfackel der Begeisterung. Er fordert die Menschen vielmehr auf (und zwar ausgerechnet in diesem Augenblick!), einen Kalkül, eine Bilanz zu ziehen und eine nüchterne Kostenrechnung aufzustellen.

Warum mag er das tun? Stellen wir zunächst einmal die Vorfrage: Was haben denn die Massen, was haben denn die vielen Leute überhaupt bei Jesus gesucht?

Auch solche Menschen, die weder in ihrem Reden noch in ihrem Lebenswandel allzu viel Rücksicht darauf nehmen, daß es einen Gott gibt, haben oft einen ganz merkwürdigen Trieb, wenigstens durch ein dünnes Fädchen mit dem Heiligen in Verbindung zu bleiben. Sie treten vielleicht in ein Gotteshaus, um etwas Orgelklang oder Liturgie zu erhaschen, oder sie haben es als Soldaten ganz gern, wenn in ihrer Kompagnie ein Christ oder ein Pfarrer ist, auch wenn sie von deren Botschaft keinen Gebrauch machen. Es ist gerade so, wie wenn sie noch mit einem kleinen Finger die Hörner des Altars berührt haben möchten. Sie möchten nicht ganz in einer gottfernen Welt versinken, sondern sie bewahren sich noch den Ausblick auf ein ganz, ganz kleines Sternlein.

Es gibt in jener Masse, die Jesus da nachfolgt, sicher auch noch eine *andere* Sorte von Menschen. Die fahren sozusagen zweigleisig. Sonntags hören sie sich gern einen Gottesdienst an. Sie sind sogar momentan davon ergriffen. Aber sowie sie montags wieder in ihre Werkstatt, an ihre Maschine und in ihr Büro kommen, ist es gerade, wie wenn sie einen Schalthebel herumgelegt hätten. Da sehen sie im anderen nur den Kollegen oder Konkurrenten, aber nicht den Nächsten, in dem ihnen Christus begegnet. Da streben sie nach Leistung und Erfolg und denken mit keiner Silbe daran, ob Gott ihre Arbeit auch segnet. Da jagen sie nach aller Hetze und Arbeit der Zerstreuung nach, ohne zu denken, daß man sich erholt, indem man sich sammelt und einmal der Frage standhält: Wo stehe ich, und wohin treibt es mit mir?

Jesus sieht all diese Menschen um sich versammelt. Du und ich, wir sind auch darunter. Und er sieht, daß diese Menschen unglücklich und friedlos sind. Warum eigentlich? Nun, einfach deshalb, weil sie ein zwiespältiges Herz haben. Sie wollen ein bißchen Gott. Und dieses bißchen Gott reicht gerade aus, damit ihr Gewissen unruhig wird und ihnen die Unbekümmertheit nimmt. Sie wollen ein bißchen Ewigkeit, aber ja nicht so viel, daß sie dadurch ernsthaft gestört werden, daß sie eine radikale Kehrtwendung machen müßten. Und gerade durch dieses bißchen Ewigkeit verlieren sie ihr Gleichgewicht. Wer zwischen Gott und Welt hin- und herschwankt, wer auf beiden Schultern Wasser tragen will, wer teils fromm und teils Weltmensch sein will, ist unter Garantie immer unglücklich. Er kann einerseits nicht mehr von ganzem Herzen hassen, lieben, vergnügt sein oder schuften, denn in ihm brennt die quälende Frage: Wo stehst du, und wie steht das alles, was du so treibst, unter den Augen Gottes da, was hat es letzten Endes für einen Sinn? Andererseits kann er aber *auch* nicht von ganzem Herzen beten und kann nie die Seligkeit dessen erleben, daß er in die Zwiesprache mit Gott versunken ist und den Frieden der

Ewigkeit schmeckt, weil er viel zu sehr an all dem anderen hängt, weil er beim Beten schon an die Arbeit denkt, die er gleich verrichten muß, oder an die Sorgen, die ihm sein Geschäft macht, oder an das Rendezvous am Abend. Ein bißchen Gott und ein bißchen Ewigkeit sind immer gefährlich; es beginnt dann etwas in unserem Innern zu bohren und zu brennen und uns unruhig zu machen.

Wenn man so ein »Halb«-Christ ist, denkt man oft mit Neid an die ungebrochenen Weltmenschen. Die haben keine Hemmungen, einen unliebsamen Konkurrenten aus dem Wege zu schaffen. Die geben sich nicht mit solchen Sentimentalitäten ab, durch das Schicksal unserer Brüder im Osten belastet zu sein und auf Mittel und Wege zu sinnen, dem einen oder anderen zu helfen und ihnen Geld und Zeit zur Verfügung zu stellen. Und auch über ein bißchen Steuerhinterziehung oder über einen kleinen Ehebruch kommen sie ohne allzu deutliche Schrammen und Beulen in ihrem Gewissen hinweg. Unsereins – das heißt: wir Halbchristen – hat bei so etwas Hemmungen, Skrupel und Unannehmlichkeiten mit seinem Gewissen. Wir können keine saftigen und vollblütigen Sünder mehr sein wie jene, aber wir sind auch keine Heiligen, die dafür wenigstens die höheren Freuden des Gottesfriedens eingetauscht haben. Wir haben keins von beidem richtig; das ist unser Jammer. Darum fühlen wir Halbchristen uns auch so unbehaglich. Wir fahren immer nur mit halbem Dampf.

Große theologische Denker des Mittelalters haben deshalb davon gesprochen, daß das Halbchristentum immer zur Traurigkeit führe (zur »acedia«). Ja, sie haben geradezu gesagt, Schwermut beruhe immer auf einem solchen Zwiespalt des Herzens. Nur wer einfältig ist, wird fröhlich. Denn nur der Einfältige hat eine klare Richtung, ein klares Ziel. Nur er hat auch einen ganzen, ungebrochenen, eindeutigen Heiland. Wer nur ein bißchen Gott will, erlebt Gott immer nur als Bremse, als Hindernis, als Schmerz. Aber wer ihn ganz will, der erfährt, daß er Motor ist und daß man Freiheit und Schwung bei ihm bekommt, daß seine Nachfolge die fröhlichste Sache der Welt ist, weil er einen von all dem frei macht, was den Halbherzigen lockt und quält und in beidem hin- und herzerrt. Wenn ich mit den Schatten der Schwermut zu kämpfen habe, muß ich überlegen, ob es an dieser Teilung meines Herzens liegen könnte.

Jetzt verstehen wir vielleicht, was Jesus will, wenn er eine so radikale Entscheidung von uns fordert.

Das sieht im ersten Augenblick sehr hart und unerbittlich aus. Aber es ist nur die Unerbittlichkeit eines Arztes, der einem sagt: »Dir hilft nur eine radikale Operation. Wenn ich jetzt nicht tief genug in dein Fleisch schneide, dann flicke ich dich nur oberflächlich und vorübergehend zusammen, und nach einigen Wochen bricht das kranke Blut wieder in neuen Wucherungen hervor.« Jesus will also gar nichts anderes, als uns durch seine Radikalität von dem vermaledeiten Zwiespalt befreien. Er sagt uns: »Wenn du mir nachfolgen willst und wenn du Wert legst auf alles das, was dir diese Nachfolge schenkt, dann mußt du auch eine radikale Wendung machen. Dann mußt du vielem den Abschied geben, woran du hängst. Tust du das nicht, dann wirst du nur ein vom Christentum angekratzter Mensch, der dauernd an seinen Schürfwunden herumreibt und viel besser ein saftiger Heide geblieben wäre.« Jesus will keine halben Sachen. Er will nur heiß oder kalt, aber nicht lau.

Sollten wir uns wirklich einbilden, er wäre für so ein paar Schrammen und für den Unfug eines bürgerlichen Christentums an seinem Kreuze gestorben? Er will uns auf die gerade Bahn zum Vater bringen, damit wir wieder an sein Herz kommen. Er will auf keinen Fall Leute, die immer nur im Kreise herumrennen, die den Vater wollen, aber den Teufel nicht lassen mögen, und die also nicht vom Fleck kommen. Wenn Jesus so streng ist, wie er hier tatsächlich redet, dann ist das nur Barmherzigkeit. Wenn er uns etwas nimmt, dann nur deshalb, weil er uns viel mehr, weil er uns *alles* geben will.

Wenn wir nun daraufhin verzagt sind und sagen: »Dann ist die Nachfolge hinter diesem Herrn her aber eine Pferdekur und ein Eingriff, vor dem es mich schaudert«, dann haben wir vielleicht gar nicht so unrecht. Können wir denn im Ernste meinen, die dicken Brocken in unserem Leben ließen sich mit dem kleinen Finger beseitigen? Um so mehr aber sollten wir uns bei allem Schmerz des harten Eingriffs auf

die Befreiung und auf das Glück jenes Augenblicks freuen, in dem diese Gallen- und Nierensteine unseres Gewissens weichen müssen.
Es hilft den Leuten also nichts, daß sie hier in Massen um den Herrn herumstehen. Jetzt *entscheidet* es sich erst, ob sie Jünger oder nur Mitläufer und Gewohnheitschristen werden wollen. Die bloßen Mitläufer sind immer die Geprellten. Sie täten besser, ganz wegzubleiben.
Wir mögen diese Härte Jesu nun vielleicht verstehen. Trotzdem mag es für uns ein gewisser Anstoß bleiben, daß der Herr so weit geht, zu sagen: »Wer nicht seinen Vater, seine Mutter, seine Frau, seine Kinder und sein eigenes Leben ›haßt‹, der kann nicht mein Jünger sein.« Wie kann der gleiche Mann, der uns die Feindesliebe abverlangt, zugleich den Haß der Nächsten fordern?
Aber gerade diese Gegenüberstellung läßt uns aufhorchen und legt uns die Vermutung nahe, daß Jesus hier mit »Haß« etwas ganz Bestimmtes sagen möchte und daß er dazu bewußt ein starkes, sozusagen ein überlautes Wort gewählt hat – so wie wenn jemand eine Sirene einschaltet und durch deren ungewöhnlichen, gleichsam schockierenden Ton auf eine Gefahr aufmerksam machen will.
Und in der Tat, Christus will hier in alarmierender Weise auf eine Bedrohung hinlenken. Er sagt uns nämlich: »Mustert und prüft einmal euer ganzes Leben und eure einzelnen Lebensbeziehungen unter dem Gesichtspunkt durch, was euch näher zu mir bringt und was euch von mir scheidet. Ihr werdet bei einer solchen Generalrevision sehr erstaunliche Entdeckungen machen. Ihr meint vielleicht: Nur das, was man so landläufig ›Sünde‹ nennt, das hindere euch an einer lebendigen Nachfolge, also die kleinen und großen Unmoralitäten des Lebens, das bißchen Notlügen, das bißchen Faulheit, das bißchen Neid und Lieblosigkeit. Ach, ihr seid vielleicht moralische Leute, die vor solchen Puppensünden auf der Hut sind. Ihr seid vielleicht Leute, die nach der Maxime handeln: ›Tue recht und scheue niemand.‹ Aber merkt ihr nicht, daß der Teufel, statt euch frontal bei eurer Moralität anzugreifen, ein kleines Umgehungsmanöver organisiert hat und euch in der Flanke oder im Rücken attackiert, wo ihr es gerade nicht vermutet?«

Wer von uns kommt denn auch auf die Idee, daß der Teufel gerade die Liebe zu meinem Kinde benutzen könnte, um mich von Gott zu trennen?

Ja, man hat recht gehört: Ich meine die Liebe zu meinem Kinde. Ich weiß natürlich, welche Erwiderungen uns jetzt allen auf der Zunge liegen. Selbstverständlich sind wir geneigt, zu antworten: »Gott hat mir mein Kind doch gegeben. Wenn ich es liebhabe, dann ist das doch gerade recht, und dann kann mich das doch unmöglich von Gott scheiden.«

Das klingt ganz plausibel. Aber es ist doch ein wenig komplizierter. Wie liebe ich denn eigentlich mein Kind? (Natürlich könnte ich genau so sagen: Wie liebe ich meine Frau, meinen Mann, meinen Freund?) Vielleicht liebe ich mein Kind mit einer Art natürlicher Affenliebe, mit jenem im Grunde sehr stürmischen Egoismus, der seine mütterlichen und väterlichen Gefühle austoben will. Ich hätschele es, ich nähre und kleide es gut. Dem Kinde geht bestimmt nichts ab. Oder? Haben wir einmal daran gedacht, wie es in seinem Innern aussieht? Haben wir es darauf vorbereitet, den Mächten der Schuld, des Leides und des Todes zu begegnen, und haben wir es in Verbindung mit dem Herrn gebracht, der es da hindurchbringen will? Bringen wir es jeden Tag in unserem Gebet und in unseren Gedanken wieder dem dar, der es uns geschenkt und anvertraut hat?

Wenn ich mir diese Gedanken einmal kritisch überlege, komme ich schnell dahinter, ob die Liebe zu meinem Kinde mich zu Gott hin oder aber von ihm wegführt. Eine Mutter zum Beispiel, die ihr Kind nur mit jener fürsorglichen Affenliebe – mit dem also, was man einen elementaren mütterlichen Trieb nennen könnte – liebt, wird in dem Augenblick, wo es ihr genommen, vielleicht durch ein Verkehrsunglück entrissen wird, nur protestierend aufstöhnen: »Wie kann der sogenannte Gott der Liebe das zulassen?« Wer so spricht, hat sein Kind mehr geliebt als Gott. Natürlich ist das menschlich sehr verständlich. Wer dürfte hier richten! Wer aber sein Kind täglich neu aus den Händen Gottes empfängt, wer es ihm immer wieder darbringt und wem die Frage, ob sein Kind einmal den rechten Weg gehen und im

Frieden seines Herrn leben wird, die entscheidende Frage ist, den wird Gott gerade im Augenblick des schwersten Verlustes trösten und ihm väterlich nahesein. Denn er hat sein Kind nicht äffisch, sondern er hat es »in Gott«, er hat es unter seinen Augen geliebt. Wie ist es mit der Elternliebe, die sich ganz darauf konzentriert, Essen und Trinken, Bekleidung und Ausbildung zur Verfügung zu stellen, vielleicht unter Opfern, und der nicht von ferne der Gedanke kommt, was abgesehen davon in einem halbwüchsigen Jungen oder Mädel vorgeht?

Ein junger Mann, der sich das Leben nahm, schrieb mir: »Ich sage es nur Ihnen, was ich vorhabe. Teilen Sie es meinen Eltern mit. Sie werden aus allen Wolken fallen. Sie haben mich nie gekannt, trotz aller Fürsorge. Sie halten mich für einen sonny-boy, wenn ich mich mit Schwung über meine Leibgerichte hermache, die meine Mutter mir liebevoll kocht. Sie meinen, sie hätten mich genährt, aber ich bin verhungert; sie meinen, sie hätten mir ein Heim bereitet, aber ich war eisig heimatlos.«

Und was sagt der junge Mann in dem Film »Denn sie wissen nicht, was sie tun« (durch den Mund des allzu früh verunglückten jungen Schauspielers James Dean)? Da werden uns Eltern gezeigt, die ihrem halbwüchsigen Jungen allen amerikanischen Lebenskomfort zur Verfügung stellen und die sich bestimmt in ihren Gedanken viel mit der Frage beschäftigen, was sie alles tun und aufwenden können, um ihn körperlich gedeihen zu lassen und ihn fürs Leben tüchtig zu machen. Aber sie ahnen nicht, was ihn erfüllt und beschäftigt. Und als er mit seiner furchtbaren Lebensnot und mit seinen ungelösten Fragen hervorbricht, da sagt ihm sein Vater: »Warte nur, in zehn Jahren ist das alles vorbei. Dann denkst du anders darüber.« Der Junge aber schreit auf: »*Jetzt* will ich es wissen, *jetzt!* Und eben heute, wo ich es nötig habe, da habt ihr keine Antwort für mich. Ihr seid trotz eurer Affenliebe gerade *nicht* für mich da. Und wenn ich einen Rat haben muß und wenn ich verzweifelt bin, dann könnt ihr nur Fehlanzeige erstatten.« Mit diesen Worten springt er seinem Vater an die Kehle, würgt ihn und verschwindet dann in sein Unglück.

Hat diese Art Eltern, haben alle diese Fürsorglichen denn wirklich geliebt? Haben sie nicht nur ihre väterlichen und mütterlichen Gefühle abreagiert und haben sie die, die ihnen anvertraut sind, nicht gerade allein gelassen? Haben sie sie nicht dem Selbstmord oder dem Schicksal der Halbstarken und einem inneren oder äußeren Vagabundentum preisgegeben? Und wenn es dann zu einer Katastrophe kommt (aber es kommt ja längst nicht immer dazu), dann stehen sie fassungslos vor Gericht: »Ich habe mir Tabak und Essen und Ferienreisen um seinetwillen abgezogen. Ich habe mich wie eine Vogelscheuche gekleidet, um ihn gut auszustatten. Aber die Seele meines Kindes war ein weißer Fleck auf der Landkarte meines Lebens, und ich habe diesen Bezirk im Grunde nie betreten.«

Das alles wären nur einige Beispiele dafür, wie der Teufel gerade die großen Gaben und Geschenke Gottes, wie er das Verhältnis zu den geliebtesten und nächsten Menschen vergiften kann und wie er ausgerechnet das, was uns mit dem Herzen Gottes verbinden sollte, zu einer Scheidewand macht. Es gibt eine Art von Liebe, von Opferbereitschaft und Fürsorge, die uns gerade nicht *näher* zu Gott, sondern die uns samt den also Umsorgten von Gott *weg* führt.

Eine Andeutung davon taucht in der Geschichte von den zehn Aussätzigen auf: Da hat Jesus sie alle gesund gemacht. Und die Gesundheit ist doch *auch* so ein Gottesgeschenk. Aber die weitaus meisten danken ihm nicht dafür. Das heißt doch, nicht wahr: Sie lieben ihre Gesundheit mehr als den Heiland, der sie ihnen schenkt. Er war ihnen gerade gut genug, daß er ihnen die Geschwüre kurierte. Solange sie im Elend saßen, liefen sie ihm nach und flennten und beteten hinter ihm her.

Wie viele Menschen beten, wenn es ihnen dreckig geht! Sobald es dann gut wird, ist der ganze fromme Spuk verflogen. Warum? Nun, einfach deshalb, weil Gott ihnen nur Mittel zum Zweck war. Der »Zweck« war nämlich, daß man lebendig wieder aus dem Bombenkeller herauskam, daß man die Operation überstand, daß man im Examen nicht durchfiel, daß man wieder gesund wurde. Wenn jemand für eine Gottesgabe nicht dankt, kann man todsicher daraus schließen, daß die Gabe ihm wichtiger ist als der Geber, daß sein *Leben* ihm wichtiger ist, daß seine *Kinder* ihm wichtiger sind, daß sein *Erfolg* ihm wichtiger ist. Wenn er das aber bei sich merkt, dann soll er gerade gegenüber dem Größten und Geliebtesten seines Lebens skeptisch und kritisch sein und soll es überprüfen – genau wie er sein eigenes Auge, das ihn ärgert, wie er also das gleichnistiefste Geschenk Gottes möglicherweise ausreißen und von sich werfen soll.

Man würde das alles nun mißverstehen, wollte man nur das Negative heraushören. Jesus ist immer positiv. Er ist niemals einer, der uns die geliebten Menschen und Dinge nur nimmt und der uns zuriefe: »Distanziere dich von dem und dem, und laß das und das!« Vielmehr schenkt uns Jesus alles neu und ganz anders wieder, wenn wir es ihm ausgeliefert und vor ihn hingelegt haben. Wir dürfen nämlich dann die Menschen »in Christus« lieben. Das ist aber eine ganze neue und positive Art, wie wir mit ihnen verbunden sind.

Was das heißt, kann man sich an der Anrede klarmachen, mit der manchmal die Prediger die Gemeinde ansprechen. »Im Herrn Christus geliebte Gemeinde!« Wenn das keine leere Phrase und keine bloße Konvention ist, heißt das doch folgendes: »Ich stehe hier als Prediger vor euch. Glaubt mir, es kitzelt meinen alten Adam, daß ich hier vor euch auf einer hohen Kanzel stehe und daß ihr mir alle zuhören müßt. Und vielleicht sagt ihr nachher: ›Oh, er hat heute schön gesprochen.‹ Das tut mir auch gut. Und weil ich mich selbst und diesen alten Adam in mir kenne, darum weiß ich, daß der Teufel selbst die Liebe zu meinen Hörern und zu den Menschen, um deren Not ich weiß und die mir aufs Gewissen gelegt sind, verpesten und verderben und zu einer fleischlichen Koketterie machen kann. Darum muß ich als Prediger vorher in der Sakristei beten wie der alte Elias Schrenk: ›Besprenge du mich mit deinem Blut um und um, daß der böse Feind nicht an mich heran kann‹.«

Im Schutze dieses Gebetes ist die Gemeinde dann für den Prediger verwandelt. Dann sieht er nicht mehr irgendein beeindrucktes »Publikum« unter seiner Kanzel, sondern dann sieht er Menschen, für die Jesus Christus seinen bitteren Tod gelitten hat, die er teuer erkauft hat, auch wenn sie selbst gar nichts davon wissen. Und dann weiß er: Nun mußt du laut und eindringlich rufen, daß sie merken, um was es geht: daß sie eine Ewigkeit zu verlieren haben und daß Jesus vergeblich gestorben sein könnte.

Dann vergeht ihm seine eitle Pseudoliebe, und dann steht Jesus sozusagen zwischen ihm und seiner Gemeinde. Dann kann er es wirklich sagen oder jedenfalls denken: »Im Herrn Christus geliebte Gemeinde!« Und dann braucht er nicht mehr zu sagen oder zu denken: »O du von meinem Fleisch geliebtes Publikum!«

Nur der aber, der es einmal versucht hat, einen anderen Menschen durch Jesus Christus hindurch zu lieben, wer einmal seine Liebe von ihm hat läutern und filtern lassen, der weiß, welches Glück, welches strömende und mitreißende Leben mit dieser Umstellung des Herzens gegeben ist. Nur arme Tröpfe, die keine Ahnung von dem haben, was Jesus für uns ist, können meinen, wir Christen seien Leute, die immer bloß verzichten müßten, die immer nur »nicht dürfen«, wo andere in unbekümmerter Frische drauflos leben können.

Wenn die wüßten! Erst bei Jesus merkt man, was Leben wirklich heißen kann und daß der Friede mit Gott kein Stillstand, sondern Schwung und Glück ist. Denn wen sollte es nicht mitreißen, wenn er merkt, daß ihn nun auch die großen und schönen Dinge, die geliebten Menschen, die Freude der Landschaft, das Erlebnis der Kunst, nicht mehr von Gott scheiden dürfen, weil *der* ihm das Herz abgewonnen hat, der schöner ist als die Felder und die Wälder und als die Menschen im Charme der Jugendzeit. Es gibt wohl kein Lied, das uns die beglückende Wandlung unseres Lebens, das uns den schöpferischen Hauch, den Jesus in unser Leben bringt, strahlender und festlicher verkündigt als jenes Lied eines Unbekannten: »Schönster Herr Jesu«.

Eine Frage muß am Ende noch angerührt werden: Wie sollen wir es denn nun mit der Kostenrechnung halten? Sollen wir denn wirklich Voranschläge machen, was uns der Christenstand kostet, so wie das die Leute tun müssen, die einen Turm bauen wollen, oder wie das der König tun muß, ehe er einen Krieg erklärt?

Ich glaube, es ist schon klargeworden, daß man darauf nicht einfach mit Ja oder Nein antworten kann. Zunächst muß man sagen: Wer vor der Frage steht, ob er Jesus ernst nehmen, ob er es mit ihm wagen soll, der soll einmal alles Berechnen und Abwägen lassen. Denn er weiß ja noch gar nicht, was Jesus ihm alles schenkt und welches Glück es ist, Frieden mit Gott und darum auch in der eigenen Brust zu haben. Für einen Kostenvoranschlag muß man doch alle in Frage kommenden Posten kennen. Hier aber kennt man den entscheidenden Posten ja vorher nicht. Jesus ist doch kein Händler, der einem seine Ware vorher anpreist. Was er zu bieten hat, das erfahren wir nur, wenn wir es mit ihm wagen. Und je älter wir mit ihm werden, um so tiefer wachsen wir in seinen Reichtum hinein.

Freilich kommen wir auch um den Kostenanschlag nicht herum, der in irgendeiner Stunde zu machen ist. Denn so etwas wie Frieden möchten wir alle. Auch ein versöhntes Gewissen wünschen wir uns oft. Wie oft sagen Atheisten oder sogenannte religiöse Menschen zu einem Christen: »Ich beneide Sie um Ihren Glauben. Sie brauchen sich keine solchen Sorgen und Ängste zu machen wie unsereiner. Sie haben einen Chef im Himmel, der für Sie denkt. Oder Sie sind wenigstens so glücklich, *anzunehmen*, daß es diesen Chef gäbe.«

Ja, die *Gaben* Jesu möchten wir alle.

Wir können diese Gaben und diesen Reichtum aber nicht haben ohne das Kreuz. Wir müssen viel in den Tod geben. Wir müssen manchem ade sagen, auch wenn wir alles hundertfältig wiederbekommen, was wir ihm aufopfern. Aber zunächst müssen wir eben zum Opfer bereit sein. »Und wer dies Kind mit Freuden umfangen, küssen will, muß vorher mit ihm leiden groß Pein und Marter viel« – so klingt es mitten in den Weihnachtsjubel hinein. Zum Frieden mit Gott kommen wir nur über das Kreuz. Nur wer hier standhält, bekommt das leere Grab zu sehen und auch die österliche Glorie.

Wir müssen den Gekreuzigten lieber haben als das Glück, das er uns schenkt. »Trachtet am ersten nach dem Reiche Gottes, dann wird euch dieses alles – ein frohes Gewissen, eine königliche Sorglosigkeit, eine Befreiung von der Lebensangst oder ein neuer Zug zu den Menschen und zu der Schönheit unserer Erde –, dann wird euch dieses alles wie nebenbei, wie von selbst zufallen.« Dann sehen wir die Vögel unter dem Himmel mit neuen Augen und ebenso die Wolken, die Luft und die Winde in ihrer Bahn. Dann sehen wir den Mond und die Sterne, wie Matthias Claudius sie gesehen hat. Und auch die Menschen, die uns Not machen, sind überglänzt von jenem Adel, den Jesus ihnen verlieh, als er für sie in den Tod ging.

Es ist alles verwandelt, wo Jesus Christus regiert. Die Augen sehen anders, und das Herz schlägt anders. Und in allem, was uns schwerfällt, erreicht uns der tröstende Gruß des Herrn und hält uns die Hand, die nicht läßt.

DAS GLEICHNIS
VOM SCHALKSKNECHT

DA TRAT PETRUS ZU IHM UND SPRACH: HERR, WIE OFT MUSS ICH DENN meinem Bruder, der an mir sündigt, vergeben? Ist's genug siebenmal? Jesus sprach zu ihm: Ich sage dir: Nicht siebenmal, sondern siebzigmal siebenmal.
Darum ist das Himmelreich gleich einem König, der mit seinen Knechten rechnen wollte. Und als er anfing zu rechnen, kam ihm einer vor, der war ihm zehntausend Pfund schuldig. Da er's nun nicht hatte zu bezahlen, hieß der Herr verkaufen ihn und sein Weib und seine Kinder und alles, was er hatte, und bezahlen. Da fiel der Knecht nieder und betete ihn an und sprach: Herr, habe Geduld mit mir; ich

will dir's alles bezahlen. Da jammerte den Herrn des Knechtes, und er ließ ihn los, und die Schuld erließ er ihm auch.

Da ging derselbe Knecht hinaus und fand einen seiner Mitknechte, der war ihm hundert Groschen schuldig; und er griff ihn an und würgte ihn und sprach: Bezahle mir, was du mir schuldig bist! Da fiel sein Mitknecht nieder und bat ihn und sprach: Habe Geduld mit mir, ich will dir's alles bezahlen. Er wollte aber nicht, sondern ging hin und warf ihn ins Gefängnis, bis daß er bezahlte, was er schuldig war.

Da aber seine Mitknechte solches sahen, wurden sie sehr betrübt und kamen und brachten vor ihren Herrn alles, was sich begeben hatte. Da forderte ihn sein Herr vor sich und sprach zu ihm: Du Schalksknecht, alle diese Schuld habe ich dir erlassen, dieweil du mich batest; solltest du denn dich nicht auch erbarmen über deinen Mitknecht, wie ich mich über dich erbarmt habe? Und sein Herr ward zornig und überantwortete ihn den Peinigern, bis daß er bezahlte alles, was er ihm schuldig war.

Also wird euch mein himmlischer Vater auch tun, so ihr nicht vergebet von eurem Herzen, ein jeglicher seinem Bruder seine Fehler.

MATTHÄUS 18, 21-35

Ganz sicher läßt es sich wohl nicht feststellen, was Petrus zu seiner merkwürdigen Frage getrieben hat: »Wie oft muß ich denn meinem Bruder vergeben, der an mir gesündigt hat?« Es liegt nahe, zwei verschiedene Motive anzunehmen. Entweder hat sich Petrus gedacht: Diesem Jesus von Nazareth, dem ich da nachfolge, ist buchstäblich kein Mensch zu schlecht. Wenn unsereins sich heimlich denkt: Es ist doch shocking, sich mit einer öffentlichen Frauensperson oder mit einem Funktionär der Besatzungsmacht, mit einem richtigen Zöllner überhaupt sehen zu lassen, dann macht ihm das nicht nur nichts aus, sondern er tritt diesen und anderen Subjekten auch noch mit einer Freundlichkeit und einer Nachsicht entgegen, die einem im ersten Augenblick vielleicht imponiert, im zweiten aber auf die Nerven geht. Denn wenn er so grenzenlos – jawohl, grenzenlos! – nachsichtig ist, dann liegt darin so etwas wie ein moralischer Anspruch an seine ganze Umgebung. Und dieser Anspruch besagt: Ich erwarte von euch, daß ihr ebenfalls nicht wiederhaßt, wo ihr gehaßt werdet, und daß ihr euch ebenfalls nicht von einem heimlichen Pharisäismus kitzeln laßt, wenn euch ein schuldbeladener, heruntergekommener Mitmensch begegnet. Petrus hat vielleicht gedacht: Es ist einfach eine innere Strapaze, dauernd diesem Anspruch ausgesetzt zu sein und niemals mehr so von ganzem Herzen und mit allen Kräften des Gemütes aus der Haut fahren zu dürfen. Irgendwann muß doch einmal Schluß mit dieser ewigen Nachsicht und mit dieser permanenten Freundlichkeit sein. Irgendwann muß man doch auch Gelegenheit haben, auf die Pauke schlagen zu dürfen.

Vielleicht hat Petrus aber mit seiner Frage auch etwas ganz anderes gewollt. Vielleicht hat er gedacht: Wenn ich Jesus anbiete, siebenmal zu vergeben, dann ist das ein ganz nettes Quantum an Herzensgüte. Daran muß er eigentlich seine helle Freude haben. Vermutlich widerspricht er mir sogar und antwortet: Treib es nicht zu toll mit dem Vergeben, Petrus! Du darfst auch nicht pflaumenweich gegenüber deinen Schuldigern werden. Sonst nehmen sie die Schuld schließlich nicht mehr ernst. Siebenmal vergeben ist eigentlich zuviel. Nur keinen christlichen Übereifer, Petrus! Das ist unpädagogisch.

Wie man aber auch das Motiv verstehen mag, das Petrus zu seiner Frage treibt, eines ist sicher: Es geht ihm darum, von Jesus eine Grenze für die christliche Nächstenliebe bestätigt zu kriegen. Es ist nämlich in mehrfacher Weise sehr beruhigend, zu wissen, wann und wo man mit der Pflicht der Nächstenliebe guten Gewissens *aufhören* darf. Das zu wissen, ist uns im allgemeinen interessanter und wichtiger als die Frage, wann und wo wir mit der Nächstenliebe *beginnen* müssen.

Erstens erhöht es unsere moralische Behaglichkeit, wenn wir wissen: »Du hast hier wirklich dein Soll an Liebe und Nachsicht erfüllt. Mehr verlangt man von dir nicht. Auch Gott tut das nicht.« Es ist der Zauber aller Gesetzesreligionen, daß sie dem Menschen ein bestimmtes und begrenztes Quantum an Pflichten, also an Arbeit, Opfer, Liebe und Anständigkeit zuweisen und ihn dann sozusagen pensionieren.

Hat man das getan, ist Feierabend, und das Gewissen kann in wohligem Behagen alle viere von sich strecken.

Zweitens ist man an dieser Grenze des Lieben-Müssens deshalb interessiert, weil unser frommes Fleisch ja fortgesetzt die Frage stellt: »Wann darf mir endlich einmal wieder die Galle überlaufen? Wann habe ich ein Recht zu explodieren?« Ich hatte einmal als Theologiestudent eine bitterböse Hausfrau, die mir reichlich Gelegenheit gab, meine christliche Nächstenliebe und Geduld zu exerzieren. Schließlich war es mir zu dumm, und ich überlegte mit einem älteren Freund, wie ich diesem Drachen gehörig eins auswischen könnte. Da sagte er: »Als zukünftiger Pfarrer können Sie sich das eigentlich nicht leisten.« Darauf ich: »Aber schließlich bin ich auch nur ein Mensch; und jetzt geht es mir über die Hutschnur.«

Ja, die Hutschnur, die Hutschnur! Nach der hat Petrus gefragt. Er wollte wissen, wann sie erreicht ist. Denn Petrus hatte bekanntlich Temperament, und er hatte Angst, daß er das niemals mehr mit voller Kraftentfaltung losplatzen und auf die Bäume klettern lassen könnte. Er hat sicher ebenfalls gedacht: »Ich bin doch nur ein Mensch.« Wenn wir so etwas sagen, dann meinen wir in der Regel: Ich bin doch schließlich auch jemand, der so reagieren möchte, wie ihm der andere entgegentritt. Ich bin doch schließlich auch nur das Echo auf meine Umgebung und kann nicht alles in mich hineinfressen, was man mir antut.

Hier sind wir nun genau beim Thema des Gleichnisses. Denn der Herr zeigt uns hier ein Doppeltes: Einmal, daß wir eben nicht das Echo auf unsere Umgebung, sondern das Echo auf das sind, was Gott an uns getan hat. Und er zeigt uns zweitens, daß wir nicht dadurch Menschen sind, daß wir explodieren dürfen, sondern dadurch, daß wir das entfalten und weitergeben dürfen, was Gott uns geschenkt hat.

Der Hauptschuldige, von dem unser Text spricht, ist ein Mann, der zwischen seinem König und seinem Nächsten steht. Er steht also in einer Doppelbeziehung. Der Mensch steht immer in dieser Doppelbeziehung. Wenn man die Frage stellen würde: »Was ist eigentlich der Mensch?«, dann wäre es ja völlig unsinnig, auf diese Frage mit dem zu antworten, was man an dem Menschen sieht und wahrnimmt. In diesem Falle müßte man nämlich sagen – und das ist auch geschehen, ich habe es selbst in einem Buch gelesen! –: »Der Mensch ist ein federloser Zweifüßler.« Sagte man das aber, dann würfe man ihn »mit einem gerupften Huhn, einem Känguruh oder einer Springmaus in einen Topf«. Daraus geht schon hervor, daß man das Entscheidende am Menschen und also das, was ihn von allen anderen Kreaturen unterscheidet, gerade nicht erfaßt hat, wenn man diesen seinen Außenaspekt beschreibt. Dieses Entscheidende ist vielmehr, daß der Mensch in jener Doppelbeziehung zwischen seinem König und seinem Nächsten steht. Wenn er diese Doppelbeziehung nicht ausfüllt, wenn es da an etwas fehlt, dann verfehlt er geradezu sein Leben; es endet dann im Abgrund – so wie das in unserem Gleichnis ja auch gesagt wird.

Wie steht es denn zunächst mit der Beziehung zum König, zu Gott? Das ist eine problematische Sache. Das Gleichnis sagt, daß »der Mensch« – so drücken wir uns am besten aus – dem König vierzig Millionen Mark schuldet. Das ist eine ungeheure Summe. Dafür kann er nur mit seinem eigenen Leben und dem Leben der Seinigen aufkommen. Ohne Bild gesprochen heißt das: Schuldig sein, Sünder sein heißt, daß wir Gott alles, was wir sind und haben, schuldig bleiben. Muß ich das erst illustrieren? Oder wissen wir nicht alle von Haus aus sehr genau, was das heißt? Gott hat uns geschaffen. Darum kann er uns genauso, wie er uns aus seinen Händen entlassen hat, auch zurückverlangen. Das ist eine ungeheure, eine geradezu aufregende Feststellung.

Wie hat uns denn Gott aus seinen Händen entlassen?

Er gab uns *Augen*, um seine Herrlichkeit zu sehen. Um Gottes willen, was haben unsere Augen denn tatsächlich gesehen, nach wie vielem haben sie gegiert und mit wie vielem sich befleckt!

Er gab uns einen *Mund* und die Gabe der Sprache, damit wir ihn loben und uns mit unserem Nächsten verständigen können. Um Gottes willen, was hat dieser Mund schon alles gesprochen, geflüstert und gezischt! Wie mancher Fluch hat dicht neben einem Gebet gestanden; wie oft hat er verleugnet und verleumdet, zerstört und zersetzt, wehegetan und getötet!

Er gab uns unsere *Hände*, damit sie in seinem Namen dienen und arbeiten und helfen und damit sie sich in alledem zu seiner Ehre falten. Um Gottes willen, was haben diese Hände schon getan! Es schaudert uns, die Situationen auszumalen.

Und nun verlangt uns Gott so zurück, wie wir aus seinen ewigen und gütigen Händen entlassen wurden. Man mache sich einmal klar, wie es wäre, wenn wir vor einen Menschen hintreten müßten, der alles von uns wüßte: jedes heimliche Wort, jeden Traum, in dem unser Unbewußtes, aber eben »mein« Unbewußtes emporsteigt, jeden meiner Gedanken hinter meinen oft biedermännischen Worten, jedes Tun hinter der Kulisse der Nacht. Wir würden vor diesem Menschen vergehen und in den Boden sinken. Jeder, der einmal vor der Frage gestanden hat, ob er beichten soll, weiß ja, was das für eine Überwindung kostet, was es für ein Sterben ist.

Und nun geschieht es hier, daß ein Mensch tatsächlich vor Gott steht und ihm alles beichten und bekennen muß und daß das sein Todesurteil ist. Er meint nicht nur in den Boden zu sinken, sondern er sinkt tatsächlich zu Boden. Vor Gott kann man nicht stehenbleiben, wenn man ihn ernst nimmt.

Wenn der König nun diesen armen, korrupten Burschen, der in dunklen Machenschaften vertan hat, was seinem Herrn gehörte, vom Boden aufrichtet, ihm die Hand gibt, ihn frei sein läßt und ihm nun einen neuen Anfang schenkt, dann kann man dies unfaßliche und überraschende Reagieren des Königs nur richtig würdigen, wenn man es vor der dunklen Folie der Tatsache sieht, daß diese Szene eigentlich ganz anders abrollen müßte. Logisch ist das alles ja nicht. Logisch ist vielmehr das, was der Hauptschuldige dann seinem Mitknecht gegenüber tut: daß er ihn nämlich für seine Schuld – seine so unvergleichlich geringere Schuld – büßen läßt. Schuld und Sühne gehören zusammen. Das ist logisch.

Und nun geschieht das Wunder, daß Gott uns aus dieser schrecklichen Logik herausreißt und daß er einfach sagt: »Du sollst wieder mein liebes Kind sein.« Er sagt das nicht, weil er fünfe gerade sein läßt, weil er weichmütig wäre und nicht hart sein könnte – der Schluß des

Gleichnisses zeigt, wie unendlich hart und konsequent Gott sein kann. Als Bodelschwingh seine vier Kinder an Diphtherie verloren hatte, sagte er: »Jetzt weiß ich erst, wie hart Gott sein kann.« Nein, Gott ist nicht weich. Auch wir sollen ja gar nicht weich sein und im Namen der Vergebung unserem Mitmenschen alles durchgehen lassen. Der Christ darf nicht der Ort des geringsten Widerstandes in der Welt sein. Es wird sehr oft ganz sachlich gerechnet werden müssen. Auch der König unseres Gleichnisses rechnet ja und ist sachlich. Es wird nicht verschwiegen und nicht zugedeckt, daß der Schalksknecht vierzig Millionen unterschlagen hat.

Aber dies ist nun das Wunderbare: Gott sucht dich und mich mit so unendlicher Liebe, daß er bei allem Rechnen und inmitten aller Sachlichkeit nicht nur die »Sache«, sondern daß er hinter der Sache sein unglückliches »Kind«, daß er nicht nur die Werte, sondern auch die Person sieht und daß er uns nicht mitverdammt, wenn er die Schuld verdammt, daß er wohl meine *Schuld* beim Namen nennt, daß er aber gleichzeitig auch *mich* bei meinem Namen, bei meinem Kindesnamen, ruft.

Wenn sein Sohn am Kreuz stirbt, dann gibt uns das eine Ahnung davon, was es ihn kostet, die Logik seiner heiligen Gerechtigkeit niederzuringen und unser Vater zu bleiben. Wahrlich, hier ist kein »lieber Gott«, der mit dem Mantel der Liebe alles zudeckte; hier ist keine metaphysische Harmlosigkeit, sondern hier ist der heilige, bannende Gott, der den Bann bricht und uns das Wunder der Kindschaft schenkt.

Wie mag dieser Mann nun weggegangen sein nach dieser Szene der Begnadigung? Vorher war er ein gedrückter Mensch. Das beklemmende Wissen darum, daß einmal die Abrechnung kommen müßte, begleitete ihn auf Schritt und Tritt. Das ließ die kostbaren Teppiche, die er sich für die veruntreuten vierzig Millionen angeschafft hatte, unter seinen Füßen brennen, das gab dem Champagner eine ätzende Säure und ließ ihn mitten in der Nacht mit kaltem Schweiß erwachen.

Und nun war das alles wie weggeblasen: die Angst, die Scham, die Gewissensnot. Nun ging er reicher weg, als er je zuvor gewesen war, denn er hatte die unaussprechliche Güte des Königs erfahren. Davon hatte er vorher nichts gewußt. Er lernte, daß es geradezu ein Genuß und ein Fest ist, daß es ganz einfach schön ist, wenn man jemandem von ganzem Herzen vertrauen, wenn man ihn dankbar lieben kann. Unter der Vergebung leben, das ist geradezu ein Rausch der Freude und der Erleichterung. Dagegen waren alle Surrogatfreuden, die er sich mit dem unreellen Geld verschafft hatte, ein Schmarren. Jetzt wußte er erst, was Leben heißt. Ja, ich wage zu sagen: Was Lebensgenuß und was Freude ist, das weiß nur der, dem einmal alle Lasten des Gewissens abgenommen worden sind: der als Kaufmann nicht mehr unter den windigen Steuergeschichten zu leiden braucht, auch wenn er gewisse materielle Einbußen erleidet; der als junger Mensch nicht mehr von seinem wilden Blut verurteilt und niedergedrückt wird, sondern der nun die Hand seines Herrn in der seinen spürt. Alle diese wissen, welches Glück, ganz einfach: welches *Glück* ihnen geschenkt wurde.

Aber nun nimmt unsere Geschichte eine jähe und erschreckende Wendung. Es zeigt sich nämlich, daß der Mensch in einen beklemmenden Widerspruch mit sich selbst geraten ist, und daß der mitreißende, erneuernde Lebensstrom im nächsten Augenblick vergiftet und zu einem stinkenden Gewässer werden kann. Kaum daß die Figur im Mittelpunkt unseres Gleichnisses wieder im praktischen Leben steht und aus aller sonntäglichen Atmosphäre, die sie bei der Audienz im Palais umgeben hatte, hinausgerückt ist, da ist die beglückende Erfahrung von vorhin wie weggeblasen.

Da ist so ein armer Schlucker, dem er einmal etwas gepumpt hat; nur ein paar Groschen übrigens und ein reines Nichts gegen das, was *er* seinem Herrn schuldig gewesen war. Vielleicht hat er diesen Kredit sogar obendrein noch aus seinen Unterschlagungsgeldern gegeben und nicht aus dem eigenen. Herr X, so wollen wir den Schalksknecht nennen, steht also zu seinem Kollegen plötzlich in demselben Verhältnis, in dem der König vor wenigen Augenblicken zu ihm selber stand. Nur ist jetzt alles unvergleichlich harmloser, es geht nur um einige lumpige Groschen. Aber nun handelt er seinem Kollegen gegenüber genau umgekehrt, wie sein Herr an *ihm* gehandelt hat.

Er läßt die Logik von Schuld und Sühne sich voll entfalten. Kein Mensch kann ihm einen Vorwurf machen, denn er handelt ja nach dem Prinzip der Gerechtigkeit, wenn er das Geld eintreibt. Die anderen Kollegen sind zwar empört über die Härte des von ihm angekurbelten Strafvollzuges. Aber das ist eine menschliche Empfindung. Sachlich kann man nichts dagegen einwenden. Wirklich nicht? Nun, man kann so lange nichts dagegen sagen und einwenden, wie man nur die Ebene der menschlichen Gesellschaft mit ihren rechtlichen Spielregeln im Auge hat, wie man also den einen unsichtbaren Faktor nicht berücksichtigt, der doch hier im Spiele ist, den Faktor nämlich, daß dieser Mann eine Geschichte mit Gott gehabt hat und daß das, was er mit Gott erlebte – wenn es echt und wenn es eine Realität war – auch in seiner Umgebung, in seinem Beruf, in seiner Firma, in seinem Verhältnis zu Kollegen und Nachbarn hätte wirksam werden müssen.

Herr X reagiert hier nach dem Echo-Gesetz auf seine Umgebung, nach dem Prinzip also: Wie du mir, so ich dir. Du bist an mir schuldig geworden, also treibe ich ein und schlage ich zu. Das ist menschlich und rechtlich. Aber er, Herr X, hat vergessen (du hast vergessen!), daß er soeben von Gott wider alles Erwarten angenommen worden ist, daß er nun im Echo auf diese ihm widerfahrene Barmherzigkeit leben muß und nicht mehr im Echo auf das Unrecht, das ihm die Menschen zufügen. Im Echo leben wir immer, es fragt sich nur, auf *was* wir Echo sind.

An dieser Frage und an nichts anderem entscheidet es sich, ob wir Jünger Jesu sind. Das entscheidet sich keineswegs nur am Glauben. Man soll da Paulus und Luther ja nicht mißverstehen. Herr X hat ja auch geglaubt und vertraut und die Vergebung in Anspruch genommen. Aber sein Leben war kein Echo auf dieses Ereignis, sondern blieb in der Praxis ein Echo auf die Menschen. Darum ging sein Glaube an den König sofort in Verwesung über und wurde von den Würmern zerfressen. Wieviel zerfressener und stinkender Glaube liegt auf den Schindangern der Christenheit! Und die Weltkinder haben eine feine Nase für dieses Gerüchlein und Geschmäcklein. Da geht es dann um

Christen, die sich täglich oder zum mindesten jeden Sonntag zur Audienz beim König melden, um Vergebung und Gnade zu hamstern, und die schon auf der Treppe des Palastes den Bettler übersehen und draußen vor der Tür genau umgekehrt handeln, wie der König es gerade mit ihnen getan hat. Sie sind Rechtsfanatiker, wenn es ihrem Egoismus nützt, und sie sind Gnadenfanatiker und Pseudokinder Gottes, wenn es darum geht, ihre eigene Misere von Gott wegräumen zu lassen.

Ein wahrhaft schrecklicher Selbstwiderspruch und eine greuliche Heuchelei, die den Christenstand unglaubwürdig macht: Gott muß es sich gefallen lassen, daß wir ihn verachten; aber wer *uns* verachtet, der soll die Folgen spüren. Gegen *Gott* empören wir uns dauernd. (Wenn wir etwas in unserem Schicksal nicht verstehen oder wenn es uns gegen den Strich geht, dann schmollen wir gleich: Wie kann Gott das zulassen?) Wenn einer sich aber gegen *uns* empört, uns Vorwürfe macht und uns nicht versteht, dann reagieren wir sauer. Für Gott haben wir herzlich wenig Zeit, wenig Raum in unserem Herzen und meist auch kein Geld. Aber wehe, wenn einer kein Interesse für uns hat, wehe, wenn einer über uns zur Tagesordnung übergeht – dann soll er es büßen. Wir messen dauernd mit zweierlei Maß. Daß uns vergeben wird und daß wir aus dem Zusammenhang von Schuld und Sühne herausgerissen werden, daß wir eine neue Chance von Gott geschenkt bekommen, das ist nur recht und billig. Das ist ja beinahe die »Branche« Gottes. Aber *wir* machen unseren Schuldigern gegenüber genauso weiter wie bisher. Das ist *unsere* Branche – das ist das Menschliche, Allzumenschliche an uns, mit dem wir so gern kokettieren. So geht das eben in der Welt zu.

Jetzt zeigt sich aber, daß Gott es nicht duldet. Eine Vergebung, die sich selbst nicht weiter gibt, ist ihm ein Greuel. Er nimmt sie zurück.

Wenn uns Gott vergibt, dann ist das eine Chance, nicht mehr. Eine Chance ist eine begrenzte Bewährungsfrist. Gott hat mit dem Blute seines Sohnes, er hat mit seinem Herzblut unterschrieben, daß er mir gut sein will, daß ich sein Kind bleiben darf und daß mein Gewissen frei sein soll. Das ist sozusagen ein Vertrag, den er mir darreicht. Aber nun muß ich den Vertrag ratifizieren. Ich ratifiziere ihn so – und nur so –, daß ich das, was Gott mir da geschenkt hat, weiterschenke an meinen Mitmenschen. Tue ich das nicht, so widerspreche ich mit meinem Leben und mit meiner Praxis jenen Vertragsklauseln und hebe den Vertrag damit auf. Wir haben das Neue Testament vielleicht in der Tasche oder jedenfalls zu Hause. Das ist dieser Vertrag. Aber wir haben eine wertloses Stück Papier in der Tasche, wenn wir ihn nicht ratifizieren. Nein, ich muß mich korrigieren: Nicht nur ein wertloses Stück Papier, sondern eine Anklageschrift haben wir in der Tasche. Alles, was Gott an mir getan hat, wird zu einer Anklage, wenn ich dieses Tun nicht weiterfließen lasse. Dann habe ich die Barmherzigkeit Gottes unterschlagen, dann bin ich plötzlich wieder vierzig Millionen schuldig, dann habe ich Jesus vergeblich sterben lassen. Dann bin ich ein Mörder. Ja, so steht es da: »Sein Herr ward zornig und überantwortete ihn den Peinigern, bis daß er bezahlte alles, was er schuldig war.« Wo bin ich eigentlich? Marschiere ich mit dem Neuen Testament in der Tasche und mit der heutigen Predigt im Ohr vielleicht selber auf meine Peiniger zu?

Nun hat also Petrus seine Antwort auf die Frage, wann die Hutschnur erreicht sei, wann man also guten Gewissens mit dem Geduldigsein und dem Verzeihen aufhören und wieder explodieren könne.
Wir können diese Antwort so zusammenfassen:
Erstens: Deine Frage, Petrus, ist vollkommen falsch gestellt. Denn sie geht von der Voraussetzung aus, daß es eine moralische Strapaze, daß es ein kolossaler Aufwand an Selbstbeherrschung sei, wenn du einem Menschen einmal und immer wieder Verzeihung gewährst. Das mag zunächst tatsächlich so aussehen. Schon wenn jemand einem am Fahrkartenschalter auf die Zehen tritt und wenn er diesen Akt höchstens mit einem gönnerhaften »Hoppla« begleitet, ist es ja viel leichter, ihn anzuzischen oder ihn wiederzutreten. Es ist eine herrliche Befreiung, um mit dem Volksmund zu sprechen, einmal von ganzem Herzen »auf die Palme zu gehen«. Und es ist anstrengend, *an* sich zu

halten und gleichsam die natürliche Dynamik des Reagierens abzubremsen und den Zorn in sich hineinzufressen. Aber wenn wir die Dinge so sehen, verlagern wir sie auf die moralische Ebene, und da wird alles falsch. Sobald wir hier nur das Thema »Selbstbeherrschung« angerührt haben, wird das Vergeben zu einer Funktion des Willens. Und dann müssen wir selbstverständlich auch – bei immer neuem Verzeihen und immer neuer Nachsicht – eine Erschöpfung und Ermüdung dieses Willens annehmen. Mehr als siebenmal vergeben – nein, das ist wirklich zu anstrengend, wenn man den Maßstab der Dynamik und der Willenskraft anlegt.

Jesus reißt uns aber von dieser ganzen Ebene der Moralität hinweg und sagt uns: Wenn ihr das ernst nehmt, wie oft ihr Gott beleidigt habt und wie er euch immer wieder vergibt, wie ihr buchstäblich jeden Morgen und jeden Abend sagen dürft: »Vergib uns unsere Schuld«, und er vergibt sie tatsächlich; wenn ihr das ernst nehmt, dann ist es eben *nicht* mehr – jedenfalls nicht primär – eine Frage der »Selbstbeherrschung«, ob ihr eurem Nächsten immer wieder vergebt. Darum bitte: Wenn dir dein Nächster etwas Böses tut, sag nicht: »Als Christ muß ich jetzt gute Miene zum bösen Spiel machen, ich darf jetzt nicht wie ein natürlicher Mensch reagieren, sondern ich habe jetzt zwecks Gewährung von Nachsicht innerlich strammzustehen.« Dann bist du als Christenmensch doch wieder auf der moralischen Ebene. Außerdem wirst du dadurch nur verkrampft und bekommst Komplexe, und der andere wird bei dieser Art Nachsicht auch nicht froh.

Nein, das ist ja das Großartige: Bei Jesus sollen wir frei und gelöst und komplexlos werden. Alarmiere in solchen Fällen nicht deine Willenskraft, sondern sprich das schlichte Gebet: »Herr, wie hast du *mir* immer wieder vergeben, wie hast du *mich* immer wieder angenommen! Du hast sogar den bitteren Tod gelitten, damit ich ein Kind Gottes werden und bleiben darf. Du wirst mich doch jetzt nicht zu einem Schalksknecht werden lassen gegenüber diesem meinem Nächsten, der mir die paar Lappalien schuldig ist.« Es geht nicht um das Aufgebot von großen Willenskräften, sondern es geht nur um eine ganz kleine Blickwendung auf das Kreuz hin. Der Wille funktioniert dann von allein. Er »fällt uns zu«. Dann gibt es auch so leicht keine Müdigkeit. »Wie uns denn Barmherzigkeit widerfahren ist, werden wir nicht müde« (2.Kor. 4, 1). Gott ist ja *auch* nicht müde an uns geworden

Das Zweite, das wir gelernt haben: Wenn wir immer wieder so kläglich versagen, wenn wir im Ressentiment gegenüber unseren Hausbewohnern, unserer Familie, unseren nächsten Kollegen ersticken, sollen wir uns nicht zuerst fragen, ob unsere Nerven versagen und ob unsere Selbstbeherrschung diesen Belastungsproben nicht mehr gewachsen ist, sondern wir sollen uns überlegen, ob wir selbst schon die Vergebung Gottes genügend in Anspruch genommen haben. Nur wer selber Vergebung empfängt, kann Vergebung weitergeben. Man komme ja nicht zu schnell mit den Nerven, wenn in Wirklichkeit der geistliche Mensch in uns krank ist. Wer müde wird, hat für *seine* Person noch nicht genügend Barmherzigkeit in Anspruch genommen.

Und endlich das Dritte: Wir können die befreiende Vergebung nur dann geschenkt bekommen, wenn wir sie sofort weitergeben. Diese beiden Dinge: »Vergib uns unsere Schuld«, und: »wie wir vergeben unseren Schuldigern«, gehören zusammen. Mit der Vergebung ist es wie mit einem Stafettenstab: den muß man weiterreichen; rennt man allein weiter und hält ihn krampfhaft fest, so bricht man unter Garantie zusammen. Es ist das Wesen dieses Stabes, zum Weiterreichen dazusein. Die Torheit des Schalksknechtes ist es, sich gegen diese elementare Regel zu vergehen und sein Scheitern damit selbst heraufzubeschwören.

Wenn einer unter uns sein sollte, der von Schuld und Angst bedrängt ist und der einfach keine Vergebungsgewißheit und keinen Frieden kriegt, obwohl er sich halb zu Tode danach sehnt und auch immer wieder darum betet, der soll einmal ganz schlicht seinem Bruder und seiner Schwester vergeben und soll im Namen Jesu das ewige Nachtragen lassen. Vielleicht liegt seine Friedlosigkeit nur daran, daß er alle Predigten und Andachten, die er über das Thema »Barmherzigkeit und Gnade« hörte, in seinem Herzen wie in einem Tresor aufgespeichert hat. Er zählt vielleicht alle die göttlichen Wertpapiere und Gnadensprüche immer wieder heimlich und bei verschlossenen Läden durch und kann darüber nicht froh werden. Sie sind stinkendes geistliches Kapital. Und schließlich sagt er – übrigens völlig mit Recht –: »Das ist alles nur wertloses Papier, das mir keinen Deut weiterhilft.« Gott gibt uns wirklich Schätze, wir sind reiche Leute, aber nur, wenn wir dieses Kapital aktivieren. Vergib deinem Bruder, dann kriegst du auch Frieden für dich selber. Sonst bist du ein toter geistlicher Kapitalist.

Und weil das alles so ist: weil die Gnade etwas ist, das verwesen kann, und weil die Vergebung eine Chance ist, die wir verlieren können, darum darf der Seligkeit der Sündenvergebung nie die Furcht und das Zittern fehlen, darum muß die dunkle Folie des Scheiterns hinter ihr stehen und hinter ihr stehen *bleiben*. In der alten Sprache der Kirche heißt das: Dem Evangelium bleibt das Gesetz ständig als Widerpart zugeordnet. Die Gnade ist nicht billig, sie ist kein arbeitsloses Einkommen. Sie wird uns nicht nachgeworfen.

Sieh, der Nächste, der dir – wie Luther einmal sagt – »ein Christus werden will«, dieser Nächste steht vor deiner Tür. Spürst du deine Hand in der Hand Gottes liegen? Und was macht deine andere Hand? Ist sie eine geballte Faust – oder ist sie deinem Nächsten hingereckt, damit der göttliche Stromkreis sich schließen und damit der Strom als schöpferische Lebensmacht in dich eindringen kann? Unsere Linke kann etwas anderes tun als unsere Rechte (genauso, wie wir auch im Innern »schizophren« werden und verschiedenen Herren gehören können); das kann uns zerreißen und zerbrechen, das kann uns ins Taumeln bringen und die Pforte des Vaterhauses verfehlen lassen. Diese Pforte verfehlen aber heißt nichts anderes, als daß ich auch mich selbst verfehle und daß ich *das* nicht werde und bin, wozu ich entworfen wurde. Denn ich bin dazu bestimmt, *nicht* mehr ein Echo auf die Bosheit der Welt und ihrer Exemplare zu sein (die mir manchmal so auf die Nerven gehen!), sondern ein Echo zu sein auf die Liebe ohne Ende, die vom Kreuze kommt!

DAS GLEICHNIS
VOM BARMHERZIGEN SAMARITER

Und siehe, da stand ein Schriftgelehrter auf, versuchte ihn und sprach: Meister, was muß ich tun, daß ich das ewige Leben ererbe? Er aber sprach zu ihm: Wie steht im Gesetz geschrieben? Wie liesest du? Er antwortete und sprach: »Du sollst Gott, deinen Herrn, lieben von ganzem Herzen, von ganzer Seele, von allen Kräften und von ganzem Gemüte, und deinen Nächsten wie dich selbst.« Er aber sprach zu ihm: Du hast recht geantwortet; tue das, so wirst du leben. Er aber wollte sich selbst rechtfertigen und sprach zu Jesu: Wer ist denn mein Nächster? Da antwortete Jesus und sprach:
Es war ein Mensch, der ging von Jerusalem hinab gen Jericho und

fiel unter die Mörder; die zogen ihn aus und schlugen ihn und gingen davon und ließen ihn halbtot liegen. Es begab sich aber ungefähr, daß ein Priester dieselbe Straße hinabzog; und da er ihn sah, ging er vorüber. Desgleichen auch ein Levit; da er kam zu der Stätte und sah ihn, ging er vorüber. Ein Samariter aber reiste und kam dahin; und da er ihn sah, jammerte ihn sein, ging zu ihm, verband ihm seine Wunden und goß darein Öl und Wein und hob ihn auf sein Tier und führte ihn in die Herberge und pflegte sein. Des andern Tages reiste er und zog heraus zwei Groschen und gab sie dem Wirte und sprach zu ihm: Pflege sein; und so du was mehr wirst dartun, will ich dir's bezahlen, wenn ich wiederkomme.

Welcher dünkt dich, der unter diesen dreien der Nächste sei gewesen dem, der unter die Mörder gefallen war? Er sprach: Der die Barmherzigkeit an ihm tat. Da sprach Jesus zu ihm: So gehe hin und tue desgleichen!

LUKAS 10, 25-37

Da ist ein Mann, der will mit Jesus disputieren. Wir alle haben uns schon einmal mit andern über Glaubensfragen unterhalten. Gerade wenn ein Kamerad, ein Kollege es erfährt, daß wir auch zu denen gehören, die mit Jesus von Nazareth sind, spricht er uns irgendwann einmal darauf an, sei es mit einem kleinen, scherzhaften Augenzwinkern, sei es auch mit einer ernsthaften Frage. Vielleicht sagt er uns: »Du – die Sache mit den Wundern, die geht doch nicht mit rechten Dingen zu.« Oder er sagt: »Du kannst mir nicht beweisen, ob überhaupt ein Gott ist, und was nach dem Tode kommt.«

Ich habe beobachtet, daß man Leute, die so fragen und reden, in zwei Klassen einteilen kann.

Die *einen* fragen aus wirklichem Interesse und vielleicht sogar aus intellektueller Not. Wenn sie eine Attacke gegen den Glauben reiten, wenn sie verneinen und bestreiten, dann wünschen sie sich manchmal nichts sehnlicher, als daß man sie widerlegt und ihnen die Glaubenshemmung nimmt.

Die *anderen* dagegen lassen sich gern in endlose Dispute ein, weil sie wissen, daß man sich auf diese Art den Herrn Christus am besten vom Halse halten kann. Möglicherweise denken sie auch, man könne ihn vielleicht ebenso totschweigen und könne seine Gemeinde mit Nichtachtung strafen. Dadurch halte man ihn sich ebenso vom Halse. Aber das bringen sie nicht ganz fertig. Denn irgendwo haben sie Jesus schon einmal getroffen. Sie sind sozusagen »angeschossen«. Und nun disputieren und reden sie mit den Zeugen dieses Christus, um vor ihnen und vor allem vor sich selbst den Nachweis anzutreten, daß es Unsinn sei, an ihn zu glauben, oder daß sich an der endlosen Abfolge von Für und Wider, Satz und Gegensatz zeige, daß man hier doch nicht zum Ziele komme und also gut daran tue, sich nicht mit ihm einzulassen. Damit wollen sie sich dann über die Wunde ihres Gewissens hinwegtäuschen und für ihren Unglauben sozusagen das moralische Alibi erbringen.

Ich glaube, daß zu dieser letzteren Art auch der Schriftgelehrte mit seiner Frage gehört: »Was muß ich tun, um das ewige Leben zu gewinnen?«

Es heißt ja nicht umsonst, daß er den Herrn »versuchen« will. Also meint er es wohl doch nicht so sehr ernst. Er möchte ihn aufs Glatteis führen. Vielleicht ist er ein Spitzel des jüdischen Oberkirchenrats; vielleicht hat er auch das weniger gefährliche Bedürfnis, seinen Scharfsinn in einer fulminanten Debatte zu wetzen und allen Zuhörern zu beweisen, daß er geistreich sei.

Sicher hat Jesus Eindruck auf ihn gemacht. Er wird immerhin gesehen haben, wie Menschen unter seinen Händen und Augen gesund wurden, innerlich und äußerlich. Er hat gehört oder selbst beobachtet, daß eine unsagbare Liebe von ihm ausströmte, eine Liebe, die ganz offensichtlich gerade *die* Menschen aus ihren Schlupfwinkeln lockte, um die sich sonst niemand kümmerte: Leute mit ekelhaften, abstoßenden Krankheiten; Sünder, die sich vor der Verachtung der Gesellschaft verkrochen; Schwermütige und Hoffnungslose, die sonst ihren Jammer vor fremden Augen verbargen.

Alle diese scharten sich um ihn her, und in ihr verpfuschtes Leben brach ein belebender, schöpferischer Hauch. Und außerdem sprach dieser Jesus von Nazareth von seinem himmlischen Vater, wie wenn er in engstem Kontakt mit ihm stände und wie wenn er jeden Tag frisch von ihm herkäme. Dieser Mann konnte einen mit seinen Augen und mit seinen Worten packen. Jedenfalls konnte man nicht so tun, als ob er gar nicht da wäre.

Und nun spielte die innere Stimme, spielte das Gewissen diesem Schriftgelehrten einen Streich: Wenn dieser Mann recht haben *sollte* – so sprach die innere Stimme –, *dann* konnte man nicht so bleiben, wie man war. Dann durfte man nicht mehr nur der saturierte Gottesgelehrte sein, der im Worte Gottes forschte, den aber das Elend der Armen nicht weiter umtrieb. Dann konnte man nicht mehr der hochmütige Intellektuelle sein, der seinem Individualismus lebte und den die Plebs, die Masse, den die langweiligen Dummköpfe mit ihren tausend uninteressanten Tagesnöten und Courths-Mahler-Sentimentalitäten nichts angingen. Dann konnte man auch nicht mehr der »reiche Jüngling« bleiben, der seiner persönlichen Kultur, seinen gepflegten Wohnräumen lebte und der darüber vergaß, daß draußen zweihundert Meter von seiner Villa, Nissenhütten standen, die schmutzig und übervölkert waren. Dann konnte man endlich auch nicht mehr der Priester sein, der seinen Gebetsschemel von seinem Dienstmädchen täglich andachtsfertig einwachsen ließ, der aber nicht einmal wußte, wie dieses Mädchen hieß und daß es eine kranke Mutter hatte. Das alles konnte man nicht mehr so einfach sein – *wenn* dieser Nazarener recht hatte.

Ja, was soll man machen, denkt der Schriftgelehrte nicht ohne eine gewisse Beunruhigung und Nervosität, was soll man machen, um diesen Bohrwurm, der einem ins Gewissen gekrochen ist, am besten schmerzlos wieder hinauszubefördern?

Ganz einfach, sagt er sich: Alles, was mit den letzten Hintergründen und mit dem Sinn des Lebens zu tun hat, mit Gott und ewigem Leben, mit dem Gewissensproblem und der Nächstenliebe, das läßt sich nicht beweisen. Beweisen läßt sich im Leben ja eigentlich nur das Banale, z. B. daß zwei mal zwei vier ergibt. Wenn man es aber nicht beweisen kann, so folgert er weiter, dann braucht man sich auch nicht zu beunruhigen und von seinem Gewissen deshalb piesacken zu lassen.

Also kurz und gut: Es ist am besten, man fordert diesen Jesus zu einem Streitgespräch heraus, in dem sich dann schon herausstellen muß, daß er einem nichts beweisen kann. Außerdem ist man philosophisch gut geschult und hat hundert Bibelzitate zur Hand, die man beliebig drehen, wenden und verwenden kann. Und wenn er einen mit der Gewalt seiner Rede und Gedanken fangen und »fertigmachen« will, kennt man ja auch die entsprechenden dialektischen Ausweichmanöver. Außerdem verfügt man über einige rhetorische Tricks und wird also schon parieren können. Wenn dann alles so ausgegangen ist wie das Hornberger Schießen – oh, der Schriftgelehrte ist ein alter Diskussionspraktiker! –, hat man wenigstens die Ruhe seines Gewissens wieder, und alles kann beim alten bleiben.

So denkt also der Schriftgelehrte und setzt zum ersten Zuge in diesem Spiel an: »Was muß ich tun, um das ewige Leben zu ererben?«

Die Frage ist zweifellos gut gewählt. Denn in ihr geht es ja um die Frage nach dem Sinn und dem Ziel unseres Lebens. Darüber haben sich von jeher schon die Philosophen den Kopf zerbrochen, und tausend alte und neue Weltanschauungswracks säumen den Weg dieses Problems. Da wird er, dieser Nazarener, nicht gerade der erste sein, der etwas Endgültiges zu sagen und die Komödie der Irrungen zu beenden wüßte. Es wäre doch gelacht, wenn man nicht sofort ein Gegenargument bei der Hand hätte – falls etwa der Diskussionspartner mit der Behauptung nachziehen sollte: »Ich, Jesus von Nazareth, bin der Sinn deines Lebens.«

Vielleicht hat der Schriftgelehrte sogar an die weiteren möglichen Schachzüge gedacht. Wenn Jesus antworten würde: »Durch Glauben kommst du zum ewigen Leben«, würde er darauf entgegnen:»Warum hat dann Gott alle die vielen Opfer geboten?« Würde Jesus aber antworten: »Leiste deinen schuldigen Gehorsam und bringe die geforderten Opfer«, dann würde er seinerseits sagen: »Ach nein! Opfer soll ich bringen? Wie merkwürdig! Sonst redest du doch immer vom Glauben!«

So hat der Schriftgelehrte das ganze Manöver dieser Aussprache vielleicht daheim am »Sandkasten« durchprobiert. Dieser Nazarener würde ihm nicht beikommen. Es ist prickelnd und interessant, was die nächste Stunde bringen wird. Theologisches Florettfechten ist eine Sache für Feinschmecker. Es juckt ihn danach, sich aalglatt aus der Hand zu winden, wenn dieser Jesus nach seiner Seele greifen würde. Er hat seinen inneren Menschen sozusagen heimlich mit Seife eingerieben. Das tun unzählige Menschen. Jeder Seelsorger weiß von diesen glitschigen Seelen ein Lied zu singen.

So steht er denn mit seiner Frage vor Jesus. Wie das wohl ist, wenn man plötzlich vor Jesus steht und er einen ansieht?

Das erste, was der Schriftgelehrte zu seiner Verblüffung wahrnehmen muß, ist, daß sein Gesprächspartner sich nicht in den so sorgfältig vorbereiteten Netzen verfängt. Er antwortet nämlich gar nicht auf seine Frage, sondern stellt ihm statt dessen eine Gegenfrage: »Was steht im Gesetz geschrieben?«

Ich glaube, der Schriftgelehrte ist einigermaßen verdutzt darüber, daß er da wie ein Schulbub abgefragt wird und daß ihm Jesus zu verstehen gibt: Wie kannst du etwas fragen, was du doch längst weißt! Wer im Volke Gottes aufgewachsen ist, weiß doch über die Grundfrage des Lebens, wie man das ewige Leben gewinnt, Bescheid! Es ist ein bißchen blamabel für ihn, daß Jesus auf seine kleine Herausforderung gar nicht eingeht, daß er keinerlei Anstalten macht, irgendwelche Tore zu öffnen, um einen Wettritt auf der breiten Allee des Geistes mit ihm anzutreten, sondern daß er ihn an die Religionsstunde aus Kindertagen erinnert. Mit einiger Verlegenheit antwortet er ihm dann auch wie ein Schuljunge: »Es steht geschrieben: ›Du sollst Gott, deinen Herrn, lieben von ganzem Herzen, von ganzer Seele, von allen Kräften und von ganzem Gemüte, und deinen Nächsten wie dich selbst.‹«

Während er sein Sprüchlein aufsagte, mag es ihm merkwürdig ergangen sein: Dieses Wort konnte er ja sozusagen in- und auswendig, mindestens genau so gut wie du und ich einige der fettgedruckten Bibelsprüche kennen oder auch einen gebrannten Wandspruch, auf den täglich unser Blick fällt. Aber eigenartig: Hundertmal hat man so ein Wort – sagen wir einmal »Glaube, Liebe, Hoffnung« oder auch »Befiehl dem Herrn deine Wege« – gehört, gelesen oder auch aufgesagt, bis dann auf einmal eine Stunde kommt, in der dieses tote Wort so etwas wie eine Seele erhält, wo es sich bewegt und auf mich zukommt; wo der gebrannte Spruch plötzlich Augen bekommt und mich ansieht. Vielleicht passiert das am Sterbebett des liebsten Menschen, daß ich vor die Frage gezwungen bin, wie ich überhaupt ohne ihn weiterleben soll. Vielleicht passiert das, wenn ich als Flüchtling irgendwohin verweht bin, unter fremde Menschen, über die Achsel angesehen, aufs Bitten und auf gnädiges Gewährt-Bekommen angewiesen, während in meiner Heimat die Hüte von den Köpfen flogen, wenn ich vorüberging. Vielleicht passierte das auch im Luftschutzkeller, als die nächste Sekunde mich in den Tod oder in bittere Armut stürzen konnte. Da auf einmal ging mit dem längst bekannten, in der Rumpelkammer meines Lebens verstaubten Wort jene geheimnisvolle Wandlung vor sich, daß es zu sprechen, zu richten und zu trösten begann, daß dieses Wort »Sorget nicht!« – »Befiehl dem Herrn deine Wege« – »O du Kleingläubiger!« – daß diese Worte mich wie in einen großen, bergenden, mütterlichen Mantel einschlugen und wie an einer hohen Hand durch Feuer und Fremde geleiteten und mich im Meer der Angst eine Furt finden ließen.

So mag es dem Schriftgelehrten hier gegangen sein, als er nun unter den Augen Jesu das alte, bekannte Wort von der Gottes- und Nächstenliebe deklamierte und aufsagte – nein, nicht aufsagte, sondern als in der Gegenwart des Herrn nun jedes Wort an ihm vorüberzog, sehr langsam vorüberzog, stehenblieb, ihn ansah – und als dann mit dem nächsten Wort das gleiche geschah: eine unheimliche, beklemmende Parade, eine Umzingelung von Worten, mit denen er bisher mehr oder weniger gespielt hatte und die nun einen Ring um ihn bildeten und ihm den Atem nahmen.

Wie leicht ließ sich das bisher sagen: »Gott ist ein Gott der Liebe«. Wie leicht können auch wir so einen Satz in den Mund nehmen! Er klingt sogar ein bißchen banal. Aber wehe, wenn auf einmal Jesus leibhaftig daneben steht und uns dabei ansieht: dann wird dieses fromme Sprüchlein plötzlich zur Anklage. Dann höre ich es auf einmal gesprochen von dem Bettler, den ich gestern von der Türe wies; von dem Dienstmädchen, das ich entließ – vielleicht weil es ein Kind bekam –; von dem Nachbarn, der neulich in einer für ihn sehr blamablen Sache durch die Zeitung gezerrt wurde und den ich nun spüren lasse, daß *ich* nach dem Rhythmus »Üb immer Treu und Redlichkeit« marschiere. Von allen diesen höre ich es auf einmal gesprochen, weil dieses Wort mit allen diesen etwas zu tun hat und nicht nur mit dem lieben Gott über den Wolken. Denn in ihnen blicken mich die Augen des Herrn selber an.

So ist es auch mit dem Schriftgelehrten, als er sein Sprüchlein über die vermeintliche Religion der Liebe aufgesagt hat und als Jesus ihm sagt: »Tue das, so wirst du leben«, und dabei zu verstehen gibt: »Dann erhältst du auch Antwort auf alle deine Fragen.«

Der Schriftgelehrte wollte ein philosophisches Gespräch über die Liebe oder das ewige Leben führen. Die ganze Geistesgeschichte könnte man durchgehen, könnte damals wie heute höchst interessante Gedanken aufspüren, was Plato, was das Alte Testament, was Thomas von Aquin und was Goethe darüber gesagt haben. Man könnte danach ruhig ins Bett gehen und hätte einige intellektuelle Hors d'oeuvre verspeist. Jesus aber sagt: »Denke zunächst einmal nicht über die Liebe nach, sondern übe sie.« Manches erkennt man nur im Tun, im Praktizieren.

Freilich ist das keine leichte Sache. Diskutieren ist leichter als praktizieren. Schriftgelehrter sein und fromm sein und sonntags zur Kirche gehen und Vorträge über die Liebe anhören und selber halten – und vielleicht auch darüber nachdenken, ob Gott nicht aus Liebe schließlich selbst die Hölle evakuieren und alle, alle zur Seligkeit berufen werde: auch das ist sehr viel leichter, als heute noch eine Stunde für irgendein armes, hilfloses Wesen zu opfern.

Der Schriftgelehrte stellt das erschreckt fest und fühlt sich vielleicht peinlich daran erinnert, daß er heute morgen noch einen Kollegen gehaßt und beneidet hat, als der ein wenig erfolgreicher war als er selbst. Der gute Mann ist sehr enttäuscht, daß sein theologisches Lehr-

gespräch, daß seine Bildungskonversation so plötzlich zu Ende zu gehen scheint. Es ist sehr fatal, daß die geistlichen Dinge so schrecklich einfach, ja simpel, sein sollen, daß sie es mit dem lächerlichen Alltag, mit Nachbarn und Freunden, mit Hausierern oder irgendwelchen belanglosen, nichtssagenden Angestellten zu tun haben sollen. *Er* hatte nach dem Sinn des Lebens gefragt; er hatte ein hohes Thema angeschlagen – und wird ins Hinterhaus geschickt! Es ist zum Heulen oder auch zum Lachen. Also kann man ja gehen. Mit diesem Mann aus Nazareth ist nicht zu reden. Er ist sehr ungemütlich. Er ist sozusagen ein ungeistiger Mensch, der einem gleich mit der Praxis kommt. Aber da fällt ihm im letzten Augenblick ein, wie er ihn doch noch zu einer weiteren Diskussion zwingen und sich die Praxis vom Halse halten kann. Vielleicht braucht man sich *doch* nicht so ins Hinterhaus schicken zu lassen, sondern kann in Ehren ein Mensch der gepflegten, geistigen Etagen bleiben.
Und darum fängt er an zu problematisieren und in Frage zu stellen. Auch das kennen wir ja. Es kommt ja im Leben oft vor, daß einer vom Worte Gottes in seinem Gewissen getroffen ist und daß er dann schnell eine Absetzbewegung vollzieht: »Gibt es denn überhaupt einen Gott? Ich werde mir doch nicht von jemandem bange machen lassen, der vielleicht gar nicht existiert!« So macht es auch hier der Schriftgelehrte. Er sagt nämlich ganz einfach: »Wer ist denn mein Nächster?« Er will damit zu verstehen geben: »Es ist sehr problematisch, Jesus von Nazareth, wer das ist, und ob es zum Beispiel der Mann im Hinterhaus oder die alte, hilflose Dame ist, die ich morgens Milch holen sehe, oder ob mir nicht andere Leute (zum Beispiel mein Kunde oder mein Lieferant, von denen ich auch geschäftlich etwas habe!) viel näherstehen. Das müßte man erst einmal feststellen. Solange das aber nicht klar ist (und es wird ja nie ganz klar, stellt er aufatmend fest und kichert ein bißchen in sich hinein), bin ich auch noch nicht verpflichtet, die Liebe zu praktizieren. Wie kann ich lieben, wenn ich den Adressaten der Liebe nicht kenne!«
So, jetzt ist ihm wieder leichter. Solange man noch fromme Fragen hat, braucht man noch nicht zu handeln. Da hat man noch eine Gal-

genfrist. Eine sehr nette Galgenfrist übrigens; denn viele Menschen halten einen da für einen Gottsucher, für einen Mann, der ernsthaft nachdenkt. Vor allem: Man braucht den Druckposten des Theoretikers noch nicht so bald zu verlassen. Man kann noch ein bißchen in der Zone der Unverbindlichkeit verweilen. Man braucht noch nicht sofort daranzugehen, seine zerbrochene Ehe zu heilen und seine Frau um Verzeihung zu bitten; man braucht nicht gleich damit anzufangen, sozial zu sein, und braucht das Hinterhaus mit seinem Armeleutegeruch nicht schon im nächsten Augenblick zu betreten.

Der Schriftgelehrte sieht Jesus mit höchster Spannung an. Wird er sich in diesem sorgfältig aufgespannten Netz seiner Problematik verfangen? Jetzt muß dieser Nazarener doch sicher *selbst* anfangen zu philosophieren, muß über Begriff und Wesen des Nächsten, vielleicht der gesellschaftlichen Ordnung, oder über das Verhältnis von Pflicht und Neigung reden, sofern er für einen gescheiten Kopf gelten und ernst genommen werden soll.

Es ist höchst peinlich, daß dieser Jesus wieder einmal ganz anders reagiert. Er tut immer partout das Gegenteil von dem, was man erwartet. Er erzählt eine Geschichte (ein Histörchen sozusagen, eine Anekdote!). Der Schriftgelehrte mag es unerhört finden, daß ihm Jesus bei einer grundsätzlichen Frage mit Histörchen kommt. Im Frauenverein oder im Altersheim könnte er sich das vielleicht leisten. Aber *ihm* gegenüber? Doch mit dieser Geschichte hat es eine sehr merkwürdige Bewandtnis. Der Schriftgelehrte hat keinen Augenblick Zeit, seine Gedanken auf Wanderschaft zu schicken.

»Es war ein Mensch«, sagt Jesus, »der ging von Jerusalem hinab nach Jericho.«

Oh, denkt der Schriftgelehrte, das fängt ja schön an. »Ein Mensch«, sagt er. Das soll wohl jener Nächste sein, nach dem ich fragte. Ein sehr allgemeiner Anfang, sozusagen ein Allgemeinplatz. Irgendein Mensch, nicht ein Volksgenosse, nicht ein Mitglied meiner Firma, nicht meine Frau, nicht mein Kind – irgendein Mensch, also jeder x-beliebige soll mein Nächster sein? Vielleicht sogar der Ziehharmonika-Spieler auf der Reeperbahn? Nun, das kann ja heiter werden, wenn hier alle

Menschen über einen Kamm geschoren und zu meinen Nächsten ernannt werden, nur weil sie Menschen heißen und auf zwei Beinen gehen. Diesmal werde ich nicht wie ein Schulbub mein Sprüchlein aufsagen, sondern ihm »contra« geben!

Da liegt also ein Mensch in seinen Wunden, erzählt Jesus weiter. Er wurde überfallen und hat grauenhafte Schmerzen, Wundfieber, entsetzliche Angst der Verlassenheit, außerdem noch einen Nervenschock durch den Schrecken des Überfalls. Da sieht er jemanden in geistlicher Gewandung kommen, und zwar ebenfalls von Jerusalem her. Die Todesangst kann einen sehr scharfsichtig und scharfsinnig machen, und so geht es diesem Armen, zum Krüppel Geschlagenen blitzschnell durch seinen schmerzenden Kopf: Der kommt gerade aus dem Tempel! Da hat er eine Predigt gehört oder gar selbst gehalten über die Liebe zu Gott und den Nächsten. Gott sei Dank, daß ausgerechnet so jemand unter dem frischen Eindruck des Tempels an mir vorüberkommt! Der wird sicher helfen.

Im selben Augenblick hat ihn der Priester auch schon gesehen. Der Verwundete hat genau gemerkt, *daß* er ihn gesehen hat. Aber der Priester hat eine andere Meinung über den Begriff des Nächsten als der Verwundete. Das ist ja immer so. Wenn wir in Not sind, meinen wir: Alle Leute, die mehr Geld haben als wir, seien unsere Nächsten und uns zum Helfen verpflichtet. Wenn der Ostflüchtling hier ausgeladen wird und nichts mehr als sein Köfferchen in der Hand hat, hält er zunächst jeden Geschäftsmann, bei dem er um Arbeit vorspricht, für seinen Nächsten. Denn der hat sich doch, so denkt er, am deutschen Wunder gesund gestoßen; er selbst aber ist unter die Räder gekommen. Er, der Flüchtling, hat die Unkosten des geschichtlichen Bankerotts doch für den anderen mit begleichen müssen. Er ist doch der unter die Mörder Gefallene. Also muß ihm geholfen werden. Und also ist dieser Geschäftsmann sein Nächster. Aber der seriöse Altbürger denkt anders. Er sieht, wie ihm und dem ganzen Weststaat durch die Not im Osten, durch das Notopfer Berlin, durch die vielen alten und kranken Leute, die hier ausgeladen werden, und vielleicht sogar durch die Wiedervereinigung ein Klotz ans Bein gebunden werden soll, und daß man folglich auf der Hut sein muß. Das ist ein klarer logischer Einwand. Der Flüchtling hat *auch* klar und logisch gedacht. Aber beide kommen zu einer völlig entgegengesetzten Lösung der Frage, wer hier der Nächste sei. Das ist im Leben immer so. Und das ist auch das erste, was wir hier erkennen müssen: Der zum Helfen Aufgerufene und der Hilfsbedürftige verstehen jeweils etwas ganz anderes unter dem Nächsten. Der Nächste ist eine mindestens so problematische und umstrittene Größe wie die Existenz Gottes – obwohl wir ihn doch immerhin sehen können, während wir Gott nicht sehen.

Wir müssen also, um dahinter zu kommen, wer wirklich unser Nächster ist, sehr kritisch sein gegenüber unseren eigenen Gedanken. Vor allem müssen wir als Leute, denen es vielleicht noch einigermaßen gut geht, uns zunächst einmal überlegen, ob der andere, der Flüchtling, die Witwe, der bedrängte Nachbar in *uns* nicht den Nächsten sieht. Und ob wir wirklich so leicht über ihn hinweggehen dürfen mit dem Gedanken und dem bösen Trost, daß wir schon andere Verpflichtungen gegenüber anderen Menschen hätten.

Genau dasselbe passiert hier im Gleichnis. Der Priester denkt: »Ach Gott, der arme Mensch da! Wie gut, daß *du* noch heile Knochen hast.« Vielleicht dankt er sogar Gott für diese heilen Knochen, denn er ist fromm, und Gott hat ihn gnädig vor den Räubern und allen Katastrophen bewahrt – vor der Flucht aus der Heimat, vor dem Bombenschaden, vor dem Schicksal der Kriegerwitwe – usw. Aber um Gottes willen, denkt der Priester und unterbricht seine frommen Überlegungen, das wird doch nicht heißen sollen, daß ich jetzt dem armen Kerl da helfen muß! Vielleicht liegen hundert Meter weiter noch dieselben Räuber auf der Lauer und warten nur darauf, daß sie mir ebenfalls den Schädel einschlagen. Aber trotzdem, so zwingt ihn sein Gewissen zu denken, wäre es feige, hier nicht zu helfen. Gott hat mich diesem armen Nächsten doch nun einmal begegnen lassen. Eben habe ich noch im Tempel gehört: Feige sein heißt Gott verleugnen und sein Gebot sabotieren.

Unter dem Zwang dieser Überlegung will er sich gerade zu seinem Opfergang um Gottes willen entschließen. Seine Hand greift schon nach dem Taschentuch, den Verwundeten zu verbinden, und unwillkürlich hat er schon ein paar Schritte auf ihn zugemacht.

Aber da kommt dem Priester im letzten Augenblick ein rettender Gedanke, der ihn mit einem Schlage von der peinlichen und gefährlichen Verpflichtung entbindet und der die Selbstvorwürfe der Feigheit zerstreut. Dieser rettende Gedanke besteht in der Frage: Wer ist denn mein Nächster? Etwa dieser Kerl, den ich gar nicht kenne? Der vielleicht ein Lump ist oder auch ein Betrunkener, der sich nur an einem Baumstamm den Schädel eingerannt hat? Meine Familie steht mir näher. Ich für meine Person würde mein Leben ja für ihn opfern. Aber ich muß mich meiner Familie, meinem Beruf und also meinem wirklichen »Nächsten« erhalten. Es wäre nicht Gehorsam, sondern Sünde, wenn ich mir nun *auch* den Schädel von den Räubern einschlagen ließe. Schlimm genug, daß *einer* hat dran glauben müssen. Es wäre niemandem gedient, wenn diese Bande statt *eines* Menschen nun zwei zum Krüppel schlüge. Ich diene Gott und dem Nächsten, wenn ich vorübergehe. Außerdem trage ich das ganze Opfergeld aus dem Tempel in Jerusalem in der Tasche. Es wäre vermessen, wenn ich dieses Geld, das Gott gehört, in die Hand der Räuber fallen ließe! – Es fallen ihm noch hundert andere Gründe dafür ein, daß dieser Mann da auf keinen Fall sein Nächster ist. Gründe stellen sich immer ein, wenn man sich vor etwas drücken will. Selbst der größte Dummkopf denkt auf einmal scharfsinnig wie ein Mathematikprofessor, wenn er Gründe für eine Drückebergerei finden soll. Der Weg zur Hölle ist nicht nur mit guten Vorsätzen, sondern auch mit guten Gründen gepflastert.

So weicht er nach der entgegengesetzten Seite aus (wie es im Urtext wörtlich heißt). Das ist ein Zeichen dafür, daß die Gewissensberuhigung doch nicht ganz reibungslos funktioniert hat. Er macht einen großen Bogen um den armen Mann, um ihn nicht zu sehen. Denn sein Anblick könnte ihn verklagen und ihm die vielen Gründe aus der Hand schlagen. Deshalb ließ auch der reiche Mann den armen Lazarus draußen vor der Türe liegen. Er versagte ihm nicht deshalb sein Haus, weil er Angst hatte, Läuse von ihm zu bekommen oder sich mit »Tb«

anzustecken, sondern weil er ihn nicht sehen wollte. Wir wollen alle von uns aus nicht recht hinsehen. Denn hinzusehen auf das Elend des Nächsten, das ist der erste Akt der Nächstenliebe. Liebe macht nicht nur erfinderisch, sondern zunächst einmal finderisch. Die Liebe ergreift immer zuerst die Augen, dann erst die Hand. Mache ich die Augen zu, werden auch die Hände arbeitslos. Schließlich schläft auch das Gewissen ein, denn der beunruhigende Nächste ist aus meinem Blickfeld verschwunden. Darum werden am Jüngsten Gericht zuerst unsere Augen gerichtet werden. Als Jesus beim großen Weltgericht zu den Leuten sagt: »Ich war es, der euch in den Nackten, Hungrigen, Gefangenen begegnete, und ihr habt mir nicht geholfen«, antworten die Verklagten höchst charakteristisch mit der Gegenfrage: »Herr, wann haben wir dich *gesehen* hungrig oder durstig oder nackt oder krank?« (Matth. 25, 44).

Verstehen wir auch recht? Sie sagen: »Wir haben dich nicht *gesehen*«. Auch der Priester wird das einmal sagen und darauf hinweisen, daß nachweislich die Spur seiner Tritte im weiten Bogen um den Verwundeten herumführte, so daß er das einzelne nicht erkennen, daß er den Heiland nicht erkennen konnte. Nur daß er dabei Ursache und Wirkung verwechselt. Er hat den Verwundeten nicht übersehen, weil sein Weg in einem allzu weiten Bogen um ihn herumführte, sondern weil er ihn sah, aber nicht sehen wollte, darum hat er den weiten Bogen gemacht. Es ist ja so leicht, diesen Bogen zu machen und nichts zu sehen. Es ist ja so leicht, die Elendsstatistiken in der Presse zu übergehen und das Radio auszuschalten, wenn Themen behandelt werden, die uns zu Hilfe rufen. Warum haben damals so wenige von uns etwas von den Konzentrationslagern und Judenpogromen gehört und gewußt? Vielleicht deshalb, weil wir dies alles überhören wollten, weil wir um unsere Weltanschauung und unsere Seelenruhe und um gewisse Konsequenzen fürchteten, die dann hätten gezogen werden müssen? Darum nochmals: Du und ich, wir werden an unseren Augen gerichtet werden. Es gibt gewisse Dinge und Menschen, die ich nicht sehen will. Es könnte mein Heiland sein, den ich übersehen hätte.
Das erste Gebot der Nächstenliebe heißt: Augenkontrolle!

Auch der Levit geht vorüber. Er mag ähnliche Überlegungen bei sich angestellt haben. Vielleicht hatte er abends einen Vortrag über die Nächstenliebe in Jericho zu halten. Er rechnete schnell und genau: Halte ich mich bei dem armen Wicht auf, dann fällt mein Vortrag aus. Hier würde ich *einem* helfen, mein Vortrag über die Nächstenliebe aber würde den Anstoß zur Gründung eines ganzen Samaritervereins bilden. Ergo: das Rechenexempel ist eindeutig. Der Teufel ist immer ein guter Mathematiker und leistet sich keinen logischen Schnitzer. Und der Levit merkt über dieser Teufelsmathematik gar nicht, daß er auf zwei verschiedenen Gleisen fährt: daß er um seines Vortrages über die Nächstenliebe willen den Nächsten in seinem Elend sitzen läßt; daß er Gott dienen will und ihn an seinen Kindern schändet, daß er betet und seinem Herrn ins Angesicht speit.
Darum ist das zweite Gebot der Nächstenliebe: Kontrolle unseres Lebensraumes! Bestandsaufnahme, ob im Hause unseres Lebens der Herrgottswinkel nicht durch eine hauchdünne Wand von der Teufelskapelle getrennt ist. In unseres Herzens Hause sind viele Wohnungen – unheimlich viele. Es liegen tolle Dinge dicht nebeneinander.

Muß ich nun noch den Augenblick schildern, in dem der *Samariter* zu dem Verwundeten kam, jenen Augenblick, in dem der Ärmste völlig verzweifelt war und nach allen Enttäuschungen nichts mehr erwartete? Oder muß ich noch ausmalen, mit welcher Fürsorge der Samariter zu Werke ging, muß ich seine Furchtlosigkeit gegenüber den Räubern noch loben? Muß ich endlich noch darauf hinweisen, daß es bei ihm um kein Augenblicksmitleid ging, das ja nur eine Aufwallung seiner Nerven gewesen wäre, sondern wie er auch für die erste Zukunft des Fiebernden sorgte, wie er mit dem Wirt verhandelte und wie er bereit war, noch später für ihn aufzukommen? Und das alles, obwohl er als Samariter in *seinem* Katechismus längst nicht so verpflichtende Worte über Nächstenliebe gelernt hatte wie der Schriftgelehrte und Levit, obwohl er also eine sehr mangelhafte Theorie der Liebe besaß!

Ich brauche das alles wohl nicht auszumalen. Denn das Gleichnis will, daß wir uns mit dem Priester und mit dem Leviten identifizieren und daß wir an unsere Brust schlagen. Es will uns die heruntergelassenen Augendeckel aufdrücken. Es will uns lehren, ganz einfach an die Arbeit zu gehen. Denn das Gleichnis schließt mit denselben Worten wie der erste Teil des Gesprächs: »Gehe hin und tue!«

Es wäre falsch, erst über das Wort Gottes nachzugrübeln, ehe man an die Arbeit geht. Wir hätten lange zu tun, und ich fürchte, wir würden bis zum Jüngsten Gericht nicht damit fertig, wenn wir erst wissen wollten, wie das denn mit der Vorherbestimmung und der Willensfreiheit ist, was mit denen geschieht, die nicht glauben können oder nichts von Christus hören, warum es denn überhaupt ein Kreuz von Golgatha und das ganze Versöhnungsdogma geben muß, und – last not least – wer denn mein Nächster sei. Über dies alles kommt man erst zur Klarheit, wenn man heute noch »hingeht« und »desgleichen« tut.

Darf ich wieder einige ganz praktische Lebensregeln geben? Wer Jesus Christus ist, erfährt man nicht, wenn man darüber nachgrübelt, ob es so etwas wie Gottessohnschaft oder Jungfrauengeburt oder Wunder gibt. Wer Jesus Christus ist, erfährt man von den gefangenen, hungernden, geängsteten Brüdern. Denn in ihnen will er uns begegnen. Er ist ja immer in der Tiefe. Und an diese Brüder komme ich nur heran, wenn ich die Augen aufmache, um das Elend um mich herum zu sehen. Und die Augen kann ich nur aufmachen, wenn ich liebe. Ich kann aber nicht hingehen und tun und lieben, wenn ich vorher frage: »Wer ist mein Nächster?« Auf diese Frage hat der Teufel nur gewartet; darauf wird er mir immer nur die bequemsten Antworten zuflüstern, und wir Menschen fallen immer auf das Bequemste herein. Lieben kann ich vielmehr nur dann, wenn ich im Sinne Jesu die Frage des Schriftgelehrten »Wer ist mein Nächster?« umkehre. Dann heißt sie nämlich so: »Wem bin *ich* der Nächste? Wer ist *mir* vor die Füße gelegt? Wer erwartet Hilfe von *mir*, und wer sieht in *mir* den Nächsten?« Diese Umkehrung der Fragestellung ist geradezu die Pointe des Gleichnisses.

Wer liebt, muß sich immer aus seinen Plänen und Vorhaben herausreißen lassen. Ich muß bereit sein, mich durch Aufgaben überraschen zu lassen, die Gott mir *heute* stellt. Gott zwingt mich immer zur Improvisation. Denn Gottes Aufgaben haben stets etwas Überraschendes, und der gefangene und verwundete und geängstete Bruder, in dem der Heiland mir begegnet, liegt ganz bestimmt *dann* an meinem Wege, wenn ich gerade etwas anderes vorhabe und mit ganz anderen Pflichten beschäftigt bin. Gott ist immer ein Gott der Überraschungen: nicht nur in der Art, wie er mir hilft – denn auch die Hilfe Gottes kommt ja ständig aus ganz andern Richtungen, als ich es vermute –, sondern auch in der Art, wie er mir Aufgaben stellt und Menschen über den Weg schickt.

Darum heißt die dritte Anweisung für die Liebe: Wendig und zum Improvisieren bereit sein!

Wir können nicht schließen, ohne noch der Tatsache zu gedenken (die freilich schon hinter jedem Worte stehen sollte), daß es ja Jesus Christus ist, der das Gleichnis hier erzählt. Wir hören es also aus dem Munde dessen, der unser aller barmherziger Samariter ist, der uns der Nächste geworden ist. Wenn es zum Sterben mit uns kommt, dürfen wir singen und sagen: »Mit Freud fahr ich von dannen zu Christ, dem Bruder mein.« Es wird dann ganz still um uns, und auch die liebsten Menschen müssen zurückbleiben. Und eben dann – ist *er* der Nächste, der nicht von uns läßt; denn er hat sich dem Räuber Tod ja gestellt und sich von ihm erschlagen lassen, um auch den letzten bitteren Gang mit uns zu gehen. Und wenn wir leiden an einer Not, in der uns keiner versteht, und an Ängsten, die uns der schrecklichsten Einsamkeit überantworten: einer ist uns der Nächste, weil er sich am Kreuze mit mir in das dunkle Verlies einer letzten Einsamkeit einsperren ließ. Und wenn ich allein unter einer schweren Schuld stehe, von der kein Mensch etwas ahnt und deretwegen mich meine Freunde verlassen würden, wenn sie eine Ahnung davon hätten: Jesus ist mir auch *hier* der Nächste, den der dunkle Abgrund nicht schreckt, weil er vom Himmel herab in die tiefsten Schächte von Elend und Schuld ge-

stiegen ist. Jesus liebt mich, darum findet er mich auch. Darum weiß er auch um mich. Er weiß sogar viel mehr von mir als ich selber und wird doch nicht irre an mir und bleibt doch mein Freund, bleibt mir der Allernächste.
Im Namen dieser seligen Gewißheit dürfen wir nun an die Arbeit gehen. Wer wollte ihm nun nicht etwas Liebes tun, nachdem er uns selber so der Nächste geworden ist; wer wollte ihn nun nicht in seinen armen und elenden Brüdern ehren!

Darum sei noch ein letztes Wort über die Nächstenliebe gesagt: Alles Lieben ist ein Dank-Abstatten dafür, daß wir selber geliebt und im Lieben geheilt worden sind; wir wachsen in alle Geheimnisse Gottes hinein, wenn wir das weitergeben, was wir empfangen haben, und wenn wir nun die Erfahrung machen dürfen, daß ein Jünger Jesu im Geben und Opfern nicht ärmer, sondern immer reicher und glücklicher wird und daß in zwölf gewaltigen Körben zu ihm zurückkehrt, was er mit seiner schwachen Kraft Gott zur Verfügung stellte. Denn Gott ist königlich in seinem Schenken und unabsehbar in der Fülle seiner Barmherzigkeit.
»Dieweil uns denn Barmherzigkeit widerfahren ist, laßt uns nicht müde werden.«

DAS GLEICHNIS
VOM SCHATZ IM ACKER
UND VON DER KÖSTLICHEN PERLE

Abermals ist gleich das Himmelreich einem verborgenen Schatz im Acker, welchen ein Mensch fand und verbarg ihn und ging hin vor Freuden über denselben und verkaufte alles, was er hatte, und kaufte den Acker.
Abermals ist gleich das Himmelreich einem Kaufmann, der gute Perlen suchte. Und da er *eine* köstliche Perle fand, ging er hin und verkaufte alles, was er hatte, und kaufte sie.

MATTHÄUS 13, 44-46

Man kann nicht sagen, daß die Menschen der Bibel alle über den gleichen Leisten geschlagen wären und daß es sich immer um denselben Typus handelte: um Leute mit besonderen religiösen Erlebnissen oder mit einer Frömmigkeit, die wir halb befremdet, halb bewundernd zur Kenntnis nehmen müssen, Leute mit einer besonderen religiösen Antenne, die wir heutigen Menschen nicht zu besitzen meinen. Im Gegenteil, die Menschen der Bibel verraten einen solchen Reichtum an Typen, Veranlagungen und Charakteren, daß sie so bunt gemischt sind wie das Leben selbst.

Wie groß ist allein die Spanne zwischen dem glaubensmutigen, von Natur ein wenig forschen Petrus, dem selbstquälerischen Skeptiker Thomas und dem an allem irre werdenden und furchtbar scheiternden Judas. Und so ist es überall mit den Menschen der Bibel, wo immer wir ihnen begegnen mögen: Auf der einen Seite steht der reiche Jüngling, der nach Erfüllung seines Lebens sucht und sie im entscheidenden Augenblick doch nicht findet. Und da ist auf der anderen Seite der Bauer unseres Gleichnisses, der gar nichts sucht – »und nichts zu suchen, das ist sein Sinn« –, der nur seine tägliche Routine-Arbeit verrichten will und der dabei wider Erwarten »alles« findet.

Irgendwo in diesem reichen Spiel der Typen, Charaktere und Schicksale bist auch du und bin ich vertreten. Fragen wir also, was denn von diesem Bauern und von diesem Kaufmann in uns ist.

Wie hat der Bauer denn das Reich Gottes gefunden?

Das erste, was wir bemerken, ist, daß das Reich Gottes verborgen ist und daß Gott nicht auf der Straße liegt. Im Grunde ist dies ja immer das größte Ärgernis, daß Gott so wenig Wesens von sich macht, daß er nach außen so wenig und schon gar nicht eindeutig in Erscheinung tritt, daß man so gar nicht sagen kann – was man doch von jedem Baum, von jedem Auto sagen kann –: »Siehe, da ist er, da ist es!« Ein Pfund Rindfleisch macht eine gute Suppe. Das steht bombenfest. Aber was steht bei Gott bombenfest?

Oder ist es nicht eine allzu windige Angelegenheit, ist es nicht ein Appell an unsere Gutgläubigkeit, wenn Gott nur im Wagnis des Glaubens für uns dasein will und wenn er sich in der Zone des Unkontrollierbaren aufhält? Eine Rindfleischsuppe und Gott: O ja, auch eine Trivialität kann manchmal ins Herz des Problems treffen. Das gilt auch von diesem Gassenhauer der Atheisten.

Einmal wollte einer dem Herrn Christus auf die Straße verhelfen und wollte dafür sorgen, daß ihn alle sehen könnten. Er wollte ihm Fahnen und Hoheitszeichen, er wollte ihm Publizität verschaffen. Aber der eine, der das wollte, war der Teufel; und wahrlich, sein Vorschlag, daß Christus auf die Straße gehen und sich auf den Straßen sehen und finden lassen solle, war überaus verlockend. Die Jünger hätten gejauchzt, denn ein wenig Glanz von dieser sichtbaren, unbezweifelbaren Herrlichkeit wäre auch auf sie gefallen. Niemand hätte sie zu verachten gewagt, wo sie die Minister eines so großen Herrn, wo sie Ehrenbürger einer Theokratie gewesen wären. Und auch Johannes hätte keine Botschaft aus dem Gefängnis zu schicken brauchen, um sich zu erkundigen, ob dieser Jesus wirklich der sei, auf den er gewartet habe und in dem das Weltenschicksal sich erfüllen solle. Er hätte nicht zu zweifeln brauchen – *wenn* Christus auf die Straße gegangen wäre. Aber siehe, er ist einen anderen Weg gegangen. Er ist durch die verborgenste Tür der Welt hereingekommen, die sich denken läßt. Er wurde als armes Kindlein in einem Provinznest am Rande der Welt geboren. Er hat die Weinenden getröstet, die Kinder gesegnet und hat den Verzweifelnden seine Hand aufgelegt. Diese Armen, Kranken und Elenden findet man aber nicht auf jener Via triumphalis, auf der Könige einzuziehen pflegen. Sie stehen und hocken an den dunklen und verborgenen Ecken, sie hausen in den Dachstuben und in den Baracken der Armen, manchmal freilich auch in der Einsamkeit eines Chefzimmers.

Warum ist er diesen Weg gegangen, statt daß er die Macht und Öffentlichkeit ergriff, die ihm offen standen? Jesus *wollte* nicht, daß die Menschen überwältigt würden von dem Marschtritt der zwölf Legionen Engel, die er hätte alarmieren können, als er am Kreuze hing, und die er eben *nicht* gerufen hat. Er wollte vielleicht nicht einmal, wenn wir an das vergangene Jahrtausend denken, daß es so etwas gäbe wie eine christliche Kultur und christliche Staaten, durch die alle

Menschen automatisch, einfach durch ihre Geburt und durch die selbstverständliche kirchliche Sitte, in den großen Sack des Christentums und der christlichen Taufscheinbesitzer eingepackt würden, auch wenn sie gar kein persönliches Verhältnis zu Jesus von Nazareth besaßen. Und vielleicht ist es die Güte Gottes, daß uns das alles unter den Händen zerbrach und zerbrechen will.

Jesus wollte das alles jedenfalls nicht. Er will kein Pauschalchristentum der großen Masse, er will keine Propagandaorgien der Kirche. Sondern er will ganz still und ganz schlicht jedem einzelnen von uns begegnen und ihn anschauen. Und indem wir dann ganz allein und still vor ihm stehen, vor ihm, der gleichsam von innen erleuchtet ist durch die Fülle Gottes, die in ihm wohnt, merken wir plötzlich, daß wir Gott verloren haben und daß wir heimatlos geworden sind und daß ein Abgrund zwischen uns und unserem Vater gähnt. Indem uns das vor seiner stillen Gestalt deutlich wird, merken wir zugleich, wie *er* ja in diesem Abgrund steht und uns hinüberhilft und daß sein Kreuz wie eine Brücke darübergelegt ist. Wir sehen, wie er mit uns leidet und stirbt und die Sünde trägt, wie er in allem einer der Unseren ist und unser Kamerad im Tod und im Abgrund wird.

Hätte er das alles als König an der Spitze jener zwölf Legionen Engel gekonnt? Hätte er das vermocht, wenn er im Purpurmantel über die großen Paradestraßen geschritten, wenn er prominent und ein Star gewesen, wenn hinter ihm der dröhnende Rhythmus seiner marschierenden Kolonnen zu hören gewesen wäre?

Nein – das konnte er nur, wenn er sich so tief herabließ, daß jeder unter uns sagen muß: Ich bin arm, aber dieser mein Bruder ist noch ärmer; ich muß in die Todesnot, aber dieser mein Bruder hat sie noch tiefer geschmeckt; ich fühle mich von Gott verlassen, aber dieser mein Bruder hat die Bitternis jener Trennung noch herber erduldet und lauter in die Nacht von Golgatha hinausschreien müssen, als ich es in meinen dunkelsten Stunden je brauchte.

Deshalb also ist Jesus nicht als messianischer König mit jenen zwölf Legionen Engeln durch die Welt gezogen. Dann hätten wir ihn alle nur von weitem und über jene sorgfältige Absperrung und Distanzierung hinweg, mit der sich das Große dieser Welt zu umgeben pflegt, erblicken und grüßen können. Darum ist er der arme Zimmermannssohn gewesen wie tausend andere auch. Deshalb ist er gestorben wie alle seine Menschenbrüder auch. Deshalb hat er sich nichts erspart, was die anderen auch tragen müssen. Irgend etwas in uns allen ist ja erbarmenswert, auch wenn wir nach außen eine ganz passable Figur machen. Irgendwo stehen wir alle »einsam im Regen«. Und eben in *dieser* Schicht unseres Ich, wo wir arm sind, ist Jesus unser Bruder.

Darum ist er auch – das ist nun die andere Folge – der verborgene, der heimliche König geworden, so verborgen, daß man ihn übersehen kann, daß man über den Acker von Nazareth, Bethlehem und Golgatha hinwegschreiten kann, ohne ihn zu bemerken, daß man über den Acker der Kirche gehen kann, ohne in all dem Schmutz und in all der kleinkarierten Verhüllung die Perle zu bemerken. Es hat Gott gefallen, die Perle der Gotteskindschaft nicht in eine goldene Fassung einzufügen und in ein Galaschaufenster unserer großen Städte zu legen, wo man sie nicht erreichen kann und nur die Klugen, Begüterten und Plutokraten dieser Welt sie kaufen könnten. Sondern es hat ihm gefallen, sie in einen ganz gewöhnlichen Acker zu legen, in einen Acker wie alle anderen auch, über den der schwere und mühsame Schritt der Menschen geht, und wo sie auch der Ärmste finden kann.

So können wir jedenfalls eines in dieser Stunde lernen: Wir wollen uns nicht wie jene Leute, die blasiert fragen: »Was kann aus Nazareth Gutes kommen?«, an dem armen und steinigen Acker stoßen, in dem die Perle ruht. Wir wollen uns nicht daran stoßen, daß diese Perle – Jesus Christus – im Acker eines Landes gelegen hat, das an der Peripherie des Weltgeschehens liegt und uns in vieler Hinsicht fremd ist. Wir wollen ihn dadurch nicht relativiert sein lassen. Wir wollen uns nicht daran stoßen, daß sie in einer Zeit ans Licht trat und vor uns aufleuchtete, über die wir uns im Atomzeitalter und in der Epoche der Düsenflugzeuge erhaben dünken.

Sondern wir wollen die Perle lieben, weil sie sich nicht zu gut dünkte, in jenen armen Acker gesenkt zu werden, und weil sie sich darum auch heute nicht zu gut ist, um von unseren armen und leeren Händen aufgehoben zu werden: In diesen Händen – was haben sie nicht alles getan! – in diesen Händen dürfen wir die Herrlichkeit Gottes fassen und ans Herz drücken. Und mit diesem Munde – was ist ihm nicht schon an Verruchtheit und Zerstörung entquollen! – dürfen wir seine Gnadengabe am Tische des Herrn empfangen. Wenn ihm der Acker nicht zu schmutzig ist, werden es unsere Hände auch nicht sein.

So ist Gott aus Liebe und tiefer Herablassung verborgen, ist er versteckt im Acker. Wir müssen ihn suchen, wie man die Gestalt eines Vexierbildes sucht.

Was bedeutet nun dieser Acker? Der Acker, in dem der Schatz liegt, ist nichts anderes als das Territorium, auf dem sich mein Leben abspielt. Der Acker ist gar nichts anderes als unser Leben, in dem wir wirken und werken oder dahinschlendern.

Und in diesem unserem Leben ist es mit der Verborgenheit Gottes genauso wie mit jenem Schatze im Acker: Wie manche Perle ist verhüllt in einem Schmerz, der unser Leben trifft, in der Heimsuchung etwa, die wir ertragen müssen, wenn wir am Grabe eines geliebten Menschen stehen, wenn wir uns im Heimweh der Gefangenschaft über Jahre hin verzehren müssen, wenn unsere Ehe zerbricht oder wenn uns von den Menschen Unrecht getan wird.

Dieser Arbeiter auf dem Feld ist zuerst wohl erschrocken, als sein Pflug an einen Widerstand stieß. Da dachte er:»O dieser verfluchte Stein!« Wie manches Mal schimpfen auch wir und regen uns auf über die harten Schicksalsbrocken, auf die der Pflug unseres Lebens stößt, über die sinnlosen Klötze, die uns das Schicksal zwischen die Beine wirft. Und in Wirklichkeit ist es die Perle, ist es der Schatz, der auf uns wartet.

Vielleicht ist der eine oder andere unter uns, der nach einem Jahrzehnt der Gefangenschaft hierhergekommen ist, um Gott das Gelübde seines Dankes zu bezahlen. Er weiß sich dem Netz dieser schauerlichen Jahre noch kaum zu entringen. Die Öde der durchlittenen Hoffnungslosigkeit, der Sadismus dessen, was Menschen ihm angetan haben, greift wie mit Polypenarmen nach ihm und läßt ihn noch gar nicht richtig daheim sein. Er ist noch immer ein beunruhigter Wanderer im Niemandsland zwischen zwei Welten: zwischen der dunklen, grausigen, die hinter ihm liegt, und der Heimat, die ihm immer noch unfaßlich und wohl ebenso fragwürdig ist wie dem Odysseus sein Ithaka, an dessen Strand er eines Morgens erwachte.

Und doch, wenn er zurückblickt, muß nicht auch er (selbst er, den der durchlittene Jammer noch bis in die Träume verfolgt) es bekennen, daß sogar in dem Grau-in-Grau oder auch im Blutigrot dieser dämonischen Jahre immer wieder jene geheimnisvolle Perle aufleuchtete? Hat er nicht Tröstungen erfahren, von denen Menschen, die in bürgerlicher Sicherheit leben, keine Ahnung haben? Ist ihm nicht hie und da ein gutes Wort zuteil geworden, das eine Leuchtkraft besaß, wie sie sich nur im äußersten Dunkel auswirkt? Ist er nicht mit einer Intensität auf den Ausweg nach oben und auf die Tröstungen von oben verwiesen worden, die es auf den glatten Asphaltstraßen des »normalen Lebens« so nicht gibt? Und klingt ihm nicht noch das »Nun danket alle Gott!« bei der Heimkehr in den Ohren – mit einem Klange, wie wir es wohl nie hören können, wenn wir es in der Kirche singen? Hat je einer – außer den Engeln – so singen gehört, hat je einer die Augen der Kinder mit ihren Blumensträußen – und vielleicht waren es die Augen der eigenen Kinder – so überwältigend erlebt wie er? Und rührte dieses Leuchten einer unsäglichen Heimkehr nicht *auch* her von dem Glanze jener Perle, die in den dunkelsten Äckern ruht?

Ist das alles, das Schwere und das Leuchtende, nicht ein einziger Ruf, daß man doch die verborgenen Gnaden Gottes in aller Rätselhaftigkeit der eigenen Führungen sehen und daß man den höheren Gedanken trauen möge, die über unserem Leben gedacht werden?

Summa summarum: Die Perle ist verborgen im Schmerz, sie ist als Schatz versteckt im zerpflügten Acker.

Aber noch etwas zeigt unser Gleichnis: Der Mann bringt Opfer und verkauft alles, was er hat, um den Schatz zu erwerben. Man muß sich, um das Ungeheuerliche dessen zu verstehen, nur einmal die konsternierten Gesichter seiner Nachbarn und Freunde vorstellen, als er sich in völlig unverständliche Unkosten stürzte, um einen Acker zu erwerben, dessen Wert in gar keinem Verhältnis zu seinem finanziellen Opfer zu stehen schien. Die Leute dachten wirklich: »Der Mann ist verrückt!« Er verkauft buchstäblich alles, was er hat, auch alles, was zu den elementaren Bedürfnissen gehört, um den Acker zu kaufen. Er tut also das, was der reiche Jüngling nicht tat.

Damit berührt der Text einen heiklen Punkt, mit dem wir als solche, die Christen sein oder werden möchten, fertig werden müssen. Denn er sagt: Gott wird einem nie nachgeworfen, sondern er kostet etwas. Vielleicht hat das liebende Nachgeben, mit dem Jesus die Verlorenen sucht und dem keine Zöllnerstube, keine Kneipe zu gering ist, den einen oder anderen zu dem Irrtum verführt, als würfe sich Jesus den Leuten auch gegen ihren Willen an den Hals. Wenn das so wäre, nun, dann hätte es ja noch Zeit damit, die Frage der Ewigkeit zu bereinigen. Dann kämen wir immer noch früh genug.

Nein, Gott wird uns nicht nachgeworfen. Alles in der Welt muß bezahlt werden – auch Gott. Und wenn wir bekennen, daß es bei Gott nicht nach dem Leistungsprinzip geht, sondern daß alles aus einer unbeschreiblichen Begnadung kommt, dann hat Gottes Gnade dennoch nichts zu tun mit der gebratenen Taube, die uns von selbst in den Mund fliegt, sondern – nun eben mit der Perle und dem Schatz, die man mit allem, was man hat, erstehen muß.

Ich glaube, auch in dieser Hinsicht hat die hinter uns liegende und von unseren Brüdern im Osten noch immer durchlebte Zeit der Anfechtung einer Klärung gedient. Denn der Glaube ist ja wahrhaftig keine solche Taube mehr. Der christliche Glaube hat begonnen, etwas zu kosten. Man werde bei dem bißchen Windstille hier in Westdeutschland doch ja nicht zu sicher! Es ist schon dafür gesorgt (man braucht nur Robert Jungks Buch »Die Zukunft hat schon begonnen« zu lesen, um dessen versichert zu sein), daß eines Tages die Puppen auch im Westen wieder zu tanzen beginnen. Und niemand kann der Gemeinde Jesu garantieren – auch Gott tut das nicht –, daß sie nicht tatsächlich, daß du und ich nicht tatsächlich noch einmal vor das harte Entweder-Oder des Lutherliedes gestellt werden: *entweder* »Gut, Ehr, Kind und Weib« *oder* »das Reich, das uns doch bleiben muß«.

Und auch wenn es nicht so kommen sollte, haben wir uns zu fragen, ob nicht manches in unserem Leben uns näher steht und wichtiger ist als Jesus Christus und ob dieses Nähere und Wichtigere dann nicht eines Tages der Preis werden könnte, für den wir unseren Christenglauben verkaufen: eine Leidenschaft, ein bestimmter Lebensstil, eine Untreue, eine geschäftliche Manipulation – und wie die Masken des dunklen Gesellen sonst noch aussehen oder heißen mögen.

Wer hier meint, er stehe, der möge zusehen, daß er nicht falle. Ich habe jedenfalls schon wahre Eichen des Glaubens fallen sehen, Bäume, deren Verwurzelung im Erdreich Gottes eben im entscheidenden Augenblick doch nicht konkurrieren konnte mit dem Winde der Zeit, der ihnen in die Krone fuhr und sie herausriß. Wer weiß, ob und wann wir nicht alle zu wählen haben zwischen unserer Wurzel und jenem Wind.

Da sind sie also wieder, die leidigen Worte, die seit alters über dem Christenleben stehen und um deretwillen es von vielen empfunden wird als ein heißes Eisen, das man besser nicht anfaßt, die Worte: entweder-oder. Verkaufe dies und laß das! Die Worte: »Man kann nicht Gott dienen und dem Mammon.«

Hat unser Christenleben nicht immer wieder dies negative Vorzeichen der Entsagung? So ging es ja auch dem Manne des Gleichnisses, der nahezu auf alles, was sein Leben erfüllte, verzichten mußte, um den Schatz zu erschwingen.

Aber nun braucht man nur sein Gesicht anzuschauen, um zu ermessen, wie ihm zumute ist. Es heißt ja, daß er »hinging vor Freuden«, um alles loszuwerden, was er hatte. Er sagt nicht etwa schmerzverzerrt zu sich selber: »Jetzt habe ich die ernsten Forderungen Gottes erkannt, und nun muß ich eben wohl oder übel die Konsequenzen ziehen.« Nein: Er ging hin »vor lauter Freude«. Das war doch seine große Entdeckung: Dieser Schatz und diese Perle wiegen alles, alles auf; sie überstrahlen alle Verluste, allen Spott der Nachbarn, alles Hangen an lieben Gewohnheiten und lieben Sachen; sie ersetzen mir hundertfach alle materiellen Einbußen und alle Einschränkungen meines Lebensstandards, die ich für dieses Eine und Größte meines Lebens in Kauf nehmen muß.

Das ist die Botschaft dieses Textes: Gewiß, der Christenglaube bringt uns manchmal in Konflikte, wo die Weltleute völlig ungehemmt sind. Er stellt uns nicht selten vor ein Entweder-Oder, das gewisse Strapazen macht und das uns in schwachen Minuten etwas neidisch auf die Unbekümmertheit der Gleichgültigen blicken läßt.

Aber der Ton liegt eben *nicht* auf dem Lassen, sondern auf dem Bekommen. Daher sind die Christen nicht mit zusammengebissenen Zähnen, sondern lobend auf den Rachen der Löwen zugeschritten. Deshalb haben die Jüngerinnen angesichts des Schafotts – wie uns Gertrud von le Fort erzählt – gesungen. Darum ist es keine düstere Askese, sondern ein schwingentragender Gedanke, wenn wir singen: »Gib, daß ich nichts achte, nicht Leben noch Tod, und Jesum gewinne: dies eine ist not.«

Dieses Licht der Perle leuchtet in der Nacht der Katakomben und überstrahlt das Dunkel aller Schmerzen, die je einer um Jesu willen erlitten hat und erleiden wird. Und solche, die es wissen müssen, haben es bezeugt, daß die Perle um so heller zu leuchten begann, je dunkler es in ihren Bombenkellern, in ihren Gefängniszellen und in ihren Krankenstuben wurde. Darum sind die Christen auch von Haus aus fröhliche Leute, und es ist nicht weniger als eine Verleugnung ihres Herrn, wenn sie den Humor verlieren.

Und noch etwas müssen wir bedenken: Als der Mann den Schatz gefunden hatte, war alles für ihn verwandelt. Er schaute mit ganz neuen und anderen Augen in die Welt. So ist es ja immer: Wenn man etwas ganz Kostbares gefunden hat – seine Lebensgefährtin z.B. oder einen Freund oder eine berufliche Erfüllung –, dann wird alles andere daran gemessen und rückt in die zweite Linie; es wird sozusagen relativiert. Wie anders hat der Mann jetzt über die Äcker hingeschaut! Er hat den Acker nicht mehr an seinem eigenen Wert, an seiner Fruchtbarkeit gemessen, sondern daran, daß der Schatz in ihm liegt.

Gewöhnlichen Augen erschien er wie alle anderen Äcker auch. Aber der Bauer wußte um das Geheimnis, das auf seinem Grunde lag.

So bekommen wir Christen in der Nachfolge Jesu nicht nur ein anderes Herz, sondern auch andere Augen. Wir sehen die Perle in den Dingen. Das geht bis ins einzelne: Wie anders erscheint uns die Natur, wie anders ein Sonnenaufgang, wie anders die herbstliche Frucht der Felder, wenn wir die Perle und den Schatz entdeckt haben! Wir können das alles dann nicht mehr bloß ästhetisch, als ein bloßes Stück Erdenschönheit, genießen, sondern wir sehen es mit den Augen des 104. Psalms als einen jubelnden Lobpreis des Schöpfers und sehen durch »Wolken, Luft und Winde« gerade hinein in das Herz des Vaters, der uns mitten in diesem Garten der Herrlichkeit seine lieben Kinder sein und aller Augen auf sich warten läßt. Wir sehen die Natur auf einmal mit anderen Augen an – genau wie der Bauer den Acker mit ganz anderen Augen ansieht, seit er den Schatz gefunden hat.

Und wie anders sieht auf einmal der Nächste aus! Er ist nun nicht mehr – jedenfalls nicht primär – der Mann, der uns nützt oder schadet, der uns sympathisch oder unsympathisch ist, sondern er wird nun plötzlich in unseren Augen zum Träger der kostbaren Perle. Auch wenn er vielleicht ein armer oder böser Wicht ist, wenn er ein sehr steiniger und unfruchtbarer Acker ist, mit dem man nicht viel anfangen kann, dann sehen wir doch, daß er teuer erkauft ist, daß das Auge unseres Heilandes auf ihm ruht und daß er sich für ihn hingegeben hat, um ihn für die Ewigkeit zu gewinnen. Unser erneuertes Auge sieht auf einmal, wie Luther es ausgedrückt hat, daß er eine goldene Kette um seinen Hals trägt und daß er der Träger eines heimlichen Schatzes ist. Es gibt nichts, was Jesus nicht verwandelt, wenn er in unser Leben tritt. Er durchdringt alles und pflügt alles um, und wir werden selber Leute mit anderen Augen, wenn Jesus uns ansieht. Und wo andere, wo die Nachbarn des Bauern nur einen steinigen Acker sehen, da erkennen wir das kostbare Geheimnis Gottes.

Verstehen wir jetzt, warum der Bauer alles verkauft und läßt, einfach vor Glück und Jubel dahingibt? Ihm wurde es sonnenklar: Nur eines ist not, nur der Schatz. Wenn ich den habe, dann habe ich alles andere auch. Aber zuerst muß ich eben den Schatz haben.

Wir machen ja alle den Fehler, daß Gott für uns nicht das eine und einzige ist, daß er uns nur ein religiöser Lebenszusatz, aber nicht das Leben selbst ist. Ein »bißchen« Gott, ein »bißchen« Ewigkeit, ein »bißchen« Religion mitten im Grau des Alltags und in der Härte des Leistungskampfes – wer wollte das entbehren! Das hellt das Dunkel der täglichen Misere ein wenig auf, das ist ein kleines Lebenspolster und wirkt mildernd und entschärfend in der Härte des Tages. Ein »bißchen« Gott!

Aber Gott ist kein solcher Zusatz, und die Perle ist kein Zimmerschmuck, an dem wir uns in müden Augenblicken erbauen. Hätte der Mann nicht alles andere der Perle nachgeordnet und losgelassen, hätte er nicht alles verkauft und also »Nägel mit Köpfen« gemacht, so hätte er sie nie bekommen, sondern sie nur von ferne gesehen, und ihr Leuchten wäre an ihm vorübergegangen. Ja noch mehr: Er wäre sogar unglücklich geworden, weil er die Perle nicht hätte vergessen können.

Wie viele Menschen kommen durch Jesus Christus tatsächlich in einen solchen Zwiespalt und werden an ihm unglücklich! Sie spüren: »Den müßte ich haben. Der könnte mein Leben reich und neu machen.« Aber zugleich lieben sie das andere, das sie nicht lassen möchten: ihre Karriere, die nicht zu Bruch gehen soll; ihre Ehre vor den Menschen, die sich dem Spott nicht auszusetzen wagt; ihr Geld, ihre Bequemlichkeit, die der Not des Nächsten nicht zur Verfügung stehen dürfen. Und weil sie dies alles nicht lassen wollen, weil sie nach beiden Seiten schielen und auf beiden Schultern Wasser tragen wollen – das Wasser Gottes und das Wasser des Mammons –, darum gewinnen sie die Perle nie, und ihr Herz wird in einem Zwiespalt zerrieben, der oft genug in offenen Haß gegenüber dem Unruhestifter Christus übergeht. Wenn irgendwo, dann gilt es auch hier: »Die Freiheit und das Himmelreich gewinnen keine Halben.« Nicht Jesus Christus macht uns unruhig und zwiespältig, sondern unsere Halbheit, die dieses tun und das andere nicht lassen möchte.

Darum ist es wohl ein Kampfruf, wenn Jesus sagt: »Nur eins ist not«; ein Ruf zum Kampfe nämlich gegen all das viele, das uns *auch* noch besitzen und besetzt halten möchte.

Aber zugleich ist es ein Ruf zum Frieden.
Wenn wir dies eine haben, bekommen wir die ruhigen Augen und den langen Atem derer, die sich nicht mehr an die Ängste, Sorgen und Hoffnungen alles dessen verlieren können, was uns so täglich über den Weg läuft, sondern die wissen, was zuletzt bleibt, wenn alles andere fällt, die den Maßstab bekommen für das, was im Reiche Gottes groß und klein ist, und die deshalb bei manchem zurückzucken, wo die Welt bedenkenlos mitmacht; und umgekehrt: die bei manchem singen und loben und lachen lernen, wo die Welt die Nerven verliert.
Sind unsere Augen und ist unser Atem nicht neu geworden? Wie anders sehen die Äcker und sieht die Welt nun aus, wo wir Haushalter über Gottes Geheimnisse sein dürfen! Wie klein und billig sieht nun manches aus, was uns vorher groß und begehrenswert erschien; und wie anziehend und glückhaft manches, das wir vorher verachteten! Das ist die Umwertung aller Werte durch die Nachfolge Jesu.

DAS GLEICHNIS
VON DER BEDRÄNGTEN WITWE

Er sagte ihnen aber ein Gleichnis davon, dass man allezeit beten und nicht laß werden solle, und sprach:
Es war ein Richter in einer Stadt, der fürchtete sich nicht vor Gott und scheute sich vor keinem Menschen. Es war aber eine Witwe in dieser Stadt, die kam zu ihm und sprach: Rette mich von meinem Widersacher! Und er wollte lange nicht. Danach aber dachte er bei sich selbst: Ob ich mich schon vor Gott nicht fürchte noch vor keinem Menschen scheue, dieweil aber mir diese Witwe so viel Mühe macht, will ich sie retten, auf daß sie nicht zuletzt komme und betäube mich.

Da sprach der Herr: Höret hier, was der ungerechte Richter sagt! Sollte aber Gott nicht auch retten seine Auserwählten, die zu ihm Tag und Nacht rufen, und sollte er's mit ihnen verziehen? Ich sage euch: Er wird sie erretten in einer Kürze. Doch wenn des Menschen Sohn kommen wird, meinst du, daß er auch werde Glauben finden auf Erden?

LUKAS 18, 1-8

Man kann auch dieses Gleichnis nicht ohne ein gewisses Erschrecken darüber anhören, wie außerordentlich gewagt Jesu Vergleiche gelegentlich erscheinen.

Einmal vergleicht er Gott mit einem ungerechten Haushalter, und hier muß die nicht weniger fragwürdige Figur eines sehr unseriösen Richters herhalten, um uns Gottes Verhältnis zu unseren Gebeten zu verdeutlichen.

Aber dadurch wird die große Kette von Fragen, die sich um das Geheimnis des Gebetes schlingt, schließlich nur um ein Glied erweitert. Eines der vielen Rätsel, die uns hier entgegentreten, besteht darin, daß Gott nichts Geringeres tut, als seiner betenden Gemeinde die Teilnahme an seinem Weltregiment anzubieten. Wir kennen ja die Geschichte, die uns berichtet, daß es einmal auf zehn Gerechte und einen Beter angekommen sei, wenn das Schicksal von Sodom und Gomorra hätte gewendet werden sollen (1. Mose 18, 20ff.). Wir erinnern uns aber auch des alten Berichtes, daß Mose die Hände während der Schlacht zum Gebet erhob und daß der Verlauf dieses Kampfes zwischen Israel und Amalek sich änderte, je nachdem, ob er sie hochhielt oder ob er ermüdete und sie sinken ließ (2. Mose 17, 11f.).

Aber was sollen uns diese alten Geschichten! Wenn wir heutzutage über das Weltregiment nachdenken, dann berechnen wir die Machtkonstellationen: Wir stellen fest, welches ideologische, wirtschaftliche und militärische Potential jene Männer hinter sich haben, die Geschichte machen. Wir informieren uns darüber, wieviel Divisionen der Osten und wieviel Divisionen der Westen besitzt, wie es mit der

Raketenrüstung und der Stahlproduktion steht. *Das* sind doch die realen Faktoren, die auf dem Schachbrett der Geschichte eine Rolle spielen. Die großen *Täter* scheinen das Geschäft zu machen. *Sie* sind es doch offensichtlich, die das Spiel der Kräfte dirigieren.

Und nun wird uns hier gesagt, und es wird unserem Glauben zugemutet, daß Gott seine *Beter* am Weltregiment beteiligt, daß wir um Frieden und um gedeihliche Witterung, um die Wiedervereinigung unseres Vaterlandes und die Befreiung von der Tyrannei bitten dürfen. Wenn es ernst gemeint sein sollte, daß das Gebet eine Weltmacht ist (und wenn es *nicht* ernst gemeint wäre, so wäre unser Glaube nichts, und wir wären die elendesten und verratensten unter allen Menschen), dann ist das ein Wort, das uns erschauern läßt.

Aber es kommt noch massiver.

Hier im Gleichnis wird die betende Gemeinde unter dem Bilde einer Witwe dargestellt, der man unrecht getan hat, die ihrem Gegner völlig hilflos gegenübersteht und die auch bei dem Richter nur gegen die harte Wand einer steinernen Gleichgültigkeit rennt. Eine Witwe ist eine Frau, die den männlichen Schutz verloren hat und mit der man darum oft Schindluder treibt. Denn die meisten Menschen sind erbarmungslos und kalt genug, sich nur von jemandem beeindrucken zu lassen, der eine Macht hinter sich hat und sich seiner Haut wehren kann. Eine Witwe ist nicht selten eine quantité négligeable, ein Nichts, über das man zur Tagesordnung übergeht.

Und ausgerechnet die Gemeinde, die so als wehrlose Witwe ohne männlichen Arm und Schutz vorgestellt wird, ausgerechnet diese Gemeinde, die wie zum Zeichen ihrer Wehrlosigkeit die Hände gefaltet hält, ausgerechnet diese Gemeinde soll durch ihr Einstehen vor Gottes Thron am Weltregiment beteiligt sein und an der göttlichen Verfügungsgewalt über Krieg und Frieden, Fluch und Segen teilhaben? Ist das nicht eine gar zu phantastische Zumutung? Aber nichts Geringeres wird uns versichert und verheißen.

Wissen wir noch, wie damals, als die Bomben regierten, als unsere Söhne, Männer und Brüder erbarmungslos hinweggemäht wurden, als wir in die Kapitulation und den Triumph der Weltmächte wehrlos hineingezerrt wurden, wissen wir noch, wie da plötzlich die Macht der Beter wie eine blinkende Wehr vor uns aufleuchtete und wie uns eine Ahnung davon überkam, daß sie realer sei als das ohnmächtige Spiel der Täter und der sogenannten realen Faktoren? Erinnern wir uns noch, wie damals Reinhold Schneiders Sonett uns tröstete, als es, tausendfach abgeschrieben, auf zerfetzten Zetteln unter uns umging:

> Allein den Betern kann es noch gelingen,
> das Schwert ob unsern Häuptern aufzuhalten ...
> Denn Täter werden nie den Himmel zwingen;
> was sie vereinen, wird sich wieder spalten,
> was sie erneuern, über Nacht veralten,
> und was sie stiften, Not und Unheil bringen.

Sind die Täter und die sogenannten realen Faktoren nicht alle unwissend in ein Spiel hineingezogen, über das ein Anderer Regie führt? Ist denn schon je von einem weltgeschichtlichen Täter wirklich ein Programm durchgeführt worden, in dem er seinen Willen verwirklichte? Ist sein Tun nicht letzten Endes immer umgebogen, seiner Verfügung entrückt worden und auf geheimnisvollen Wellen von ihm weggeschwommen? Stand er nicht selber auf dem Programm, das ein *Anderer* aufgestellt hatte – ein Anderer, von dem er sich nichts träumen ließ, weil er immer nur von sich selber träumte? Was haben denn Cyrus und Nebukadnezar, was haben Hitler und Stalin wirklich gewußt von der Rolle in dem Drama, das jener Andere gedichtet hatte und nun aufführte und das in seinem letzten Akt vor dem Throne Gottes enden und die Wiederkunft des Herrn sehen wird? Die Gemeinde Jesu ist gewiß eine wehrlose Witwe, und wenn sie Kirchenpolitik treibt und in Taktik macht, dann führt das nicht weit; dann ist das nur ein armer Pfeil, der gegen gepanzerte Riesen abgeschossen wird.
Aber diese Gemeinde hat eines: Sie hat Zugang zu jenem Anderen, der das Weltdrama abrollen läßt. Darum hat sie größere Macht als die glanzvollen und üppigen Figuren, die in ihrem glitzernden Harnisch auftreten und abtreten. Zuletzt wird nur noch Jesus Christus auf der Weltbühne stehen. Dann wird deutlich werden, daß durch

alle Akte des Weltschauspiels ein geheimnisvoller Zug, eine gleichsam ordnende Tendenz spürbar ist, die auf dieses große Finale der Geschichte hinweist. Und alle, die sich groß dünkten, die da auf- und abtraten und die uns kleine Leute im Parkett der Geschichte für Minuten in Atem hielten und ins Zittern bringen konnten, alle diese konnten letzten Endes gar nichts anderes tun, als diesen *einen* königlichen Augenblick Gottes herbeizuführen. Von diesem Finale wußten sie nichts, weil sie dem Wahn verfallen waren, selber das Weltdrama zu dirigieren, während sie doch nur als Statisten darin auftraten und einen Augenblick lang in pompöser Theatergarderobe über die Bühne schreiten durften, um auf der anderen Seite in den Kulissen zu verschwinden.

Wenn wir einmal die umgebenden Texte studieren, in die unser Gleichnis eingebettet ist, werden wir bemerken, daß sie alle von diesem letzten Augenblick der Geschichte berichten und daß man das Wort von der bittenden Witwe nicht verstehen kann, wenn man es nicht im Lichte dieses letzten Tages sieht. Die Gemeinde darf bitten: »Dein Reich komme!« Sie hat damit *Einfluß* auf diesen letzten Tag. So sind ihr auch alle vorangehenden Tage, so ist ihr der erste, zweite und dritte Akt des Weltschauspiels ebenfalls anvertraut. Denn diese alle sind ja geheimnisvoll auf den großen Sieg Gottes hin geordnet. Die Reiche der Welt sind im Gehen; Gottes Reich aber ist im Kommen. Die Gemeinde Jesu sitzt sozusagen am längeren Hebelarm, darum kann sie es sich leisten, selber den ohnmächtigen Arm einer Witwe zu haben. Sie kann mit gefalteten Händen jenen Hebelarm herunterdrücken, während auf der anderen Seite, an seinem kurzen Teil, das Gewicht aller Weltmächte und Täter, die Last ihrer Divisionen und die Millionen Tonnen ihrer Stahlproduktion nicht ausreichen, den Hebel auch nur um Millimeter herunterzudrücken. Denn die arme Witwe sitzt am strategischen Schlüsselpunkt des Weltgeschehens: Sie ruht am Herzen Gottes, und Gott hat ihr verheißen, daß dieses sein Herz nicht taub sein werde gegenüber dem, was sie bittet. Wer Einfluß auf Gottes Herz hat, regiert die Welt. Die arme Witwe ist wahrlich eine Weltmacht.

So hat es denn seinen guten Sinn, wenn wir einmal zusehen, *wie* sie nun betet. Vielleicht klärt sich dann auch manches auf, was uns zunächst so befremdlich an diesem Gleichnis berührt.

Das erste, was uns beim Beten dieser Frau auffällt, ist die unglaubliche Intensität, mit der sie ihre Bitte vorbringt. Sie ist von Leuten umzingelt, die sie vielleicht von Haus und Hof vertreiben und die ihren Kindern an den Kragen wollen. Und nun weiß sie inmitten dieser äußersten Not, daß ihr gar nichts mehr hilft: keine Bittgänge zu ihren Feinden, keine klugen Schachzüge, auch nicht ihre Energie und Tüchtigkeit, von denen sie hoffen dürfte, daß sie sich allen Tücken des Schicksals gegenüber durchsetzen würden. Es gibt Situationen, in denen das alles nicht mehr hilft, und es ist wohl niemand unter uns, der nicht schon in einer solchen Patsche gesteckt hätte. Sie weiß, daß ihr nur eines (wirklich: nur ein einziges!) helfen kann: daß sie diesen *einen* Mann für sich gewinnt. Und dieser *eine* Mann braucht seinerseits nur wieder ein *einziges* Wort zu sprechen, und alle Not ist gebannt. Man muß eben an die rechte Schmiede gehen, und es kommt im Leben alles darauf an, den richtigen strategischen Punkt zu finden, von dem aus sich alle not- und angstvollen Situationen beherrschen lassen. Darum setzt die Witwe alles auf diese *eine* Karte: daß sie eben diesen Mann gewinnt.

Es ist sicher auffallend, daß in den letzten Sätzen sich immer wieder das Wort »dieser Eine« und »dieses Eine« wiederholt hat: dieses Eine, auf das alles ankommt. Und unwillkürlich denken wir an das Gebetslied: »Eins ist not; ach Herr, dies Eine lehre mich erkennen doch!«

Eben dies will uns der Herr tatsächlich sagen: Wenn ihr damit Ernst machen würdet, wenn »du« damit Ernst machen würdest, daß Gott im Regimente sitzt, daß er dein persönliches Geschick und daß er auch Frieden und Krieg der Völker in seiner Hand hält, und wenn du außerdem die Zusicherung ernst nähmest, daß du bei alledem mitreden darfst und daß Gott auf dich hören will; wenn du es also ernst nähmest, daß auf diesen Einen und auf dieses Eine alles ankommt, dann würdest du *auch* mit dieser Unnachgiebigkeit, mit dieser Intensität, ja mit dieser Penetranz Gott in den Ohren liegen. Wer von uns

hat das denn schon ausprobiert, so auf Gott loszustürmen? Wer von uns hat denn schon einmal eine ganze Nacht hindurch gebetet?
Ich weiß genau, was jetzt der eine oder andere denkt, wenn ich das alles so massiv und beinahe wehetuend derb zu sagen wage. Er wird denken: »Dieses Gott-in-den-Ohren-Liegen ist einfach respektlos. Dabei nehme ich mich selbst ja viel zu wichtig.« Wir sehen das doch schon im rein menschlichen Bezirk: Wenn ein Bittsteller wie eine Klette an uns klebt, dann ist er uns lästig; wir finden das abstoßend, und schließlich beginnt sogar unsere Gutmütigkeit zu streiken.
Bei Gott aber ist das ganz anders. Hier lassen uns die Parallelen der Gleichnislinien im Stich. Wenn wir *ihm* nämlich in den Ohren liegen, dann ist das gerade kein Zeichen der Respektlosigkeit, sondern dann ist das ein Zeichen dafür, daß wir ihn ernst nehmen, nämlich mit seinen Verheißungen beim Worte nehmen. Wäre Jesus Christus nicht da, und wäre uns an seinem Kreuz nicht offenbar geworden, daß Gott uns lieb hat und daß er sich diese Liebe etwas kosten läßt, daß er sein eigenes Herz für uns hat zerreißen lassen, dann wäre das alles freilich Größenwahnsinn. Wie sollte auch ein Mensch von sich aus auf die Idee kommen, daß Gott sich für uns interessiert? Aber nun dürfen wir im Namen dieses Mannes Jesus kommen. Und Gott freut sich, wenn wir das tun, weil er daran erkennt, daß wir uns auf sein Herz verstehen und daß wir nun nicht mehr »fromm« und vornehm sind, sondern vor ihm ein hilfloses Kind zu sein wagen.
Auf jeden Fall aber ist es ein fauler Zauber und eine Scheinfrömmigkeit, wenn wir sagen: »Ich will Gott nicht mit meinen kleinen Dingen kommen, ich will ihn nicht um schönes Wetter für einen Ausflug bitten, ich will ihm nicht zumuten, mir im Examen zu helfen. Mein Vater im Himmel weiß doch auch so, wessen ich bedarf (er ist doch allwissend!); sein Wille möge geschehen.« An dieser Art Superfrömmigkeit und an dieser altklug-gönnerhaften Resignation hat Gott keine Freude, weil wir ihm damit seine eigenen Worte im Munde herumdrehen.
Wer nämlich von vornherein, ehe er überhaupt seinen Mund richtig aufgemacht hat, immer schon sagt: »Dein Wille geschehe!«, der traut

Gott im Grunde gar nichts mehr zu; der sagt sich in seinem Herzen: »Das Schicksal nimmt ja doch seinen Lauf, der liebe Gott hat sich aufs Altenteil gesetzt und denkt gar nicht daran, um meinetwillen zu intervenieren. Und vielleicht ist er selbst nur eine Umschreibung, eine Personifizierung des Schicksals.« Die frommen Leute, die in dieser Weise immer nur sagen: »Dein Wille geschehe!«, nehmen es gerade nicht ernst, daß Gott seinen Kindern ein Mitspracherecht bei allem und jedem eingeräumt hat. Sie legen sich auf die faule, ungläubige Haut, und schließlich sagen sie auch nicht einmal mehr: »Dein Wille geschehe!«, sondern sie sagen: »Es kommt doch alles, wie es kommen muß.«

Die Bitte: »Dein Wille geschehe!« darf nie das erste bei unserem Beten sein. Darum muß man hier aufpassen. Zuerst muß ich vielmehr, wie Luther einmal sagt, meinen Mantel weit aufmachen, zuerst muß ich kräftig, herzhaft und ganz ungeniert alles sagen, was ich von meinem Vater haben will. Dies und nichts anderes verlangt er von uns, denn er will ja gar nicht mehr »Gott« sein (so wie wir ihn uns vorstellen), sondern er will unser Vater sein, mit dem seine Kinder frisch und offen reden und sogar Unsinn reden dürfen. Denn wie oft ist es ja tatsächlich dummes Zeug und »Makulatur«, was wir betend sprechen. Um nämlich ernsthafte Bitten vortragen zu können, müßte ich ja wirklich *wissen*, was mir not tut. Und um zu wissen, was mir not tut, müßte ich meine eigene Lebensgeschichte und auch die Lebensgeschichte anderer Menschen, ja die Weltgeschichte selbst richtig deuten können. Kann ich das aber? So bete ich etwa darum, daß ich gesund werde; in Wirklichkeit aber habe ich es bitter nötig, die Schule des Leidens noch weiter zu besuchen. Ich bete darum, daß ich Karriere mache oder im Toto gewinne; aber Gott braucht mich ganz woanders; und er weiß, daß Erfolg und Geld bei meinem Charakter Gift für mich wären. So bete ich mitten in einem Kriege um das Geschenk des Friedens; Gott aber weiß, daß wir den Kelch vollends leeren müssen. Auf diese Weise vollziehe ich in meinem Gebet lauter falsche Diagnosen, lauter Fehldeutungen. Und darum ist unser Beten oft ein Reden »ins unreine«.

Aber haben wir Väter und Mütter es schon je unseren Kindern übelgenommen, wenn sie Unsinn mit uns redeten und wenn sie sich wünschten, daß wir ihnen ein Pferd oder einen Porsche oder einen Düsenjäger kaufen sollten? Das können wir natürlich nicht erfüllen, auch wenn wir das Geld dafür hätten oder der Kaiser von Amerika wären, weil es den Kindern gar nicht bekäme. Und sie beruhigen sich denn auch schnell, wenn wir es nicht tun, und sind uns nicht böse, weil sie ja wissen, daß wir es gut mit ihnen meinen.

So sollten wir denn, nachdem wir in unserem Gebet aus unserem Herzen keine Mördergrube gemacht haben, am Schluß einen dicken Strich ziehen und dann (aber erst dann!) sagen: »Dein Wille geschehe, du wirst es schon recht machen, du wirst schon das Richtige aus all unserem Gebetsunsinn herausholen. Du weißt ja am besten, was wir wirklich nötig haben.«

Verstehen wir jetzt, warum die Witwe so intensiv, so unablässig und geradezu massiv dem Richter in den Ohren liegt? Und darum nochmals die Frage: Wer von uns hat das denn je schon einmal ausprobiert? Wer von uns hat es denn schon riskiert, Gott einmal so radikal und konsequent bei seinem Wort zu nehmen, daß er von uns gebeten sein *will* und daß er aus *jedem* Gebet das Richtige herausholt?!

Zweitens: Die Intensität, mit der die Witwe den Richter anfleht – im Urtext kommt noch deutlicher zum Ausdruck, daß sie immer und unablässig wiederkommt –, hängt nun auch damit zusammen, daß der Richter ungerecht ist und ein steinernes Herz hat. Er ist ein Mann, dessen Gerechtigkeit – sehr vorsichtig formuliert – jedenfalls nicht auf den ersten Blick zu erkennen und auf den ersten Anhieb zu haben ist. Wäre sie das doch, dann brauchte die Witwe wahrscheinlich überhaupt nicht selber zu kommen und erst recht nicht immer wieder zu kommen, sondern eine kurze schriftliche Anzeige würde genügen.

Aber gerade diese *verborgene*, diese nicht auf der Hand liegende Gerechtigkeit spornt sie nun zum letzten Einsatz an. Auch damit gibt uns der Herr einen Wink; denn genauso stur, hartherzig und uninteressiert, wie dieser Richter tatsächlich *ist*, so *erscheint* uns oft Gott. Geht er nicht immer wieder über unsere Wünsche zur Tagesordnung über?

Ist unser Beten nicht immer wieder wie ein Telefonieren, bei dem sich – Rilke gebraucht dieses Bild einmal – auf der anderen Seite niemand meldet oder bei dem er plötzlich abhängt, wenn wir gerade auf *unser* Thema kommen? Regiert uns nicht immer wieder der blinde Zufall, ohne daß wir im geringsten dabei höhere und fürsorgende Gedanken entdecken können? Hat Wolfgang Borchert nicht recht, wenn er am Schluß seiner Erzählung von dem Mädchen, das Selbstmord begeht, sagt: »Ob ein Glasröhrchen zersprang oder ein Herz: Gott hörte von alledem nichts« –?

Wenn wir diese Erfahrungen machen (wer hätte sie wohl noch nicht gemacht!), dann resignieren wir, oder wir knicken zusammen, oder wir ballen die Faust gegen diesen bleiern verschlossenen Himmel. Die Witwe aber fühlt sich gerade durch dies Schweigen des Richters veranlaßt, nur noch *mehr* auf ihn einzudringen.

Ob Gott nicht sehr oft deshalb schweigt, damit wir nicht schicksalsgläubig die Hände in den Schoß legen und uns mit dem Kurzschluß begnügen: »Es kommt doch alles, wie es kommen muß«, sondern damit wir lernen, im Zwiegespräch mit ihm, im Ansturm auf ihn, im unablässigen Kontakt mit ihm zu bleiben? Gottes Gnade ist nicht billig und wird nicht wie sauer Bier ausgeboten. Er liebt die, die mit Gewalt das Himmelreich an sich reißen (Matth. 11, 12). Nur *die* machen dann auch ihre Erfahrungen mit Gott und wissen, was sie an ihm haben. So meint es Kierkegaard, wenn er sagt: Gott begibt sich immer wieder ins »Inkognito«, er macht sich uns ungewiß und sogar zweideutig, damit wir in die Sorge um ihn, in eine bewegte und suchende Unsicherheit gestürzt werden und damit die »unendliche Leidenschaft der Innerlichkeit« in uns erwache. Auch im Leben kann es ja so sein: Wenn ich eines Menschen, den ich liebe, allzu sicher bin, dann kühlt meine Leidenschaft für ihn ab. Auch für die Liebe sind billige Sicherheiten, ist ein Verhältnis ohne Zweifel und Sorge gefährlich. Ob also Gott nicht manchmal deshalb schweigt und wartet, damit ich um so wilder und nachdrücklicher nach ihm suche? Hat es außer der bedrängten Witwe nicht auch das kananäische Weib so gemacht?

Und weiter: Auch im Leben ist es oft so, daß nicht *die* Menschen das meiste für unser Leben bedeuten, die liebenswürdige Charmeure sind und mit denen wir auf den ersten Blick Kontakt haben, sondern gerade zu *den* Menschen ergeben sich oft die tiefsten und fruchtbarsten Beziehungen, die es uns schwer machen und die wir erst in einem oft mühseligen Ausprobieren kennenlernen. Aber dann wissen wir auch, was wir an ihnen haben. Auch im Schweigen und im scheinbaren Sich-Versagen Gottes liegt eine verborgene Güte. Er will uns nur noch leidenschaftlicher nach sich suchen lassen; und derweil hat er uns schon längst gefunden.

Aber gerade wenn wir die Dinge so sagen, wird deutlich, wie völlig und himmelweit anders unser himmlischer Vater ist als dieser Richter: Der ist tatsächlich und in Wirklichkeit so, wie Gott unserer Kleingläubigkeit nur zu sein scheint. Der Richter gibt schließlich nur nach, weil er von der Frau förmlich weich geklopft ist und weil er Angst hat, sie könne womöglich noch rabiat gegen ihn werden.

»Wieviel mehr«, sagt der Herr, »wird euer Vater im Himmel, der doch gerecht ist, seinen Auserwählten Recht verschaffen, die Tag und Nacht zu ihm rufen?!« Das alles ist nicht ohne ein Quentlein von Ironie gesagt: Ihr, die sogenannten Gläubigen, macht gleich schlapp, wenn Gott nicht auf den ersten Flüsterton eures Gebetes zur Stelle und euch zu Willen ist, obwohl doch Gott, wenn er eine Weile mit seinem Trost verzieht, nur sehen will, ob »wir ihm treu verbleiben«, obwohl er doch nur darauf wartet, »dich zu entbinden, da du's am mindsten gläubst«, und auf eine Weise, »daß du dich wundern wirst«. So seid ihr! Und nun schaut euch die Witwe an, die ein ganz anderes Gegenüber hat als ihr und die nicht schlapp macht. Sie muß ein Herz aufbrechen, das hart wie ein Panzerschrank ist. Und ihr braucht mit eurem Gebet bei Gott nur offene Türen einzurennen. Schämt euch vor dieser Witwe!

Drittens: Aber wir müssen noch einen letzten wesentlichen Zug in unserem Gleichnis bedenken. Es ist ja ganz auf den Jüngsten Tag gerichtet und schließt mit der Frage: »Wird der Menschensohn, wenn er wiederkommt, Glauben finden auf Erden?« Oder werden die Leute alle eingeschlafen sein? Wachen, Warten und Beten gehören nämlich zusammen. Wer betet, bleibt wach.

Hier müssen wir Leute von heute erheblich umschalten, wenn wir das verstehen wollen. Wir meinen nämlich: Nur der Mensch ist wach, der »vif« ist, der in seinem Beruf die Augen aufhält, auf seine Chancen aufpaßt, ständig auf dem laufenden und seiner Konkurrenz immer eine Nasenlänge voraus ist und der also eine unablässige Aktivität entwickelt. Gerade so jemand kann aber in einem sehr tiefen Sinne schlafen und träumen.

Das zeigt uns zum Beispiel jene Erscheinung, die man heute die Managerkrankheit nennt. Da handelt es sich um jene scheinbar überwachen, ständig mit Hochspannung geladenen Leute, die dann eines Tages die berühmten Kreislaufstörungen und den Herzklaps bekommen.

Das Unglück dieser Leute liegt aber gar nicht nur in dieser krankhaften Hochspannung und Überwachheit, sondern es liegt noch mehr darin, daß sie über dem aktivistischen Umtrieb die eigentliche und letzte Frage ihres Lebens vergessen, daß sie diese Frage verträumen. Schließlich fragen sie sich verzweifelt: »Wozu das alles? Wozu diese ewige Schinderei? Warum fülle ich als reicher Kornbauer und Manager eigentlich meine Scheunen voll? Was soll mir aller Erfolg, und wohin fahre ich eigentlich mit meinem Mercedes 300?« Man kann nämlich nicht nur vor sich weg*laufen;* man kann auch vor sich weg*fahren,* ganz gleich, ob mit einem Moped oder einem Sportkabriolett. »Die Flügel der Morgenröte«, mit denen man »bis zum äußersten Meer« flieht, sind längst mechanisiert und zum technischen Inventar geworden.

Und weil wir von dieser Frage nach dem Eigentlichen und weil wir von dieser Möglichkeit, daß wir das Thema unseres Lebens trotz allem Erfolg verfehlt haben könnten, beelendet sind, darum stürzen wir uns nur um so toller in unseren Betrieb, um das alles zu betäuben. Ja: um das alles zu betäuben! Verstehen wir? »Betäubung« – das heißt doch: Schlaf! Da träumt man lustig darauf los, obwohl man nach außen hin ein überwacher Realist und Manager ist, dem niemand ein X für ein U vormacht.

Als der reiche Kornbauer die Stimme hört: »Heute nacht wird man deine Seele von dir fordern«, da weiß er plötzlich, daß er sein Leben verträumt hat; er hat die Tatsache verträumt – obwohl er in seiner Ökonomie sonst auch die kleinsten Dinge einkalkuliert hat –, daß alles auf diese eine Nacht ankommt, wenn er vor Gott erscheinen muß.

Und nun sagt uns der Herr: Wer betet (nicht: wer nur arbeitet, sondern: wer betet), der bleibt wach, der verwechselt im Traum nicht das Große und das Kleine miteinander, sondern der behält einen hellwachen und realistischen Sinn für die wirklichen Proportionen des Lebens: »Ewigkeit, in die Zeit leuchte hell hinein, daß uns werde klein das Kleine und das Große groß erscheine.« Wer betet, weiß, daß es nur auf eines ankommt: mit Gott ins reine zu kommen. Wer betet, verliert auch die Lebensangst, weil er weiß, daß die Geschichte – allen Zwischenfällen und Tücken zum Trotz – dennoch programmgemäß am Jüngsten Tag enden wird und daß uns nichts geschehen kann, als was er »ersehen« hat und was uns »selig« ist. Wenn uns aber die Angst genommen wird, dann haben wir auch keine Angst*träume* mehr, sondern dann werden wir wach. Ein Mensch, der mit Gott im reinen ist, hat den Frieden im Rücken und kann im Leben darum schlicht und realistisch sein. Denn Angstträume und Sorgen sind keine guten Ratgeber. Ein Mensch, der Angst hat, taxiert alles falsch ein. Er zittert vor einem Strohhalm, weil er ihn für einen stürzenden Balken hält, und er wird von einem Balken erschlagen, weil er in ihm einen Strohhalm sah. Wer betet, wird aus dem Angsttraum in die Wirklichkeit zurückgerufen, denn er hat die Ewigkeit und den Jüngsten Tag zum Maß.

Wer betet, den erlöst Gott auch von manchen Managerkrankheiten. Denn er nimmt ihm die Sorge und den Umtrieb für den anderen Tag und schenkt ihm statt dessen die Gelassenheit und den Frieden eines Menschen, der dem Jüngsten Tage entgegensieht – jenem Tage, an dem Gott seine Triumphe feiert und an dem alles relativiert ist, was sich im Augenblick für uns kurzsichtige Leute zu einer so unförmigen Scheinwichtigkeit aufbläht.

So verstehen wir denn, daß und warum Jesu Gleichnis mit dieser Frage schließt, ob sich denn Beter finden würden, wenn er wiederkomme. Eines steht fest: Unsere Bitte findet droben Erhörung. Aber finden sich denn hier unten Bittende? *Das* ist das Problem: Nicht ob unsere Gebete Erhörung finden, sondern ob sich Beter finden. Wir Menschen fragen: »Wo ist denn ein Gott, der mich hört?« Und Gott fragt: »Wo ist denn ein Mensch, der mich bittet?« Wer von beiden hat mit seiner Frage recht? Er kommt ja auf jeden Fall wieder, wenn es mit Tag und Stunde so weit ist. Aber wie wird es dann aussehen? Werden die Lampen der Jungfrauen erloschen sein, und wird eine große Finsternis über dem Erdkreis liegen, aus der nur die Umrisse verlassener Dome ragen? Wird dann nur die Posaune des Gerichtes in diese Stille hineinsprechen, weil Gott zum Schweigen verurteilt war, nachdem wir Menschen geschwiegen haben und eingeschlafen sind? Oder wird Gott in dieser nächtlichen Welt hie und da einen leuchtenden Punkt sehen? Wird er die brennenden Lampen finden, an denen er seine Beter erkennt und an denen er sieht, daß hie und da einer gewartet hat und daß er nicht im Stehen oder auch im Rennen eingeschlafen ist? Werde ich einer von diesen leuchtenden Punkten sein, die in dieser Weltnacht so hilfreich sind – nicht nur weil Gott uns so findet, sondern weil sie auch Zeichen und Signale für die Menschen, für unsere Mitmenschen sind, daß Gott im Kommen ist und daß sie um Gottes willen wach bleiben sollen?

Auch wenn es vielleicht nur eine technische Phantasie ist, so könnte es doch ein geistliches Exerzitium für uns sein, uns vorzustellen, wie die Atomtechnik eines Tages das Selbstgericht über unsere Erde bringen, wie sie das Leben vernichten und unseren Stern zu einer verwehenden Staubwolke im Universum machen könnte. Dann wäre alles jäh und restlos am Ende. Dann gäbe es keinen Klang von Mozart mehr, und auch Beethovens Missa Solemnis wäre für immer verklungen. »Sah ein Knab ein Röslein stehn« und auch das Lied vom »Treuen Husar« wären ins Nichts verweht – ebenso wie das Lied der Vögel und der Sternenhimmel und das Leuchten eines Frühlingstages. »Das Meer ist nicht mehr«, sagt eine alte Weissagung (Offb. Joh. 21, 1). Ja, selbst die Erinnerung an alles dies wäre getilgt, weil es keine Sich-Erinnernden mehr gäbe.

Was bliebe dann übrig? Was könnte es dann anderes geben als die weitergehende Geschichte mit Gott, die einmal im Gebete begonnen wurde und die niemals aufhören kann (welche Räume Gott immer für sie ersehen mag)? Was könnte es dann noch anderes geben als unsere Namen, die im Himmel aufgezeichnet sind und die in feuerfesten Tresoren ruhen? Was könnte es nach diesem Feuer noch anderes geben als eben dies?

Der Herr beschließt sein Gleichnis mit einer Frage. Und so soll denn auch diese Betrachtung mit einer Frage ausklingen: Bin ich einer von diesen leuchtenden Punkten, auf die Gott zugehen kann? Trage ich diesen feuerfesten Namen? Wer Ohren hat, der höre!

DAS GLEICHNIS
VON DEN KLUGEN UND DEN TÖRICHTEN
JUNGFRAUEN

Dann wird das Himmelreich gleich sein zehn Jungfrauen, die ihre Lampen nahmen und gingen aus, dem Bräutigam entgegen. Aber fünf unter ihnen waren töricht, und fünf waren klug. Die törichten nahmen ihre Lampen; aber sie nahmen nicht Öl mit sich. Die klugen aber nahmen Öl in ihren Gefäßen samt ihren Lampen.

Da nun der Bräutigam verzog, wurden sie alle schläfrig und schliefen ein. Zur Mitternacht aber ward ein Geschrei: Siehe, der Bräutigam kommt; gehet aus, ihm entgegen! Da standen diese Jungfrauen alle auf und schmückten ihre Lampen. Die törichten aber sprachen zu den klugen: Gebt uns von eurem Öl, denn unsre Lampen verlöschen. Da antworteten die klugen und sprachen: Nicht also, auf daß nicht uns und euch gebreche; gehet aber hin zu den Krämern und kaufet für euch selbst.

Und da sie hingingen, zu kaufen, kam der Bräutigam; und die bereit waren, gingen mit ihm hinein zur Hochzeit, und die Tür ward verschlossen. Zuletzt kamen auch die andern Jungfrauen und sprachen: Herr, Herr, tu uns auf! Er aber antwortete und sprach: Wahrlich ich sage euch: Ich kenne euch nicht.

Darum wachet; denn ihr wisset weder Tag noch Stunde, in welcher des Menschen Sohn kommen wird.

MATTHÄUS 25, 1-13

Ob wir Menschen uns wohl in irgendeinem Punkte unseres Lebens so gut verstehen wie darin, daß wir alle miteinander warten – Christen und Heiden, Alte und Junge? Und ob es wohl daher rührt, daß die Lichter der Adventszeit uns so magisch anziehen, obwohl wir doch alle etwas Verschiedenes erwarten? Pascal sagt einmal: Wir suchen eigentlich nie die Dinge, sondern das Suchen der Dinge. Und Ortega y Gasset macht am Gleichnis der Jagd klar, daß wir nicht eigentlich die Jagdtrophäe und das Beutetier, daß wir nicht eigentlich die Erfüllung der Jagd suchen, sondern daß uns das Warten auf dem Anstand und der Akt des Jagens selber Freude machen.

Schon als Kinder haben wir ja gewartet. Zunächst warteten wir auf den großen Augenblick, als wir zu Abc-Schützen ernannt wurden. Dann warteten wir auf die ersten langen Hosen, später auf unseren Eintritt in den Beruf und das erste selbstverdiente Geld. Dann auf unseren Lebensgefährten und auf unsere Kinder. Wir warteten auf schreckliche und auf schöne Dinge: auf die Kriege, die wir kommen sahen, und auf Friedensschlüsse, denen wir bange und hoffend entgegenblickten. Und schließlich werden wir alt, die Kinder gehen oder sind schon aus dem Haus, die Lebensarbeit liegt hinter uns, und wir werden kaum noch oder gar nicht mehr begehrt. Dann fragen wir vielleicht, wenn die Zeit so merkwürdig leer vor uns liegt und das

Füllsel des täglichen Umtriebes fehlt: Worauf sollen wir *nun* noch warten? Welchen Sinn hat mein Leben *jetzt* noch? *Hat* es überhaupt Sinn?

Früher warteten wir mit Jules Verne auf eine utopische Welt, die durch das technische Zeitalter zur Erfüllung käme. Das haben wir uns längst abgewöhnt. Die utopischen Romane von heute enthalten Visionen des Schreckens, und Nicolai Berdjajew meint sogar, früher habe man von den unbegrenzten Möglichkeiten der Technik geträumt, heute konzentriere die Menschheit ihre Anstrengung gerade darauf, den realisierbar gewordenen utopischen Möglichkeiten auszuweichen, weil sie eben beklemmend seien. Und auch hier stellt sich als letztes die Frage ein: Worauf sollen wir nun noch warten? Sollen wir mit Orwell auf das Jahr 1984 warten, sollen wir mit Aldous Huxley auf die »schöne neue Welt« warten, die doch so schrecklich sein könnte? Wir beginnen umzuschalten und ertappen uns nun bei der Frage: Was erwartet *uns?*

Auch beim Marxismus ist das so: Er wartete auf die klassenlose Gesellschaft der sozialen Gerechtigkeit. Wer aber die bolschewistische Literatur studiert, merkt, wie zunehmend eine andere Frage in den Vordergrund drängt: Wenn sie nun da ist, diese utopische Erfüllung, worauf sollen wir dann noch warten? Steht die Geschichte dann nicht still? Und welche Mittel stehen uns dann zur Verfügung, um sie wieder anzukurbeln? Es geht ein Zittern durch die ideologischen Systeme des Ostens. Dieses Zittern stammt von dieser einen Frage: Worauf sollen wir dann noch warten, wenn die menschlichen Erfüllungen da sind? Die Adventsstimmung der Welt scheint bedroht. Sie scheint eine Welt zu werden, in der es kein Warten mehr gibt. Die Lichter erlöschen. Zu welchen Ufern sind wir eigentlich unterwegs?

Wenn aber das Warten und zugleich die Angst, daß das Warten einmal aufhören könnte, unser Leben so tiefgreifend bestimmen, wenn die Adventsstimmung so jäh erstickt werden kann, dann horchen wir auf, wenn wir dieses Gleichnis Jesu vom Warten hören.

Aber natürlich sind wir mißtrauisch. Wir haben unsere Erfahrungen und sind schnell mit der Frage bei der Hand: Ist das wieder einmal so eine Utopie? Oder, noch schlimmer: Ist es nicht eine alte, nur wieder aufgewärmte Utopie – ein Traumbild nämlich, das genauso hanebüchen geplatzt ist, wie uns heute die utopischen Träume vom technischen Zeitalter zerstieben?

Nun ist schon auf den ersten Blick ein wesentlicher Unterschied zu erkennen. Das, worauf wir Menschen warten, bezieht sich immer auf Zustände, die sich im Gang der Ereignisse oder durch unsere Leistungen »ergeben«: entweder durch natürliche Entwicklungen (daß wir z. B. älter werden, daß Erfahrungen und Können wachsen und daß wir schließlich sterben müssen); oder wir warten auf eine besonders günstige Konstellation von Ereignissen, die wir als Glückhaben bezeichnen; oder wir hoffen, etwas durch unsere Leistung zu erreichen. Unsere Utopien und Hoffnungsträume hängen immer an einer durch menschliche Kraft eroberten oder durch den Gang der Dinge sich ergebenden Zukunft.

Doch in unserem Gleichnis klingt nun ein ganz anderer Ton auf als bei diesen utopischen Träumen des modernen Menschentums. Da geht es nicht um etwas, das wir Menschen erreichen könnten, und es geht auch nicht um Ziele, denen unser Fortschrittsglaube entgegenträumt, sondern hier kommt den Wartenden jemand von der anderen Seite entgegen. Die Menschen, von denen hier berichtet wird, können gar nichts dafür, daß ihnen diese Begegnung zuteil wird. Darum rackern sie sich auch nicht ab wie Leute, die ein Ziel erzwingen wollen. Sondern sie schlafen (die Klugen sowohl wie die Törichten), weil sie über das Kommen oder Ausbleiben des Bräutigams ja doch nicht verfügen können. Das ist ein guter, sozusagen legitimer Schlaf, weil man weiß: Während ich schlafe, während ich ausgeschaltet bin, geht ein anderer seinen Weg und sucht mich.

Worauf warten wir, *was* erwarten wir eigentlich, wenn wir dieses Wort von der Wiederkunft des Herrn in den Mund zu nehmen wagen?

Wir sagen damit vor allem eines: daß die Geschichte auf alle Fälle an ihrem Ziele ankommen wird. Wir sagen das nicht deshalb, weil wir Menschen etwa imstande wären, auf ein letztes Ziel unseres Lebens oder der Geschichte zuzusteuern. Wir tappen ja wie Kinder im Dunkeln. Und auch die Politiker und die Männer, die Geschichte machen, wissen nicht, wie ihre Rechnungen aufgehen und wohin die Züge fahren, deren Weichen sie heute stellen. Und ist es in unserem eigenen Leben anders? Aber nun empfangen wir hier die Botschaft, daß ein anderer dieses Ziel bestimmt, weil er eben zu seiner Stunde dasein, weil er am Horizont der Welt auftauchen wird.

Das ist – ich bin mir völlig darüber klar – eine ungeheure Aussage. Ungeheuer ist sie vor allem deshalb, weil für den Fall, daß sie stimmt, mit einem Schlage unser ganzes Leben, und zwar schon am heutigen Tage, radikal verändert wäre. Das ist verwunderlich; denn normalerweise interessieren wir uns ja nicht für eine ferne Zukunft, sondern dafür, wie es heute und morgen mit uns weitergehen soll. Die nächsten Blätter in unserem Terminkalender haben es in sich. Wir überlegen uns auch, wie es in nächster Zeit mit der politischen Situation werden mag und ob nicht irgendwann dunkle Hände an gefährlichen Schaltbrettern hantieren, bis auf einmal ein Knopf gedrückt wird, der das Startsignal für die apokalyptischen Reiter auslöst. Wir sorgen uns also, um Jesu Worte zu gebrauchen, »für den anderen Tag« und haben »in der Welt Angst«.

Wie anders wird das nun plötzlich, wenn dieses Wort stimmt, daß uns einer von der anderen Seite entgegenkommt und daß die Weltgeschichte zu seinen Füßen endet. Wenn wir sehen, was am großen Silvestertage in der Welt passiert, dann sind alle Blätter des Terminkalenders, die dazwischenliegen, relativiert.

Pascal spricht einmal davon, daß es herrlich sei, auf einem Schiff zu fahren, das zwar von Stürmen geschüttelt wird und über das die Wellen hinweggehen, von dem man aber weiß, daß es unter allen Umständen im Hafen ankommen wird. Dies Wort Pascals steht in einem geheimnisvollen, bedrängenden Widerspiel zu einem anderen Wort von der Seefahrt und vom Orkan auf dem Meer – zu einem Wort, das Bert Brecht in seinem »Berliner Requiem« gebraucht: »Nur ein Schiff, das sinkt, und ein Strand, der nicht blinkt, ja, da muß man sich dreinschicken.« Beide Worte, das von Pascal und das von Bert

Brecht, erinnern uns daran, daß unser Leben so oder so ein Abenteuer ist.

Was ist denn Abenteuer? Das ist eine Situation mit unbekanntem Ausgang. Und wer von uns, der in einer Nissenhütte oder in einer Villa in Blankenese wohnt, weiß denn, wie sein Leben einmal ausgehen wird, welche Verlassenheit oder welche Erfüllungen noch auf ihn warten? Ja, wir leben in einem Abenteuer.

Bei einem richtigen Kriminalroman (das ist ja immer eine Abenteuergeschichte) weiß man noch auf der vorletzten Seite nicht, wie er ausgeht. Gerade dadurch ist er ja so spannend, daß man es manchmal nicht mehr aushalten kann und nach der letzten Seite »linst«, um seinen erhöhten Puls wieder auf »achtzig« herunterzuschrauben.

Aber nun gibt es noch eine ganz andere Art von Abenteuern, und auch diese zweite Art kann man sich an literarischen Beispielen deutlich machen. Während der Autor eines Kriminalreißers den Schluß seiner Geschichte mit einer raffinierten Technik des Erzählens einnebelt, um uns im letzten Augenblick überraschen zu können, sagen uns die größten Dichter, gerade die der klassischen Zeiten, vielleicht schon im Untertitel, daß es in ihrem Buch um eine Tragödie geht und daß also die strahlendste und packendste Gestalt des Dramas am Ende untergehen wird. Das verraten sie bereits auf dem Titelblatt. In Homers großen Epen weiß man schon nach der ersten Seite, was einen erwartet. Die Kunst des Erzählens sorgt dann dafür, daß die Spannung des Lesers trotzdem nicht nachläßt. Nur hat diese Spannung sozusagen eine andere Natur, ein anderes Klima. Beim Kriminalreißer fragt man sich: »Wie geht es aus?« Bei der Tragödie oder dem großen Roman fragt man sich: »Was wird geschehen, *damit* es zu jenem traurigen oder beglückenden Ausgang kommt, den ich schon nach der ersten Seite weiß?«

Pascal, so meine ich, hat nun die Bibel belauscht, wenn er uns in dem Bilde vom Schiff sagt, daß Gott unser Leben nicht zu einem Kriminalabenteuer mit ungewissem Ausgang macht, sondern daß er uns schon auf der ersten Seite (auf der ersten Seite der *Bibel* und auf der ersten Seite unseres *Lebens*, wenn der Taufsegen über uns gesprochen wird) verrät, wie es ausgehen wird: daß am Schlusse der Sieger allein auf dem Schlachtfeld stehen wird und daß am Horizont unseres kleinen Lebens und auch am Horizont der Geschichte einer steht, bei dem alle Zickzack- und Umwege enden. Auch mein kleines Leben, das im Zeichen dieser Adventsgewißheit gelebt wird, ist ein Abenteuer – sogar ein Abenteuer höherer Ordnung. Ich weiß, daß mein Schiff im Hafen ankommt; ich weiß, daß die nächsten Blätter in unserem Terminkalender nur den Prolog zu diesem grandiosen Schlußkapitel enthalten und daß auch die Operation, die vielleicht vor mir liegt, die geschäftliche Krise, die ich kommen spüre, das Examen, das mich erwartet, die Not, die ich mit meinem Kinde habe, daß dies alles nur Stadien auf dem Wege zu diesem einen Punkt sein werden.

Es ist ein Stück christlichen Lebensgenusses, wenn ich diesen gewagten Ausdruck einmal gebrauchen darf, sich der Spannung hinzugeben, wie Gott die Geschichte meines Lebens weiterdichten wird; welches Gefüge von Abenteuern, deren *Teil*-Ausgänge ich nicht ahnen kann, er gestalten wird, um an diesem Endziel anzukommen, das mir gewiß ist. Von Gott aus gesehen wird alles zum strengen, themabezogenen Gesetz der Fuge. Ich aber eile von Ton zu Ton, und wenn ich die Kontinuität alles dessen noch nicht übersehe, so wird mir doch die nächste Taste, die Gott morgen drücken wird, zu einem spannenden Erlebnis, weil ich weiß, daß hier ein Meister über seinem Instrumente sitzt.

Wir müssen aus unserem Gleichnis also vor allem heraushören, welche Art von Dichtung und von Komposition unser Leben ist: daß wir nicht in einem kriminalistischen oder »atonalen« Abenteuer leben, sondern daß sich alles auf das Finale hin spannt und daß wir nur im Vorletzten, nicht aber im Letzten, Abenteurer sind.

Auf meiner Reise nach Amerika und zurück hatten wir beide Male einen Hund auf unserem Schiff. Und auf der langen Überfahrt habe ich beide gründlich beobachtet und über sie nachgedacht. Auf der Hinfahrt war es ein großer Schäferhund, den sein Herrchen der Schiffsbesatzung mitgegeben hatte, während er selbst das Flugzeug benutzte. Das Tier war vom Jammer der Kreatur geschüttelt. Ich habe es oft gestreichelt und ihm gut zugeredet, aber es half nichts. Es lebte in einer fremden Welt und wußte nicht, wie sein Abenteuer ausging und ob es mit der vertrauten Hundewelt nicht endgültig aus war. Hier gab es keine Bäume, und wie schrecklich ist allein das schon für einen Hund! Alles roch fremd und unheimlich, und überall war die Welt an einem Geländer zu Ende. Draußen aber war das Feindliche. Da war für einen Hund das schlechthinnige Nichts. Er ahnte auch nicht, ob dieses Fremde je einmal aufhören würde und ob es noch einmal irgendwo Bäume und andere Hunde oder gar den vertrauten Geruch seines Herrchens geben würde. Man konnte ihm ja auch gar nicht klarmachen, daß diese fremde Schiffswelt unter dem Gesetz der Navigation stand und daß dieses blau gekleidete, zweibeinige Wesen, das ihm manchmal zusprach und vier goldene Armstreifen hatte, den Kurs kannte und den Termin wußte, an dem das alles zu Ende sein würde. Der arme Hund war zu einer kreatürlichen Form des Nihilismus verurteilt. Er trieb im Leeren und in einer endlosen Qual.

Auch auf der Rückfahrt hatten wir einen Hund, und obwohl er nur ein Schoßhund war und eine »halbe Portion«, obwohl er ein bißchen degeneriert war und seine verkümmerten Beinchen zitterten, so war er doch unvergleichlich getrösteter. Denn er hatte sein Frauchen bei sich. Auch er vermißte die Bäume und wußte nicht, was mit dieser fremden Welt los war. Aber wenn sein kleines Hundeherz allzu bänglich bibberte, dann sah er mit einem rührenden Blick, ich möchte sagen mit einem kreatürlichen Vertrauen, sein Frauchen an, als wenn er sagen wollte: »Wo du bist, kann es ja nicht ganz so schlimm und ausweglos sein. Denn du bist doch ein höheres Wesen. Du hättest dich doch nicht in diese abstruse Welt, an der meine ganze Hundeweltanschauung zerbricht, hineinbegeben, wenn es nicht eines Tages damit zu Ende wäre und wir wieder in einer vernünftigen Welt mit Gerüchen, wie sie sich gehören, landen würden.«

Nicht nur aus dem Munde der Säuglinge, auch aus dem Blick von Hunden kann Gott sich ein Lob zurichten.

Auch wir wissen nicht, welche Gesetze der Navigation dazu führen, daß ich dies und das erleben und erleiden muß. Aber ich kenne den, der auf der Brücke steht; ich kenne den, der im Hafen auf mich wartet. Die Bilder zerbrechen mir sozusagen unter der Hand, und ich muß paradoxe Überblendungen vornehmen, wenn ich sagen will, was Jesus Christus alles für mich ist: der Steuermann auf dem Schiff und zugleich der Mann, dem Wind und Wellen gehorsam sind; die Gestalt, die über die Wogen gehen kann und »ihrer lachet«, und zugleich der Getreue, der die Lichter der Feuerschiffe entzündet und der mich im Hafen erwartet. Ja, wir Christen sind Abenteurer von höherer Ordnung. Alles ist ungewiß; nur dieser Eine, der bei uns ist und auf den wir zusteuern, ist gewiß. Ein Blick von ihm weg – und unser Schiff wird ein unheimliches Fremdes, das im Leeren irrt. Ein Blick auf ihn zu – dann wird das Fremde vertraut. Ich verstehe die Navigation zwar nicht, aber ich kenne den Navigator.

Die klugen Jungfrauen nun sind Menschen, die im Namen dieses einen Augenblickes leben, in dem sie ankommen werden, und die von der Treue dieses Einen zehren, der sie erwarten wird.

Man darf sich das nicht so vorstellen, als ob die klugen Jungfrauen nur träumerisch wie Hans-guck-in-die-Luft in eine ferne Zukunft versunken gewesen wären und darüber die Gegenwart vergessen hätten. Ein kleiner Zug unseres Gleichnisses zeigt uns, daß das nicht so ist: Die Ankunft des Bräutigams ist nämlich ungewiß. Er kann heute noch, er kann auch erst in einem Monat oder in zehn Jahren kommen. Gerade diese Ungewißheit, so sagt Kierkegaard, spannt unsere Leidenschaft und unsere Wachheit aufs äußerste an. Ich habe einmal bei einem Professor studiert, der irgendeinen von uns auszusuchen pflegte, um ihn über den Inhalt der letzten Stunde referieren zu lassen. Niemand wußte, wer drankommen würde. Darum paßten wir alle höllisch auf. Andere Professoren machten es anders: Sie beauftragten schon vor der Stunde einen Kommilitonen, ein solches Protokoll anzufertigen. Da wußte man, daß alles geordnet und geregelt war. Es konnte einem nichts passieren; es ging seinen termingerechten Weg, und man konnte sein Monogramm oder ein Herz in die Bank schnitzen.

Bei Jesus wissen wir nicht, wann er wiederkommen oder uns zu sich bestellen wird. Wir kennen nicht den Augenblick, wo alles hinter uns versinkt, was uns so wahnsinnig wichtig ist: unsere berufliche Karriere, unsere Erfolge, unser Versagen und unsere Verzagtheit. Wir wissen nicht, wann er das einzige sein wird, das uns dann allein noch angeht. Darum müssen wir höllisch aufpassen und in jedem Augenblick auf ihn gefaßt sein. Denn jede Stunde unseres Lebens ist von diesem einen, unberechenbaren Augenblick gekennzeichnet, in dem wir Jesus alleine gegenüberstehen werden. Wenn wir ihn verfehlen, wenn wir so tun, als ob es in unserem Leben immer so weiterginge, wenn wir wie die törichten Jungfrauen im Schlafen und »Weiterwursteln« versinken, dann haben wir die Pointe unseres Lebens verfehlt.

In unserem Gleichnis klingt ein sehr dunkler, balladenhafter Ton an: daß es zu spät sein kann. Genauso wie mein letztes Stündlein viel weniger wichtig ist als mein »Sein zum Tode«, als die Lebensstrecke also, die ich auf dieses Stündlein hin zurücklege, so ist auch das eigentliche Thema dieses Gleichnisses weniger die letzte Stunde der Geschichte (du lieber Himmel, wie fern kann die doch noch liegen, und ich bin doch noch ganz gut beieinander und ein vitaler, tatenlustiger Knabe!), sondern viel entscheidender ist dies, daß mein heutiger Tag, meine Arbeit, mein Leben und auch das Widerwärtige in meinem Leben durch diese *eine* Tatsache bestimmt ist, daß das alles einmal bei Jesus Christus ankommen muß und daß dann von daher über den Sinn oder den Unsinn meines Lebens gerichtet wird. Die Stunde des Bräutigams ist unbekannt. Darum leben wir im Hoffen, darum sind wir auch aufs äußerste gefährdet. Er könnte uns im Dämmerzustand antreffen, obwohl wir als Männer des praktischen Lebens hellwach sind und uns niemand ein X für ein U vormachen kann. Wie aber wäre es, wenn wir uns selbst, und zwar in der *einen* Sache, auf die alles ankommt, ein X für ein U vorgemacht hätten? Es gibt ein »zu spät«. Es könnte sein, daß Gott am Ende einmal unter den Roman unseres Lebens schreiben müßte: Eine großartige Leistung, lebendig, interessant, faszinierend, aber – Thema verfehlt. Doch dann ist der Roman eben zu Ende, er kann nicht mehr umgeschrieben werden.

Nun sehen wir einmal zu, wie das Warten der klugen Jungfrauen –
jener Menschen also, die das Thema ihres Lebens im Auge behalten –
aussieht und was sie dabei erleben.
Dabei muß uns ein merkwürdiger Zug des Gleichnisses auffallen.
Es heißt nämlich, daß alle miteinander bei ihrem Warten einschlafen,
nicht nur die törichten, sondern auch die klugen Jungfrauen. Es fällt
uns ferner auf, daß Jesus das ganz ohne Kritik berichtet. Er weiß in
seiner Güte, daß auch seine Leute der Ruhe bedürfen, und er kann
ihnen gelegentlich selber zurufen: »Ruhet ein wenig!« Die Jünger
können ja nicht den ganzen Tag im Geschirr sein. Man kann auch
nicht den ganzen Tag beten oder nichts anderes mehr tun und denken,
als daß doch der Herr bald wiederkommen möge. Man darf sich also
das Warten, auch das der klugen Jungfrauen, nicht so vorstellen, als
ob sie vor lauter Warten, Beten und Chorälesingen keine anderen
Gedanken mehr im Kopf gehabt hätten. Die christlichste Hausfrau
muß ihre Gedanken beim Kochen und der Arbeiter muß sie bei der
Maschine haben, sonst brennt das Essen an und die Schrauben werden
schief eingezogen. So ist das Warten und Frommsein also nicht auf-
zufassen. Das versteht Jesus in seiner großen Barmherzigkeit, und
darum mißt er den Wachheitsgrad unserer Frömmigkeit und unseres
Wartens nicht mit der Elle. Einen solchen geistlichen Hochdruck-
messer gibt es nicht. Jesus läßt sein Leute auch ruhen; sie dürfen im
Frühling in der Sonne sitzen und sich aalen, ohne ständig geistliche
Gedanken zu haben und bewußt zu »warten«. Sie dürfen sich abends
auch ruhig niederlegen und schlafen, auch wenn sie dann während
acht Stunden nicht beten, singen und warten können. Vielleicht kann
es geradezu ein Zeichen des Gottvertrauens und der Jüngerschaft sein,
wenn man sich so ruhig hinlegt, wie das die Jungfrauen hier tun. Denn
die klugen unter ihnen legen sich nieder, weil sie wissen und weil ihr
letzter Gedanke ist: Wir brauchen ja den Bräutigam, wir brauchen
das Reich Gottes wahrlich nicht herbeizuzwingen. Sie kommen auf
alle Fälle und von allein, sogar gegen den Willen der Menschen. Das
bringen auch unsere Abendlieder zum Ausdruck, wenn sie sagen, daß
wir nun schlafen, daß aber Gott wacht und sein Werk tut, daß er

ja Aug' und Wächter Israels ist, während wir schwachen Menschen der Ruhe pflegen. Gerade im Ausruhen und im stillen, getrosten Schlaf kann ein Lobgesang erklingen: Du wachst ja und bist am Werke. Unser Sorgen und Grämen, unsere Ungeduld und unser Herbeizwingen machen es ja doch nicht, und den Deinen gibst du's im Schlaf. Die Unruhe unserer Sorgen darf schweigen, weil wir unter deiner Fürsorge leben dürfen.

So legen sich die klugen Jungfrauen nieder. Sie richten ihre Lampen, halten Öl bereit, und ihr letzter Gedanke gilt der Freude aufs Aufwachen; denn der kommende Tag bringt sie der großen Stunde näher, und Gottes Güte ist alle Morgen neu.

Ob nicht sehr viel Schlaflosigkeit, von der wir gepeinigt werden, daher rührt, daß wir diese Freude, daß wir dieses Vertrauen auf »Aug' und Wächter Israels« nicht haben, daß wir uns daher nicht fallen lassen und nicht locker werden können, sondern verkrampft werden und darum das barmherzige Angebot, schlafen zu dürfen, während er heimlich seinen Advent bereitet, nicht in Anspruch nehmen? Auch unsere Schlaflosigkeit kann mit dem Unglauben zu tun haben.

Aber es gibt eben zwei ganz verschiedene Arten des Schlafens. Das Schlafen der törichten Jungfrauen läßt sich nicht mit dem Schlummer der klugen Jungfrauen vergleichen. Die Törichten sind nämlich einfach des ewigen Wartens müde geworden und nicken ein. Wenn man ohne Hoffnung wartet, wenn man nihilistisch dahinvegetiert, wird man sehr schnell müde und verzagt und schläfrig. Und in der Tat: Die törichten Jungfrauen schlafen ein, weil sie die Hoffnung aufgegeben haben, daß der Bräutigam überhaupt noch einmal kommt, daß also einer dasein könnte, der ein Ende und ein Ziel setzt. Man kann das daran erkennen, daß sie keinen Ölvorrat für ihre Lampen besorgt haben. Das wäre sicher nicht unterblieben, wenn sie diese kleine Besorgung für sinnvoll gehalten, d.h. wenn sie im Ernst noch mit dem Advent ihres Herrn gerechnet hätten.

Natürlich darf man das Schlafen hier nicht wörtlich verstehen. Man kann nämlich über dem Warten auch so einschlafen, daß man sich anderen Dingen zuwendet, ja, indem man höchst aktiv wird. Man kann das Warten, man kann das Hoffen und Glauben, man kann das Gewissen in sich *dadurch* einschläfern, daß man sich in allen möglichen Betrieb stürzt, daß man arbeitet auf »Teufel komm raus«, daß man wie ein Irrer in seinen Geschäften herumfuhrwerkt und in jeder freien Minute Radio hört oder den Bildersalat der Illustrierten in sich hineinschlingt – so wie die Menschen vor der Sintflut das in ihrer Weise auch taten. Denn auch *diese* Leute schliefen ja ein und dachten nicht an das kommende Gottesgericht. Aber sie schliefen so, daß sie dabei höchst aktiv waren, daß sie aßen und tranken, freiten und sich freien ließen. Das ist ähnlich wie bei uns, die wir um das goldene Kalb des Lebensstandards tanzen und darüber vergessen, wozu wir da sind und wer uns erwartet. Und ich bin gewiß: Wenn der Herr Christus einmal wiederkommen wird und wenn sein Ruf »Wachet auf, ihr Schläfer!« wie ein Donnerhall über die Erde geht, dann werden nur die wenigsten Menschen aus ihren Betten hochfahren; die meisten werden an ihren Werkbänken und auf ihren Kontorschemeln, sie werden in den Eisenbahnen und in ihren Autos, sie werden im Kino oder auch in der Bar und sicher nicht zuletzt in den Kirchen erschreckt auffahren, weil sie mit jenem Donnerhall nicht mehr rechneten und weil sie über der Frage der »Ewigkeit« zur »Tages«-Ordnung übergegangen waren. Dann erinnern sie sich vielleicht, während es so über ihnen dröhnt »Wachet auf, ihr Schläfer!«, daß sie einmal in der Taufe diesem übermächtig hereinbrechenden Herrn zugeeignet wurden, daß sie am Karfreitag in die Kirche gingen und daß sie Jahr um Jahr zu seiner Ehre den Adventskranz und den Weihnachtsbaum entzündeten (obwohl sie sich kaum noch klarmachten, warum sie das taten). Und nun greifen sie, während es über ihnen dröhnt, in panischem Schrecken nach den Lichtern dieser einst gefeierten Feste. Aber diese Lichter sind dunkel geworden und verrußt. Sie erinnern sich, daß es einmal in ihrem Leben brannte, daß sie einmal schüchtern zu ihm auf dem Wege waren. Aber nun greifen sie ins Leere und ins Dunkel. Das Öl ist längst verzehrt, und was einmal leuchtete, ist finster geworden.

Das ist also der zweite Unterschied zwischen den klugen und den törichten Jungfrauen: Die einen haben Öl bei sich und die anderen nicht. Was ist denn mit dem Öl gemeint?

Nun, das Öl deutet offenbar darauf hin, daß sich in unserem Christenstande dauernd etwas verbraucht und deshalb erneuert werden muß. Es ist gar nicht so schwer, herauszufinden, worin dieses Erneuerungsbedürftige besteht.

Es gibt zum Beispiel Christen, die meinen: Einmal im Leben muß man sich bekehren oder in die Kirche eintreten, sich am Altar trauen lassen oder sich entschließen, die Kirchensteuern zu bezahlen. Dann ist alles fertig. Solche Leute kommen mir vor wie eine Frau, die einmal am Altar oder vor dem Standesamt das Jawort ihres Mannes erhalten hat und die nun meint: »Der ist mir jetzt sicher. Der Ehevertrag ist ja nun festgemacht. Bisher habe ich mich immer schön für ihn gemacht und mich von der charmantesten Seite gezeigt. Ich mußte ihn ja erst einmal gewinnen und an mich binden. Jetzt aber, wo ich das endgültige und offizielle Jawort habe, kann ich mich gehenlassen, mich vernachlässigen und eine Schlampe werden.« Tatsächlich ist es aber doch so – das wissen alle erfahrenen Eheleute –, daß die Ehe täglich neu geschlossen werden und daß einer um den andern werben muß, daß sozusagen immer der erste Tag der Ehe ist, oder aber sie geht vor die Hunde – auch wenn man sich *nicht* scheiden läßt. Die erstorbenen Ehen und die erloschenen Lampen der Liebe, deren Ruß nur auf traurige Weise anzeigt, daß hier einmal etwas gebrannt *hat*, sind viel schlimmer.

Genauso kann die Lampe unseres Christenstandes erlöschen, weil das Öl verbrannt ist. Ich will nur ein einziges Öl nennen, das immer wieder erneuert werden muß: das ist das Gebet. Auch unser Gebetsleben kann sich nämlich wie das Öl verzehren, und dann wird es plötzlich dunkel. Ein Mensch ohne Gebet steht ja immer im Dunkeln, weil der Himmel über ihm verschlossen ist. Darum steht er auch immer unter der Herrschaft der Angst. Und der Ölvorrat unseres Gebetslebens kann sehr schnell zu Ende gehen. Er geht nicht nur zu Ende, wenn wir uns keine Zeit mehr dafür nehmen, sondern auch dann, wenn wir nur das Vaterunser oder auch andere Gebetsverse herunterschnurren. Die werden uns schließlich langweilig und liegen wie verbrannte Schlacken in der Hand, in denen kein Feuer mehr glüht. Man sagt es beim Aufstehen herunter und denkt dabei schon an das Frühstück oder an die Morgenpost. Bald stinkt es mehr, als daß es leuchtet, und das ist dann ein Zeichen, daß das Öl zu Ende geht und daß mehr Ruß da ist als Flamme.

Wie macht man es aber mit der Erneuerung des Ölvorrates? Das muß man sich allerdings überlegen, genau wie die klugen Jungfrauen überlegen, woher sie ihr Öl bekommen, und wie sie danach laufen und unter Umständen anstehen müssen.

Auch unser geistliches Leben ist ganz einfach ein Stück *Arbeit*, und ich freue mich immer, daß es so etwas gibt wie das Wort Gottes-»Dienst« und daß es nicht heißt »Gotteslust« oder »Gottesvergnügen«.

Frisches Öl und eine lebendige Flamme erzielt man nur so, daß man sein Gebet ständig mit alledem verbindet, was einen täglich erfüllt und bewegt. Ich muß Gott, wo immer ich bin – im Bett oder in der U-Bahn oder in meiner Limousine –, von meinen Freuden erzählen und auch von meinen Sorgen. Ich muß an den kranken Nachbarn denken und auch an den Kollegen, mit dem ich vielleicht überquer bin. Ich kann es auch so machen, daß ich die einzelnen Bitten des Vaterunsers bete, aber nicht einfach so pauschal, sondern so, daß ich sie auf mich anwende. Ich sage zum Beispiel: »Vergib uns unsere Schuld«, und spezifiziere das nun genauso, wie man eine Rechnung spezifiziert: »Vergib mir, daß ich meinem Geschlecht immer wieder unterliege. Vergib mir, daß ich mich ständig von Sorgen umtreiben lasse und das Vertrauen nicht aufbringe, mich von dir führen zu lassen. Vergib mir meinen Neid und meinen Ehrgeiz.« Dann wird unser Gebet lebendig, weil wir unser ganzes Leben selbst hineinnehmen und weil das Gebet so einen *Sitz* in unserem Leben gewinnt.

Genauso ist es mit der Bibel. Auch sie, die doch ein Licht auf unserem Wege sein will, kann verrußen. Das passiert immer dann, wenn ich sie ohne Gebet lese und wenn ich mich nicht ständig frage: »Was will Gott *mir* damit sagen?« Wenn ich mich ihr nur in pflichtmäßiger

Anstandslektüre widme, wird sie bald von der dümmsten Illustrierten oder von den Tagesnachrichten meines Morgenblättchens zugedeckt, so wie ein stärkerer Sender einen schwachen übertönt.

Wer ein Christ sein will, wird von seinem Herrn immer und sofort an die Arbeit gestellt. Und die Verheißung, daß Gott uns alles aus lauter Gnade schenken will, ist nichts für faule Bäuche. Die Gnade Gottes ist keine Schleuderware, die uns nachgeworfen wird, und sie ist alles andere als billig. Wir müssen um die stille Stunde in unserem Tagewerk ehrlich kämpfen und unter Umständen früher aufstehen. Wir müssen uns ein Verzeichnis der Menschen machen, für die wir beten, müssen manchen harten und schweren Gang tun, wenn Gott das von uns haben will. Aber das alles lohnt sich überreichlich dadurch, daß so das Öl in unseren Lampen erneuert wird und daß unser Christenstand frisch bleibt, daß er nicht verrußt.

So hat das Warten auf unseren Herrn, jenes bräutliche Warten mit den brennenden Lampen, wahrlich nichts mit Passivität zu tun. Warten heißt nicht, daß wir die Daumen drehen sollen, bis etwas passiert. Das wäre eine schläfrige und langweilige Sache. Wem die Lampen verlöschen, der schläft sehr schnell ein. Das heißt ohne Bild: Wer kein lebendiger Beter ist, wird sehr schnell ein umtriebiger, leerlaufender Täter. Er steht dann plötzlich vor der beklemmenden Frage: *Warum* rackere ich mich so ab? Es hat ja alles keinen Zweck. »Was soll uns denn das ew'ge Schaffen, Geschaffenes zu nichts hinwegzuraffen?«

Bei brennenden Lampen aber schläft man nicht so schnell ein. Denn das Leuchten dieser Lampen ist ja doch ein vorauseilender Glanz jenes Herrn, der einmal in seiner Glorie erscheinen wird. Jedes lebendige und von Herzen kommende Gebet ist wie ein Blinkzeichen in der großen Nacht der Welt, ein Leuchtfeuer, das wir entzünden, damit der Herr sieht, wo wir stecken und wo er uns finden kann. Jedes Gebet ist ein Zeichen, daß wir noch wachen; und nicht nur das: Es ist zugleich ein Licht, das uns auch wach und frisch erhält und das die Häupter hochreißt, weil sich unsere Erlösung naht.

In diesem Sinne wollen wir die Adventskränze und Lichter entzünden und alle leere Sentimentalität damit verscheuchen. Unsere Kränze und Lichter sollen ein vorauslaufender Glanz jener Herrlichkeit sein, die sich aufmacht, über der Finsternis des Erdreiches aufzugehen. Sie sollen ein Zeichen dessen sein, daß wir unterwegs sind, unterwegs als getröstete und fröhliche Wanderer, deren Herz nicht mehr erschrecken kann und vor deren Lichtern die andrängende Nacht zu weichen hat.

Wer von uns darum heute und in den nächsten Wochen eine Kerze entzündet, der soll das nicht mechanisch tun, weil es sich so gehört und weil es so stimmungsvoll ist. Sondern der soll es – ich bitte ihn sehr darum – mit einem Gedanken, mit einem kleinen Opfer seines Geistes tun. Der Gedanke, den ich meine und den ich empfehle, sieht so aus: Diese kleine Kerze ist nur ein Zeichen. Sie deutet das Licht des Hafens an, auf den ich mich im Dunkeln zubewege. Und diese kleine Kerze ist zugleich eine Frage: Ist die Lampe meines Lebens erloschen? Lasse ich mich treiben? Fahre ich abgeblendet in der Nacht – *oder* gibt es etwas, das in mir brennt? Gebe ich Blinkzeichen, daß ich gefunden werden kann? Ob ich also (das ist die letzte Frage) das Thema meines Lebens erfaßt habe? Ob ich dabei bin, es zu verfehlen, obwohl ich Zeile auf Zeile, Tag um Tag meinen Lebensroman herunterschreibe? Ob ich das *Thema* bedenke?

Darum wachet, denn ihr wißt nicht, wann die Stunde des Ernstfalles hereinbricht!

DAS GLEICHNIS
VON DER KÖNIGLICHEN HOCHZEIT

Und Jesus antwortete und redete abermals durch Gleichnisse zu ihnen und sprach:
Das Himmelreich ist gleich einem Könige, der seinem Sohn Hochzeit machte. Und sandte seine Knechte aus, daß sie die Gäste zur Hochzeit riefen; und sie wollten nicht kommen. Abermals sandte er andere Knechte aus und sprach: Saget den Gästen: Siehe, meine Mahlzeit habe ich bereitet, meine Ochsen und mein Mastvieh ist geschlachtet und alles bereit; kommt zur Hochzeit! Aber sie verachteten das und gingen hin, einer auf seinen Acker, der andere zu seiner Hantierung. Etliche aber griffen seine Knechte, höhnten und töteten sie. Da das der

König hörte, ward er zornig und schickte seine Heere aus und brachte diese Mörder um und zündete ihre Stadt an.

Da sprach er zu seinen Knechten: Die Hochzeit ist zwar bereit, aber die Gäste waren's nicht wert. Darum gehet hin auf die Straßen und ladet zur Hochzeit, wen ihr findet. Und die Knechte gingen aus auf die Straßen und brachten zusammen, wen sie fanden, Böse und Gute; und die Tische wurden alle voll.

Da ging der König hinein, die Gäste zu besehen, und sah allda einen Menschen, der hatte kein hochzeitlich Kleid an; und sprach zu ihm: Freund, wie bist du hereingekommen und hast doch kein hochzeitlich Kleid an? Er aber verstummte. Da sprach der König zu seinen Dienern: Bindet ihm Hände und Füße und werfet ihn in die Finsternis hinaus! Da wird sein Heulen und Zähneklappen.

Denn viele sind berufen, aber wenige sind auserwählt.

MATTHÄUS 22, 1-14

Mit diesem Gleichnis ist ein Ton angeschlagen und unserer Phantasie ein Bild vorgehalten, die uns zur Aufmerksamkeit rufen.

Nicht nur die damaligen Hörer haben aufgehorcht mit ihrer gespannten Erwartung des Weltendes und des Messianischen Reiches. Vielmehr wird der Traum vom Reiche Gottes ja zu allen Zeiten geträumt. Er reicht vom Gedanken des Tausendjährigen Reiches im letzten Buch der Bibel bis zur klassenlosen Gesellschaft und zum Paradies der Arbeiter bei Karl Marx.

Und immer bildet sich die gleiche Sehnsucht darin ab: Einmal muß das Geheimnis des Leides, der Irrenhäuser, der Massengräber, einmal muß das Geheimnis der Witwen und Waisen gelichtet werden. Einmal muß das »Hernach« kommen, an dem wir alles erfahren werden. Einmal muß der lähmende Widerstreit zwischen der Gerechtigkeit auf der einen und dem blinden Würfelspiel des Lebens auf der anderen Seite, einmal muß die Spannung zwischen reich und arm, zwischen der Sonnenseite des Lebens und den grausigen und dumpfen Zonen des Schreckens ausgeglichen werden. Jedes hochgespannte, politische und kulturelle Ziel ist ein wenig vom Lichte dieser Enderfüllung beleuchtet.

Aber gerade wenn wir das so sagen, spüren wir die ganz andere Welt, die sich schon bei den ersten Worten unseres Gleichnisses auftut.

Das erste, was uns in unserem Gleichnis als das ganz andere auffällt, ist dies, daß das Reich Gottes nicht ein Weltzustand ist, nicht eine ideale Völker- und Lebensordnung, sondern daß es um eine *Person* kreist: Der König, Gott selbst, ist in einer Weise, über die wir noch nachdenken müssen, Träger des Geschehens. Dieser König veranstaltet ein Hochzeitsmahl. Damit ist jedenfalls von vornherein eines klar: Im Reiche Gottes geht es nicht um reformerische oder revolutionäre Anstrengungen des Menschen, der soziale und politische Programme verwirklichen will und der auf Utopien aus ist; sondern *Gott* ist es, der hier handelt. *Er* bereitet das königliche Mahl. Wir müssen also etwas zur Kenntnis nehmen, was kein Mensch von sich aus behaupten könnte: Gott will uns ein Freudenfest bereiten. Er will, daß wir seine freien Gäste sind und daß wir Gemeinschaft, daß wir Frieden mit ihm haben.

Auf diese Idee *kann* ja billigerweise kein Mensch kommen. Denn dieser Gott hat gar keinen Anlaß, uns ernst zu nehmen oder gar zu »lieben«. Daß dieser Gott uns an seinen Tisch lädt, ist zunächst einmal das große Wunder. Das muß man sich erzählen lassen von solchen, denen es begegnete. Denn es liegen keinerlei Anzeichen vor, auf Grund deren wir diese Ungeheuerlichkeit (denn um nichts Geringeres handelt es sich) vermuten dürften. Die Anzeichen, die »Indizien«, sehen ja ganz anders aus.

Nietzsche hat einmal die Menschheit als »Ungeziefer in der Erdrinde« bezeichnet. Das mag ein bißchen stark sein, aber es drückt immerhin die erbärmliche Winzigkeit menschlichen Wesens aus, das mit allzu hohen Ansprüchen und mit einem allzu pausbäckigen Pathos auftritt. Und für so etwas sollte sich Gott interessieren?! Friedrich der Große kann sagen – und diese Feststellung gehört nicht zu den geringsten Ergebnissen seiner Lebensweisheit –, daß der Mensch eine Ka-

naille sei. Und auf eine derartig fragwürdige Spezies sollte Gott so etwas Pompöses wie seine Heilsgeschichte verschwenden? Für so etwas sollte das Drama von Golgatha inszeniert sein und der Begriff einer göttlichen Gnade bemüht werden?
Ich habe dies alles ein wenig stark zugespitzt ausgedrückt. Aber gerade damit mag uns ein tiefes und grundsätzliches Problem deutlich werden.
Es ist eine der dunkelsten Fragen, vor die uns unsere christliche Erziehung von Jugend an stellt, daß sie uns immer wieder um diese Verwunderung, um dieses Staunen betrügt, daß nämlich das Unerhörte uns zur Banalität, daß das Wunder uns zur Selbstverständlichkeit und daß das Übernatürliche uns zur »zweiten Natur« geworden ist. Wir sind beinahe mit Gnaden, die uns im Getriebe der bürgerlich-christlichen Existenz auf dem Wege über Taufe und Konfirmation zuströmen, ein bißchen zu sehr verwöhnt. Darum können wir die Seligkeit jener Einladung kaum noch empfinden. Christliche Sattheit ist aber schlimmer als hungriges Heidentum. Das Wort von den Hungernden und Dürstenden steht nicht umsonst in der Bergpredigt. Und wer von uns diesen Hunger hat und ihn nicht zu stillen weiß und doch so gern wüßte, wie man es anfängt, ein Christ zu werden, der soll sich zunächst einmal freuen, daß er diesen Hunger überhaupt spürt. Denn wer Hunger hat, hat die Verheißung, daß er satt werden und im Reiche Gottes nicht der Kleinste sein soll. »Selig sind, die da Heimweh haben, denn sie sollen nach Hause kommen« (Jean Paul).
Es ist nun sehr wichtig zu sehen, wie diese unverhoffte Einladung genauer aussieht. Da ist zunächst festzustellen, daß sie eine wirkliche »Einladung« und daß sie auf keinen Fall ein Gestellungsbefehl ist. Die Botschaft kommt nicht als ein »Du sollst« und als kategorischer Imperativ, sie kommt nicht als Pflicht und Gesetz auf uns zu, sondern Gott meldet sich bei uns als Freund und Gastgeber. Er kommt als ein königlich Schenkender und als Geber aller guten Gaben und Freuden auf uns zu. Denn es geht ja zum Hochzeitsmahl.
Vielleicht machen wir Christen an *dem* Punkte immer Entscheidendes falsch: Wenn uns einmal jemand in der Arbeitspause oder beim abend-

lichen Gespräch fragt (und sich sozusagen ein Herz zu dieser Frage faßt): »Du, wie macht man das eigentlich, daß man den inneren Halt bekommt wie du, daß man so etwas wie Frieden hat und daß man auch in der Drecklinie des Lebens munter und getröstet durchhält?«, dann antworten wir sehr oft falsch. Wir pflegen dann nämlich nicht selten zu sagen: »Nun, erst mußt du mal dies tun und das lassen. Und mit dem Tanzen und dem Sich-Amüsieren ist es schon gar nichts mehr. Da sind außerdem so verschiedene dunkle Punkte in deinem Leben; die mußt du erst in Ordnung bringen. Außerdem mußt du richtig wollen und eine radikale Kehrtwendung machen!«

Uns allen, die wir schon so geantwortet haben oder die wir besorgt sind, von jemandem solch beelendende Antwort zu bekommen, hilft dieses Appellieren und Moralisieren ja keinen Deut weiter. Das macht einen nur kaputt und nimmt einem den letzten Funken von Mut. Gerade angesichts der fragwürdigsten Dinge und der dunkelsten Bindungen, mit denen wir uns herumschlagen, liegt das eigentlich Bedrohliche ja gar nicht nur darin, daß unser Wille zu schwach ist, um ein Ziel zu erreichen, sondern daß wir gar nicht von ganzem Herzen *wollen* können. So hat es wohl Luther gemeint, wenn er sagen konnte, das Gesetz, der Gestellungsbefehl, sei wohl ein Wegzeiger, aber es sei noch längst nicht die Kraft in den Beinen. Darum mache uns dieses Gesetz nur noch elender.

Gott macht es jedenfalls anders. Gewiß, er fordert von uns Gehorsam. Wir müssen sogar unser ganzes Leben umstellen, und wir haben unseren Christenstand mit allem, was wir sind, zu bezahlen. Aber zuerst *schenkt* er uns etwas, zuerst lädt er uns ganz einfach ein.

So sollten wir uns durch die Botschaft der Herolde ganz schlicht belehren lassen, daß ein Jünger Jesu zu reizen und zu locken und anzubieten hat, daß er nicht schön und lebendig genug von der Freude des königlichen Mahls und vom Frieden und der Geborgenheit des Vaterhauses erzählen kann, dessen Glück er selber hat schmecken dürfen. Es ist dann schon dafür gesorgt, daß der Gast späterhin, wenn er in den erleuchteten Sälen dieses Hauses, wenn er im wahrhaft festlichen und fröhlichen Christenstande darinnen ist, die Dunkelheit und Fin-

sternis der Fremde bemerkt, aus der er so gnädig herausgerissen ist, und daß er darüber trauert und Buße tut.
Soll ich etwas ganz ketzerisch Klingendes sagen?
Die Buße kommt immer noch früh genug, aber die Freude kann nie früh genug kommen. Wir, die wir Jesus Christus kennen, haben nur die Freude zu verkündigen. Denken wir nur daran, wie es der König macht, der lockt und ruft und schenkt. Oder denken wir auch an den Beginn der Bergpredigt: Nirgendwo in der Heiligen Schrift werden wir so bis ins Innerste unserer Existenz in Frage gestellt. Nirgendwo sind Forderungen von solcher durchbohrenden Radikalität. Nirgendwo werden wir von einem so verzehrenden Lichte angestrahlt, in dem wir unser Am-Ende-Sein so bis ins Letzte durchschauen müssen. Und doch beginnt dieses Kapitel mit dem vielfachen »Selig sind...«
Damit kann doch nur gesagt sein: Kommt einmal alle her, ich habe euch etwas mitzuteilen. Was ich euch zu sagen habe, ist gewiß schwer. Es zeigt eure innersten Krisen und euer Am-Ende-Sein mit Gott auf. Aber zunächst, ehe ich davon rede, dürft ihr wissen, daß ich als Heiland mitten unter euch stehe und daß euch, wenn ich so bei euch bin, nichts aus der Hand des Vaters reißen kann, auch nicht die größte Dunkelheit und das tiefste Scheitern, von dem ihr nun erfahren werdet. Erst darf ich euch sagen, daß die seligzupreisen sind, in deren Mitte ich bin, die das Hungern und Dürsten in sich haben, die geistlich arm sind und die ich meine Brüder nennen darf. Und nun, nachdem euch diese Seligkeit geschenkt ist und nachdem ihr von diesem unzerstörbaren Frieden mit dem Vater wißt, nun vernehmet, was von euch gefordert ist, nun vernehmet, worin ihr ins Scheitern kommen mögt.

Nachdem nun die Boten des Königs die Freudennachricht der Einladung überbracht haben, reagieren die Geladenen geradezu ungeheuerlich: Sie lehnen ab.
Man kann ja verstehen, wenn jemand eine übermäßige Beanspruchung ablehnt. Viele von uns sind überfordert. Wie viele wollen etwas von uns: daß wir Geld geben sollen, daß wir uns für diesen und jenen einsetzen möchten, daß wir Wohnungen, daß wir Arbeitsstät-

ten beschaffen sollen und so fort. Da verstehen wir, wenn einer, der so überfordert ist, gelegentlich in Harnisch kommt und dann einmal sagt: »Schluß, laßt mich in Ruhe!«

Aber hier ist es ja anders. Hier lehnt man eine Einladung ab. Haben wir schon einmal erlebt, wie das ist, wenn wir jemandem etwas Gutes tun wollen und bekommen die kalte Schulter gezeigt? Und eben dieses Wehetuende geschieht doch, wenn die Menschen die Boten des Königs so brüsk hinwegweisen und sie »verachten«.

Man versteht das eigentlich nicht recht. *Warum* mögen sie so befremdlich reagieren?

In der Lukas-Parallele zu unserem Text werden andere Ausdrücke gebraucht. Dort heißt es nicht: sie »verachteten«, sondern sie »entschuldigten sich« (Luk. 14, 18 ff.). Der eine hatte einen Acker gekauft, der andere ein Joch Ochsen, der dritte hatte geheiratet. Das heißt doch ohne Bild: Jene Menschen stellen das Alltägliche ihres Lebens, das also, was einem so unmittelbar vor die Hand kommt – den Geschäftsbrief, den sie zu schreiben, den wichtigen Abschluß, den sie zu tätigen, die Cocktail-Party, die sie zu besuchen haben, und die Gartenarbeit, die sie zu ihrem Vergnügen machen –, sie stellen das alles *vor* den Anruf aus der Ewigkeit, vor die große Freude, die ihnen angeboten wird.

An sich sind alle diese Dinge und Tätigkeiten ja nicht böse. Daß man Geschäftsbriefe schreibt und Abschlüsse tätigt, das alles gehört doch zu unseren Pflichten. Man kann wirklich nicht das geringste dagegen haben. Aber das ist es ja: Der Weg zur Hölle ist in der Regel gar nicht mit Verbrechen und großen Lumpereien, sondern er ist mit lauter Harmlosigkeiten, mit lauter Anständigkeiten gepflastert, und zwar deshalb, weil diese Harmlosigkeiten und Anständigkeiten in unserem Leben den falschen Rang bekommen, weil sie uns plötzlich ins Licht treten. Auch die Menschen unseres Gleichnisses haben sicher das Hungern und das Warten in sich gehabt. Sie wären sonst keine Menschen. Auch sie haben sich aus dem Trott des Lebens, aus des Dienstes ewig gleichgestellter Uhr nach einer großen Erfüllung und nach Frieden gesehnt. Auch sie haben den Traum des Lichtes geträumt. Und nun, wo das alles da ist und ihren Lebenskreis berührt, da versagen sie sich.

Aber ist das alles wirklich so vollkommen unfaßlich, wie es im ersten Augenblick scheinen mag? Es ist nur für den nicht verständlich, der nicht Liebe genug hat, um sich in jene Menschen hineinzuversetzen, oder der es nicht mehr weiß, wie ihm selber zumute war, als er den Herrn Christus noch nicht angenommen hatte. Da wagt man es nämlich gar nicht, die große Freude zu riskieren und die eigenen Liebhabereien und Bindungen dafür herzugeben. Und zwar wagt man es ganz einfach deshalb nicht, weil man die verheißene Freude doch nicht kennt und weil es nicht im voraus zu ermessen ist, in welchem Maße sich jedes Opfer und jeder Abschied vom Bisherigen lohnt. Man begreift nicht und kann es wohl auch gar nicht begreifen, daß eben *dies* die größte Freiheit ist, was man mit seinen natürlichen Augen für das Eingehen einer verpflichtenden und insofern belastenden Gefolgschaft hält. Man ahnt nicht, daß eben dies Friede und volles Genüge ist, was man für einen Zustand der Entsagung hält, in dem immer wieder nur nein gesagt werden muß und in dem keine Freude und kein jugendlicher Überschwang mehr regieren dürfen.

Haben wir nicht alle schon einmal Kameraden oder Freunde gehabt, die uns aufrichtig bedauerten, daß wir Christen seien, wo wir doch ganz humorvolle und vitale Burschen und ganz zünftige Kerle seien?

Aber ich fürchte, daß wir Christen in dieser Hinsicht unseren Herrn auch immer wieder schlecht vertreten. Die sauertöpfisch-muffigen Gesichter vieler Christen, die oft genug aussehen, als ob sie Gallensteine hätten (alle, die wirklich welche haben, mögen mir verzeihen!), sind schlechte Künder jener hochzeitlichen Freude. Sie geben eher Anlaß zu der Vermutung, daß sie statt vom Freudenmahl des Vaters vom Gerichtsvollzieher kämen, der ihrer Sünde Maienblüte meistbietend und zu ihrem großen Kummer versteigert hat, so daß sie nicht mehr heran können. Nietzsche hat schon richtig beobachtet, wenn er sagt: »Sie müßten erlöster aussehen, wenn ich an ihren Erlöser glauben sollte.«

Darum also sagen viele die Einladung ab, weil sie eben nicht ahnen und weil wir Christen ihnen auch oft genug vorenthalten, *was* ihnen geschenkt werden soll. Denn jeder hat wohl schon fast jedes einmal in seinem Leben bereut; noch nie aber hat jemand bereut, ein Jünger dieses Herrn geworden zu sein. Es ist eigentlich schade, daß das Anliegen des etwas süßlichen Liedverses »Wüßten's doch die Leute, wie's beim Heiland ist, sicher würde heute mancher noch ein Christ« keinen größeren Dichter gefunden hat, der den Menschen eine Ahnung davon verschaffte, wie nicht nur ihre Skepsis zerstiebt, sondern wie auch ihre kühnsten Erwartungen übertroffen werden, wenn sie die Schwelle jenes königlichen Hauses betreten, in dem der Vater sie zu ihrem festlichen Christenstande erwartet. Es sollte etwas Festliches und Freudevolles in unserem Christenstande sein, sonst glaubt man uns nicht, daß wir die Boten des Königs sind. Wer mit Minderwertigkeitsgefühlen zu kämpfen hat, wenn er seinem Nächsten etwas von Jesus sagen soll, der mag wie ein Engel vom Himmel reden, aber ein gewisser Ton in seiner Stimme straft ihn Lügen. Und er soll sich dann nicht damit herausreden, daß man an seiner Botschaft Ärgernis genommen habe. Er fand ja nur deshalb keinen Glauben, weil er unglaubwürdig war.

Jedenfalls, die besseren Leute sagen ab. Sie haben Wichtigeres zu tun als aufzustehen und schnurstracks ihre Geschäfte zu verlassen, um bestimmten Tauben auf dem Dache nachzujagen. Jeder von uns hat eben bestimmte Bereiche in seinem Leben, die er nicht preisgeben und die er nicht ausliefern will. Vielleicht ist es mein beruflicher Ehrgeiz, der mich in ein schiefes Verhältnis zu meinem Kollegen und Konkurrenten bringt und der es mir unmöglich macht, mit ihm zusammen an der Tafel des Königs zu sitzen. Da steht der Neid, die Unsachlichkeit zwischen mir und meinem Nächsten und damit auch zwischen mir und dem König. Vielleicht ist es mein Geschäftsgebaren, das der König nicht wissen darf und das mit Recht das Licht seiner festlichen Säle scheut. Vielleicht liegt die Reserve, in der ich verharre, auch im Gebiet des Geschlechtlichen begründet: Alles kann Gott haben, nur dieses eine – nicht! An einer *anderen* Stelle will ich ihn gern in mein Leben hineinlassen, nur *hier* nicht, an dieser *einen* Stelle *nicht*. Ich bin ja gutmütig und wünsche niemandem etwas Böses und habe auch ein weiches Herz, bringe also viele erfreuliche Voraussetzungen mit; also kann er meine Nächstenliebe haben. Ich bin idealistisch und habe Schwung und großen Gestaltungswillen in mir; also kann er meinen Einsatz haben. Nur dieses *eine nicht!*

Und es ist freilich nun sehr eigenartig, daß Gott an keiner anderen Stelle in mein Leben will; daß er sich partout in den Kopf gesetzt hat, nur über dieses schwierigste Gelände meines Lebens zu mir zu kommen. Es gehört zur Eigenart des Reiches Gottes, daß es nie nach dem Gesetz des geringsten Widerstandes verfährt, sondern daß es sich die dicksten Betonmauern meines Lebens aussucht, um hier und nur hier seinen Einzug zu halten. Wenn ich ihm hier nicht öffne, kehrt es überhaupt um, und zwar unter Garantie. Wissen wir, wo in unserem Leben jene dicksten Mauern aufgebaut sind? Es lohnt sich, darüber nachzudenken.

Genauso haben die Geladenen unseres Gleichnisses vermutlich gesagt: »Ein anderes Mal nehmen wir gern deine Einladung an; nur gerade *jetzt* nicht. Nur bei dem, was ich *heute* vorhabe, kann ich dich nicht brauchen, da darfst du mir nicht in die Quere kommen und nicht dazwischenfunken.«

Aber auch hier gilt es nun: Wenn sie ihm *heute* nicht öffnen, wo es ihnen am schwersten ist, kehrt Gott um und hält seinen Einzug woanders. Ganz gewiß, nach dem »zweiten Schlaganfall« ließe sich's vielleicht einfacher fromm sein, denn man hat da nach dem Worte Wilhelm Buschs »alles hinter sich« (obwohl auch das Alter und dieser Zustand ihre »Mucken« haben). Aber Gott will mich nun einmal jetzt, wo ich im Anstieg oder auf der Höhe des Lebens bin und wo sich meine Arbeit und mein Kampf und meine Leidenschaften mit vielem stoßen werden, was Gott mir bietet und von mir verlangt. Ich habe nicht die Verheißung, daß Gott noch einmal kommen wird, wenn ich ihn zu einem späteren Treffen auf den sanften Auen meines Rentnerdaseins bestelle; und ob sie im übrigen wirklich so sanft sein werden?

Noch ein wichtiger Zug unseres Gleichnisses muß an dieser Stelle vermerkt sein.

Es bleibt nämlich gar nicht bei dem bloßen Sich-Versagen und dem Nicht-Mitkommen der geladenen Gäste. Es heißt ja: Sie höhnten und töteten die Boten des Königs. Damit ist ein tiefes Geheimnis der Reich-Gottes-Geschichte angerührt: Man kann sich nämlich der Christus-Botschaft gegenüber nicht passiv verhalten. Man muß auf die Dauer aktiv gegen sie einschreiten. Hier ist die Wurzel aller Feindschaft Israels gegen die Propheten, hier ist auch die Wurzel alles Fanatismus und aller Radikalisierung der modernen Antichristentümer. Man muß sich einfach Christus und seine Vertreter aus den Augen schaffen, weil sie ein permanenter Vorwurf sind und weil uns daran deutlich wird, wie sehr wir unser *eigenes* Leben haben wollen. Man kann der Botschaft von Christus gegenüber nicht immerfort in Spannung leben, man kann nicht ständig der Zwangslage ausgesetzt sein, ihr gegenüber einen Berechtigungsnachweis zu erbringen und sich selber beweisen zu müssen, daß man sie nicht nötig habe. Das Neinsagen zu Christus in der Haltung der Toleranz (daß man ihn also für sich selber zwar ablehnt, doch anderen Leuten gern ihren Glauben überläßt), jene Toleranz also, wie sie die sogenannte demokratische Freiheit der religiösen Bekenntnisse pflegt, ist nur eine durchaus vorübergehende Windstille. Wer das Geheimnis des Reiches Gottes kennt, weiß, daß der Sturm eines Tages wieder losbrechen wird. Und man braucht nicht einmal das Beispiel des Dritten Reiches zu beschwören (das ja *auch* so tolerant begann!), um über diesen Gang der Dinge Bescheid zu wissen.

Als nun die besseren Leute sich so versagt und die Einladung abgelehnt haben, werden die Boten des Königs noch einmal ausgeschickt. Nun gehen sie zu den Leuten an den Zäunen und auf den Gassen. Es sind Böse und Gute darunter, gerade Naturen und Halunken. Gott führt seinen Plan also durch – auf alle Fälle. Die großen Widerspieler von Nebukadnezar bis zu Judas und den modernen Repräsentanten des Antichristentums können Gott nicht das Konzept verderben, sondern sie stehen selber auf diesem Konzept.

Seine Veranstaltung fällt somit nicht ins Wasser. Wo die Genies versagen, holt Gott die Nullen. Wo die Träger christlicher Tradition, wo die Kirchenchristen streiken und in dogmatische Haarspaltereien oder Kirchenpolitik versinken, holt er die Neuheiden und freut sich der

Quellfrische ihres jungen Christenstandes. Denn Gott hat keine Vorurteile. Man darf so kommen, wie man ist, auch als ganz armer, als ganz sündiger, als ganz liebensunwerter Mensch, der nicht begreifen kann, was Gott an ihm findet. Er findet auch in der Tat nichts an ihm, aber er macht etwas aus ihm: er macht ihn zu seinem lieben Kinde.

Nun sitzen sie also alle an ihren Tischen: die Bettler und die Dirnen, betrügerische Bankrotteure und verkommene Genies, arme Tröpfe, die von niemandem ernst genommen werden, und geriebene Spitzbuben – alles in allem eine saubere Gesellschaft.

Und der König erscheint.

Das ist ja die Hauptsache: ihn sehen und mit ihm sprechen zu dürfen. Das ist doch der eigentliche Sinn dieser Einladung, daß man das darf, und nicht die himmlischen Kronen und die Palmen und die goldenen Gassen oder das kristallene Meer oder ein frommer und halbfrommer Jenseits-Rummel.

Als der Vater des großen Theologen Adolf Schlatter im Sterben lag, sprach ihm ein Bruder Trost zu und sagte, daß er nun bald auf den goldenen Gassen des himmlischen Jerusalems weilen und über das weite kristallene Meer schauen werde. Da fuhr ihn der Sterbende zornig an und rief: »Weg mit dem Plunder! Mich verlangt nur, am Halse des Vaters zu hängen.« Der Himmel besteht nämlich nicht in dem, was wir »bekommen«, sondern in dem, was wir »sein« dürfen: solche nämlich, die nicht mehr bloß Glaubende und Hoffende und also Angefochtene zu sein brauchen, sondern solche, die nur noch lieben und im Lieben schauen dürfen, was sie einst glaubten.

Nun nimmt unser Gleichnis auf sein Ende hin noch eine dramatische Wendung. Einer bekommt die größten Unannehmlichkeiten, weil er kein hochzeitliches Kleid trägt, und wird aus dem Saale gewiesen. Was mag mit diesem hochzeitlichen Kleide gemeint sein?

Gewiß, wir dürfen den Ruf ins Vater- und Königshaus so annehmen, wie wir sind. Wir brauchen uns der Gassen und Zäune nicht zu schämen, in denen wir uns herumgetrieben haben und an denen wir stehen. Gerade an unserer Erbarmenswürdigkeit will sich das Erbarmen des Vaters ja bewähren. Wir dürfen so kommen, wie wir sind.

Aber das heißt nun ganz und gar nicht, daß wir das königliche Haus auch so *betreten* dürfen, wie wir sind. Und eben *das* meint das Gleichnis mit dem Bilde des hochzeitlichen Kleides. Ohne festliches Kleid setzt man sich nämlich dann an die Hochzeitstafel, wenn man sich zwar die Sünde vergeben läßt, aber sie doch behalten will. Wenn man also meint: »Das ist ja ein famoser Zustand, daß man ruhig in seiner Sünden Maienblüte bleiben darf, weil einem der liebe Gott ja doch nicht ernstlich böse sein kann, sondern beide Augen zudrückt und fünfe gerade sein läßt.« So kann ich mich in aller pfiffigen Harmlosigkeit täglich neu zum Vergebungsempfang einstellen, ohne auf irgendeine Fragwürdigkeit verzichten zu müssen, an der mein Herz hängt. Hat nicht schon Heine von der Vergebung Gottes gesagt: »C'est son métier«, das ist die »Branche Gottes«? Man kann sich die Gnade von ihm im Kundendienste liefern lassen. Auch die Kirche hat ihren Service.

Eben hier setzt nun die Warnung Gottes ein: Wer ohne das hochzeitliche Kleid kommt und wen die Tatsache, daß er so kommen darf, wie er ist, statt in die Demut in die Schamlosigkeit stürzt, wer sich, statt um Heiligung und Zucht bemüht zu sein, zu einem frivolen Spiel mit der göttlichen Gnade verführen läßt, der ist genauso schlimm dran wie die Leute, die *überhaupt* absagen, ja, die die Boten des Königs ermorden.

Auch als Christ, nicht nur als Heide, kann man in die Finsternis gestürzt werden. Auch die Gnade Gottes kann uns noch zum Verhängnis werden. Darum steckt ein gewichtiger Sinn in der Sitte, daß man vor dem Gange zum Heiligen Abendmahl beichtet und verschiedene Dinge in Ordnung bringt. Das ist vergleichbar damit, daß wir das hochzeitliche Kleid anlegen.

Aber auch in diesem schweren und nicht ohne Beklemmung zu denkenden Gedanken bricht noch die Botschaft der Freude durch. Und die soll das letzte sein, auf das wir heute achten wollen. Denn die

Freude bleibt trotz aller dunklen und balladenhaften Stellen in unserem Gleichnis sein eigentliches Thema.

Wieso ist denn selbst das Bild vom hochzeitlichen Kleide eine Botschaft der Freude?

Wenn Jesus hier bildlich vom Sich-Heiligen und Sich-Bereiten spricht, dann versteht er darunter ja keineswegs finstere Bußübungen und quälende Entziehungskuren, sondern er gebraucht eben für alles dies das festliche Bild des hochzeitlichen Kleides, also das Bild der Freude. Wem ist es schon je als Opfer und Belastung erschienen, wenn er sich umziehen und festliche Kleider anlegen mußte, um zu einem Fest zu gehen, nach dem er sich wochenlang sehnte? Dieses Sich-Anziehen und Sich-Bereiten gehört ja selbst schon zur Feier dazu und ist voller Freude und vorauseilenden Glanzes. Es ist die Freude der Braut, die wartet. Sie weiß ja, für wen sie sich schmückt. Das verleiht ihrem Schmücken Freude, auch wenn es Mühe macht.

Das heißt nun ohne Bild und in aller praktischen Nüchternheit: Wenn ich mich um ein neues Verhältnis zu meinem Nächsten bemühe, wenn ich gegen den Sorgengeist in mir ankämpfe oder gegen die Wildheit meiner Phantasie oder gegen den Neid, dann ist das kein sauertöpfischer Rigorismus, sondern dann ist das Freude, weil ich weiß, für wen ich das tue, und weil die Freude des Himmels über einen Sünder, der Buße tut, einfach ansteckend und Freude stiftend auf diesen Bußakt des Sünders selbst wirkt.

Buße ist ja nicht wehleidige Abkehr von Dingen, die mir etwas bedeuten, sondern fröhliche Heimkehr nach Hause, wo mir gewisse Dinge eben nichts mehr bedeuten.

Auch der verlorene Sohn jammert doch nicht darüber, daß er nun die interessante, ach so faszinierende Fremde, daß er das große Abenteuer seines Lebens verlassen muß. Sondern er sieht die erleuchteten Fenster seines Vaterhauses, in denen er heiß erwartet wird, und da wird ihm die Fremde zu einem dumpfen Traum, der hinter ihm versinkt.

Wie man es also anstellt, ein Christ zu werden, um in jenen erleuchteten, festlichen Saal, in jene Erfüllung unseres Lebens einzutreten?

Ich würde darauf antworten: Wir kommen nur so hinein, daß wir uns zunächst ganz einfach sagen lassen: Es gibt ein väterliches Herz über der Welt, das sich für mich interessiert, dem ich nicht zu kümmerlich und auch nicht zu schlecht bin und das mich aus der schrecklichen Einsamkeit und Fremde und Schuld meines Lebens herauslieben und ins Vaterhaus bringen möchte.

Vielleicht antwortet darauf jemand: »Die Worte hör' ich wohl, allein, mir fehlt der Glaube; das alles ist ja viel zu schön, um wahr zu sein.« Es kann so etwas wie die Stimme des inneren Anstandes sein, die einen vor solchen Sirenenklängen auf der Hut sein läßt.

Jesus Christus würde das gewiß verstehen. Als einmal ein junger Mann (er ist als der »Reiche Jüngling« unter die klassischen Figuren der Christenheit aufgenommen worden) zu Jesus kam und ihm ebenfalls von seinem vergeblichen Bemühen berichtete, mit Gott in Frieden und ins reine zu kommen, »sah ihn Jesus an und liebte ihn« (Mark. 10, 21). Es ist ein Trost, zu wissen, daß er um uns weiß und daß sein Blick auf uns ruht, auch wenn unser eigener suchender Blick hilflos umherlichtert. Er hat mich längst angesehen und liebgewonnen – gerade in meinem Zweifel.

Wenn jemand also zu redlich ist, um der Botschaft von der göttlichen Freude auf Anhieb Glauben zu schenken, wenn er Angst vor sich selber und einem Nachgeben aus Schwäche hat, dann sollte er wenigstens bereit sein, ein *Experiment* mit Jesus Christus zu machen. Das kann auch der Redlichste von sich verlangen. Selbst der zu härtestem Realismus entschlossene Naturwissenschaftler macht es ja so.

Darum gehe man einmal von der Arbeitshypothese aus, »als ob« etwas an diesem Jesus wäre und »als ob« jene Einladung an den Tisch des Königs tatsächlich existierte. Und nun wage er einmal, im Namen dieser Arbeitshypothese getrost und freudig in allem dem zu sein, was ihm heute und morgen begegnet, weil es ihm ja von einer höheren Hand zugedacht ist. Sprich einmal (hier kann ich nicht mehr anders, als in der »zweiten Person« zu reden) zu Gott über deine Schuld und über das, womit du in deinem Leben nicht fertig wirst, »als ob« es ihn gäbe. Gib einmal jenem Kollegen, der dir auf die Nerven geht, oder jener Mitbewohnerin deines Hauses, die dich schikaniert, ein gutes Wort, aber tue es in seinem Namen und Auftrag, »als ob« es ihn gäbe. Mach dieses Experiment einmal mit der »Arbeitshypothese Jesus«, und dann sieh zu, ob er schweigt oder ob er dir tatsächlich zeigt, daß du mit ihm rechnen darfst. Nur *tue* etwas.

Gott läßt sich nämlich nicht lumpen; und er hat gesagt, daß er den, der zu ihm komme, nicht hinausstoßen wolle. Aber man *muß* auch kommen und gegen ihn anstürmen und zusehen, ob sich da ein Widerstand bemerkbar macht.

Wie sollten wir das nicht einmal wagen? Es geht ja nicht um die faustische Suche nach einem Sinn und damit um die endlose Straße, sondern es geht um die Freude des Nach-Hause-Kommens.

Man hat so viel vom Geheimnis des Christenstandes begriffen, wie man von seiner *Freude* begriffen hat. Und es ist nun gar nicht so, daß nur wir Menschen immer warteten und uns in Sehnsucht verzehrten. Auch ein anderer wartet auf uns, und er steht schon in der Tür, um uns entgegenzukommen.

Das tiefste Geheimnis der Welt besteht darin, daß Gott auf uns wartet, auf die Nahen und auf die Fernen, auf die Heimatlosen und auf die Bürger. Wer das begriffen hat, der ist der Seligkeit des königlichen Hochzeitsmahles nahe. Der steht schon im flutenden Lichte des festlichen Saales, auch wenn er noch mitten im finsteren Tale dahingeht. Der mag traurig sein und ist doch allezeit fröhlich, der mag arm sein und macht doch viele reich, der mag nichts innehaben und wird doch alles haben.